房地产企业
全流程税务问题
与应对实战

屠建清◎编著

人民邮电出版社
北京

图书在版编目（CIP）数据

房地产企业全流程税务问题与应对实战 / 屠建清编著. -- 北京 : 人民邮电出版社, 2021.7（2022.8重印）
ISBN 978-7-115-56191-6

Ⅰ. ①房… Ⅱ. ①屠… Ⅲ. ①房地产企业－税收管理－中国 Ⅳ. ①F812.423

中国版本图书馆CIP数据核字(2021)第057458号

内容提要

本书为房地产企业财务会计人员量身定制，是房地产企业全流程处理税务问题的指导手册。本书包括新税收政策、房地产企业并购和拿地税务政策、房地产企业资产重组问题税收分析、房地产企业开发和营销阶段的税务处理等内容，全面分析房地产企业各阶段的税务处理，以帮助房地产企业财务会计人员迅速了解工作任务，并高质量完成相关工作。

本书严格按照《企业会计准则》以及新政策、新法规的要求编写而成，贯穿房地产企业税务处理全流程，含有实操实战的案例，对读者有一定的指导作用。本书内容翔实、思路清晰、案例典型，非常适合从事房地产企业财税工作的人士系统学习与使用。

◆ 编　　著　屠建清
　责任编辑　李士振
　责任印制　彭志环
◆ 人民邮电出版社出版发行　　北京市丰台区成寿寺路 11 号
　邮编　100164　　电子邮件　315@ptpress.com.cn
　网址　https://www.ptpress.com.cn
　北京九州迅驰传媒文化有限公司印刷
◆ 开本：700×1000　1/16
　印张：18　　　　　　　　　2021 年 7 月第 1 版
　字数：328 千字　　　　　　2022 年 8 月北京第 3 次印刷

定价：88.00 元

读者服务热线：(010) 81055296　印装质量热线：(010) 81055316
反盗版热线：(010) 81055315
广告经营许可证：京东市监广登字 20170147 号

前言
PREFACE

我国现行的税种约 18 个，房地产行业涉及的税种约占 10 个（9 税 1 费），其中涉及一个最大的税种——土地增值税，最高税率达 60%。而房地产开发周期较长，合理控制税务成本是降低企业运营成本的重要一环。

在“金税三期”“以票控税”思想的指导下，房地产企业如何从战略角度进行全流程税务处理，如何转换财税处理思维，以及如何优化全流程业务运营及涉税管理，是本书要解决的核心问题。

本书的核心优势

“营改增”后，房地产企业会计和税收业务处理变得更加复杂，有关实务处理的争议不断涌现，使房地产企业的税务风险不断加剧。因此，业界需要一本房地产企业全税种、全流程的财税处理教程。正是基于这样的现实基础，我们编写了本书。与同类图书相比较，本书具有以下优势。

第一，新法律法规解读。本书包括房地产全流程涉税的重点难点，特别是“营改增”后房地产开发企业要交哪些税，关于房地产新法律法规的解读，房地产企业的主要税收政策等内容。

第二，“营改增”条件下房地产企业的涉税处理。本书涉及“营改增”条件下房地产企业以房抵工程款的涉税处理；“营改增”条件下房地产企业代建房屋及代建模式的涉税处理；“营改增”条件下房地产企业出售人防地下车位的涉税处理等。

第三，对会计基础知识与实际操作进行讲解。这部分的讲解有利于提高读者的操作技能，达到实战演练的目的。

第四，依据《企业会计准则》及财税法规编写。本书内容全面，注重实务，精要解读“营改增”政策，并结合“营改增”案例进行讲解。

本书是在房地产企业业务处理的真实需求的基础上编写的，更贴近读者的需求，更加实用。

本书的主要内容

本书共20章，是房地产企业全流程处理税务问题的指导手册。本书包括新税收政策、房地产企业并购和拿地税务政策、房地产企业资产重组的税收问题分析、房地产企业开发和营销阶段房地产金融、税务管理等内容，全面讲解房地产企业各阶段的税务处理，以帮助房地产企业财务会计人员迅速了解工作任务，并高质量完成相关工作。

阅读本书后，会获得哪些能力

能力1：将房地产税务知识融会贯通的能力。在“营改增”之前，房地产税的收入归地方。“营改增”之后取而代之的增值税，只有1/4归地方，所以地方必须挖掘新的税源。已经试点的水资源税和在2018年1月1日开征的环境保护税都属于地方税。

能力2：全面理解房地产企业会计处理中相关政策的能力。其中包括涉税问题的税收分析、税务处理，以及提出房地产企业税务问题解决方案等能力。这对会计实务中具体业务的处理具有很强的指导意义。

能力3：迅速提升房地产企业会计实务操作能力。本书具有典型、具体的案例分析，有助于再现会计实务中的情景。读者可通过实践来验证自己对所学知识的掌握情况，有助于解决工作中的问题。

能力4：显著提升会计职业素养。本书将理论与实践结合，二者相辅相成，用理论知识指导会计实务，通过实务操作加深读者对理论的理解，可以大大提升读者的综合能力和职业素养。

在本书的编写过程中，我们参考了相关资料以及相关专家的观点，并加以借鉴，在此谨向这些文献的作者致以诚挚的谢意。

由于编者水平有限，书中难免存在疏漏之处，恳请各位读者批评指正。

编者

目录
CONTENTS

第 7 章 土地获取的方式及税收规划

第 8 章 房地产企业各阶段涉税分析

第 9 章 房地产企业各环节税务风险分析与应对

第 10 章 房地产企业开发周期各环节税务管理模型

第 11 章 房地产行业涉税难题及对策

第 12 章　房地产市场金融现状与合作模式

第 13 章　金融企业与房地产企业合作过程中的税务风险与应对

第 14 章　房地产企业投资过程中的税务风险及应对

第 15 章　房地产企业融资过程中的税务风险及应对

第 16 章 房地产企业融资过程中的税务筹划

第 17 章 房地产企业并购重组中的税务风险及应对

第 18 章 房地产企业上市过程中涉及的税务风险及应对策略

第 1 章
新税收政策解读与应用

1.1 《财政部 税务总局 海关总署关于深化增值税改革有关政策的公告》解读与应用

《财政部 税务总局 海关总署关于深化增值税改革有关政策的公告》（财政部、税务总局、海关总署公告 2019 年第 39 号）解读与应用。

1.1.1 政策要点

（1）增值税一般纳税人（以下简称“纳税人”）发生增值税应税销售行为或者进口货物，原适用 16% 税率的，税率调整为 13%；原适用 10% 税率的，税率调整为 9%。

（2）纳税人购进农产品，原适用 10% 扣除率的，扣除率调整为 9%。纳税人购进用于生产或者委托加工 13% 税率货物的农产品，按照 10% 的扣除率计算进项税额。

（3）原适用 16% 税率且出口退税率为 16% 的出口货物劳务，出口退税率调整为 13%；原适用 10% 税率且出口退税率为 10% 的出口货物、跨境应税行为，出口退税率调整为 9%。

（4）纳税人购进国内旅客运输服务，其进项税额允许从销项税额中抵扣。

①纳税人未取得增值税专用发票的，暂按照以下规定确定进项税额。

一是取得增值税电子普通发票的，进项税额为发票上注明的税额。

二是取得注明旅客身份信息的航空运输电子客票行程单的，按照下列公式计算的进项税额：航空旅客运输进项税额 =（票价 + 燃油附加费）÷（1+9%）×9%。

三是取得注明旅客身份信息的铁路车票的，按照下列公式计算的进项税额：铁路旅客运输进项税额 = 票面金额 ÷（1+9%）×9%。

四是取得注明旅客身份信息的公路、水路等其他客票的，按照下列公式计算的进项税额：公路、水路等其他旅客运输进项税额 = 票面金额 ÷（1+3%）×3%。

②《营业税改征增值税试点实施办法》（财税〔2016〕36 号附件）第二十七条第六项和《营业税改征增值税试点有关事项的规定》（财税〔2016〕36 号附件）第二条第一项第 5 点中“购进的旅客运输服务、贷款服务、餐饮服务、居民日常服务和娱乐服务”修改为“购进的贷款服务、餐饮服务、居民日常服务和娱乐服务”。

（5）自 2019 年 4 月 1 日至 2021 年 12 月 31 日，允许生产、生活性服务业纳税人按照当期可抵扣进项税额加计 10%，抵减应纳税额（以下简称“加计抵减政策”）。

本公告所称生产、生活性服务业纳税人，是指提供邮政服务、电信服务、现代服务、生活服务（以下简称“四项服务”）取得的销售额占全部销售额的比重超过 50% 的纳税人。四项服务的具体范围按照《销售服务、无形资产、不动产注释》（财税〔2016〕36 号附件）执行。

2019 年 3 月 31 日前设立的纳税人，自 2018 年 4 月至 2019 年 3 月期间的销售额（经营期不满 12 个月的，按照实际经营期的销售额）符合上述规定条件的，自 2019 年 4 月 1 日起适用加计抵减政策。

2019 年 4 月 1 日后设立的纳税人，自设立之日起 3 个月的销售额符合上述规定条件的，自登记为一般纳税人之日起适用加计抵减政策。

纳税人确定适用加计抵减政策后，当年内不再调整，以后年度是否适用，根据上年度销售额计算确定。

纳税人可计提但未计提的加计抵减额，可在确定适用加计抵减政策当期一并计提。

1.1.2　解读与应用

（1）2019 年 4 月 1 日降低增值税税率政策实施后，纳税人发生销售折让、中止或者退回等情形的，如何开具红字发票及蓝字发票？

该公告第一条明确规定，增值税一般纳税人在增值税税率调整前已按原 16%、10% 适用税率开具的增值税发票，发生销售折让、中止或者退回等情形需要开具红字发票的，按照原适用税率开具红字发票；开票有误需要重新开具的，先按照原适用税率开具红字发票后，再重新开具正确的蓝字发票。

需要说明的是，若纳税人此前已按原 17%、11% 适用税率开具了增值税发票，发生销售折让、中止或者退回等情形需要开具红字发票的，应按照《国家税务总局关于统一小规模纳税人标准等若干增值税问题的公告》（国家税务总局公告 2018 年第 18 号，以下简称“18 号公告”）相关规定执行。

（2）2019 年 4 月 1 日降低增值税税率政策实施后，纳税人需要补开增值税发票的，如何处理？

该公告第二条明确规定，纳税人在增值税税率调整前未开具增值税发票的增值税应税销售行为，需要补开增值税发票的，应当按照原 16%、10% 适用税率补开。

需要说明的是，如果纳税人还存在 2018 年税率调整前未开具增值税发票的应税销售行为，需要补开增值税发票的，可根据 18 号公告相关规定，按照原 17%、11% 适用税率补开。

（3）火车票飞机票如何抵扣？如何申报？

①抵扣方式。

一是按发票上注明的税额抵扣。如果取得增值税电子普通发票，可以抵扣的税额为发票上注明的税额。

二是按发票上的金额计算抵扣。

▲取得注明旅客身份信息的航空运输电子客票行程单的，按照下列公式计算的进项税额：航空旅客运输进项税额 =（票价 + 燃油附加费）÷（1+9%）×9%。

▲取得注明旅客身份信息的铁路车票的，按照下列公式计算的进项税额：铁路旅客运输进项税额 = 票面金额 ÷（1+9%）×9%。

▲取得注明旅客身份信息的公路、水路等其他客票的，按照下列公式计算的进项税额：公路、水路等其他旅客运输进项税额 = 票面金额 ÷（1+3%）×3%。

▲取得的发票没有注明身份信息的不能抵扣。

②记账方式。

例如，某公司财务部门取得了业务员张某出差报销的火车票，票面金额为 57 元，用银行存款支付，则铁路旅客运输进项税额 =57÷（1+9%）×9% ≈ 4.7（元）。

账务处理如下。

借：销售费用　　　　　　　　　　　　　　　　　　52.3

　　应交税费——应交增值税（进项税额）　　　　　　4.7

　　贷：银行存款　　　　　　　　　　　　　　　　　　57

③申报方式。

对于计算抵扣的进项税额的申报，增值税申报表一般要根据新政策进行修改，因此参考通行费计算抵扣的填表方式，大致应填报《增值税纳税申报表附列资料（二）》（本期进项税额明细）第 8 栏“其他”，同时填报《本期抵扣进项税额结构明细表》第 30 栏“旅客运输服务的进项”。实际填写方式应待表样出来，参考填表说明进行填写。

例如，2019 年 4 月某公司财务部门取得员工吴某出差的一张高铁票，票面金额为 218 元，用库存现金支付，则火车票允许抵扣的进项税额 =218÷（1+9%）×9%=18（元）。

账务处理如下。

借：管理费用——差旅费　　　　　　　　　　　　　　200

　　应交税费——应交增值税（进项税额）　　　　　　18

　　贷：库存现金　　　　　　　　　　　　　　　　　　218

注意事项：取得注明旅客身份信息的公路、水路等客票的，按照 3% 的税率计算进项税额；取得注明旅客身份信息的航空运输电子客票行程单的，按照 9% 的税率计算进项税额；取得注明旅客身份信息的铁路车票的，按照 9% 的税率计算进项税额；对于取得未注明旅客身份信息的出租票、公交车票等，不得抵扣进项税额；旅客运输服务是指客运服务，包括通过陆路运输、水路运输、航空运输为旅客个人提供的客运服务。

（4）增值税进项税额抵扣有以下 3 个时间点，一旦错过，再想抵扣进项税，其过程就非常复杂，甚至会导致无法抵扣。

①增值税专用发票、机动车销售统一发票、通行费增值税电子普通发票、海关进口增值税专用缴款书 4 类凭证，必须在规定的时间内进行认证（扫描、勾选确认）。

②认证后必须在次月申报期内申报抵扣。

③特别要注意针对海关进口增值税缴款书。根据现行政策规定，增值税一般纳税人（以下简称“纳税人”）真实进口货物，从海关取得海关进口增值税专用缴款书（以下简称“海关缴款书”），可以按照规定抵扣增值税税款。海关缴款书实行“先比对后抵扣”管理办法，对稽核比对结果相符的，纳税人方可申报抵扣。

（5）为确保一般纳税人能够如期顺利开出 13%、9% 税率的增值税发票，请使用增值税发票税控开票系统的纳税人在 2019 年 4 月 1 日前对系统进行升级。

① 13% 与 9% 编码调整。

2019 年 4 月 1 日，启用税率调整，老用户更新编码时有提示“按照财政部、国家税务总局有关规定，将 16% 增值税税率调整为 13%，将 10% 增值税税率调整为 9%”（此提示只显示一次）；新用户不显示相关提示。

发票填写界面的税率，新增的税率排在前面，旧税率依然存在。

②国家税务总局商品编码版本更新到 32.0。

③汇总表设置税率处，新增 13% 与 9% 两栏。

开票软件系统默认显示的税率，可以根据公司的业务情况选择税率。

1.2 《财政部 税务总局关于实施小微企业普惠性税收减免政策的通知》解读与应用

《财政部 税务总局关于实施小微企业普惠性税收减免政策的通知》（财税〔2019〕13号）解读与应用。

1.2.1 政策要点

（1）对月销售额10万元（含）以下的增值税小规模纳税人，免征增值税。

（2）对小型微利企业年应纳税所得额不超过100万元的部分，减按25%计入应纳税所得额，按20%的税率缴纳企业所得税；对年应纳税所得额超过100万元但不超过300万元的部分，减按50%计入应纳税所得额，按20%的税率缴纳企业所得税。

上述小型微利企业是指从事国家非限制和禁止行业，且同时符合年度应纳税所得额不超过300万元、从业人数不超过300人、资产总额不超过5 000万元等3个条件的企业。

（3）由省、自治区、直辖市人民政府根据本地区实际情况，以及宏观调控需要确定，对增值税小规模纳税人可以在50%的税额幅度内减征资源税、城市维护建设税、房产税、城镇土地使用税、印花税（不含证券交易印花税）、耕地占用税和教育费附加、地方教育附加。

（4）增值税小规模纳税人已依法享受资源税、城市维护建设税、房产税、城镇土地使用税、印花税、耕地占用税、教育费附加、地方教育附加其他优惠政策的，可叠加享受本通知第三条规定的优惠政策。

（5）《财政部 税务总局关于创业投资企业和天使投资个人有关税收政策的通知》（财税〔2018〕55号）第二条第一项关于初创科技型企业条件中的“从业人数不超过200人”调整为“从业人数不超过300人”，“资产总额和年销售收入均不超过3 000万元”调整为“资产总额和年销售收入均不超过5 000万元”。

2019年1月1日至2021年12月31日期间发生的投资，投资满2年且符合本通知规定和财税〔2018〕55号文件规定的其他条件的，可以适用财税

〔2018〕55号文件规定的税收政策。

2019年1月1日前2年内发生的投资，自2019年1月1日起投资满2年且符合本通知规定和财税〔2018〕55号文件规定的其他条件的，可以适用财税〔2018〕55号文件规定的税收政策。

1.2.2　解读与应用

小型微利企业年应纳税所得额不超过100万元的部分，实际所得税税率为5%；年应纳税所得额超过100万元但不超过300万元的部分，实际所得税税率为10%。

1.3　《财政部 税务总局关于扩大固定资产加速折旧优惠政策适用范围的公告》解读与应用

《财政部 税务总局关于扩大固定资产加速折旧优惠政策适用范围的公告》（财政部 税务总局公告2019年第66号）解读与应用。

1.3.1　政策要点

（1）自2019年1月1日起，适用《财政部 国家税务总局关于完善固定资产加速折旧企业所得税政策的通知》（财税〔2014〕75号）和《财政部 国家税务总局关于进一步完善固定资产加速折旧企业所得税政策的通知》（财税〔2015〕106号）规定固定资产加速折旧优惠的行业范围，扩大至全部制造业领域。

（2）本公告发布前，制造业企业未享受固定资产加速折旧优惠的，可自本公告发布后在月（季）度预缴申报时享受优惠或在2019年度汇算清缴时享受优惠。

1.3.2 政策解读与应用

《财政部 税务总局关于扩大固定资产加速折旧优惠政策适用范围的公告》（以下简称《公告》），将适用固定资产加速折旧优惠的行业范围扩大至全部制造业领域，税务总局就相关问题作了解答。

（1）扩大固定资产加速折旧优惠政策适用范围的背景是什么?

现行企业所得税法及其实施条例规定，对由于技术进步产品更新换代较快，以及常年处于强震动、高腐蚀状态的固定资产可以实行加速折旧。这一规定没有行业限制，覆盖了包含制造业在内的所有行业企业。

为鼓励企业扩大投资，促进产业技术升级换代，经国务院批准，自2014年起，对部分重点行业企业简化固定资产加速折旧适用条件。财政部、税务总局先后于2014年、2015年两次下发文件，明确相关固定资产加速折旧优惠政策，主要包括以下4个方面政策内容：一是六大行业和四个领域重点行业企业新购进的固定资产，均允许按规定折旧年限的60%缩短折旧年限，或选择采取加速折旧方法；二是上述行业小型微利企业新购进的研发和生产经营共用的仪器、设备，单位价值不超过100万元的，可一次性税前扣除；三是所有行业企业新购进的专门用于研发的仪器、设备，单位价值不超过100万元的，可一次性税前扣除，超过100万元的，允许加速折旧；四是所有行业企业持有的单位价值不超过5 000元的固定资产，可一次性税前扣除。

按照党中央、国务院减税降费的决策部署，自2018年起至2020年，对企业新购进单位价值不超过500万元的设备、器具，允许一次性计入当期成本费用在所得税前扣除，这一政策大幅度提高了此前出台的一次性税前扣除的固定资产单位价值上限，也没有行业限制，包括制造业在内的所有行业企业均可依法享受。

（2）固定资产加速折旧优惠政策适用范围扩大至全部制造业领域后，目前可以适用固定资产加速折旧优惠政策的行业包括哪些?

原固定资产加速折旧政策的适用范围为生物药品制造业，专用设备制造业，铁路、船舶、航空航天和其他运输设备制造业，计算机、通信和其他电子设备制造业，仪器仪表制造业，信息传输、软件和信息技术服务业六大行业和轻工、纺织、机械、汽车四个领域重点行业。除信息传输、软件和信息技术服务业以外，其他行业均属于制造业的范畴。因此，将固定资产加速折旧优惠政策适用范围扩大至全部制造业领域后，可以适用固定资产加速折旧优惠政策的行业，包括全部制造业以及信息传输、软件和信息技术服务业。

（3）制造业企业可以享受哪些固定资产加速折旧政策？

《公告》将原适用于六大行业和四个领域重点行业企业的固定资产加速折旧优惠政策的适用范围扩大至全部制造业，但具体固定资产加速折旧优惠政策内容没有调整，仍与原有政策保持一致，具体为：一是制造业企业新购进的固定资产，可缩短折旧年限或采取加速折旧的方法；二是制造业小型微利企业新购进的研发和生产经营共用的仪器、设备，单位价值不超过 100 万元的，可一次性税前扣除。

需要强调的是，2018 年 1 月 1 日至 2020 年 12 月 31 日，企业新购进单位价值不超过 500 万元的设备、器具可一次性在税前扣除，该政策适用于所有行业企业，已经涵盖了制造业小型微利企业的一次性税前扣除政策。在此期间，制造业企业可适用设备、器具一次性税前扣除政策，不再局限于小型微利企业新购进的单位价值不超过 100 万元的研发和生产经营共用的仪器、设备。

（4）制造业的划分标准是什么？

为增强税收优惠政策的确定性，《公告》规定，制造业按照国家统计局《国民经济行业分类和代码（GB/T 4754—2017）》执行。今后国家有关部门更新国民经济行业分类和代码，从其规定。

考虑到企业多业经营的实际情况，为增强确定性与可操作性，在具体判断企业所属行业时，可使用收入指标加以判定。制造业企业是指以制造业行业业务为主营业务，固定资产投入使用当年的主营业务收入占企业收入总额 50%（不含）以上的企业。收入总额是指《中华人民共和国企业所得税法》第六条规定的收入总额。

（5）制造业适用加速折旧政策的固定资产的范围是什么？

制造业适用加速折旧政策的固定资产应是制造业企业新购进的固定资产。对于“新购进”可以从以下 3 个方面掌握。一是取得方式。购进包括以货币形式购进或自行建造两种形式。将自行建造也纳入享受优惠的范围，主要是考虑到自行建造固定资产所使用的材料实际也是购进的，因此把自行建造的固定资产也看作是“购进”的。二是购进时点。除六大行业和四个领域重点行业中的制造业企业外，其余制造业企业适用加速折旧政策的固定资产应是 2019 年 1 月 1 日以后新购进的。购进时点按以下原则掌握：以货币形式购进的固定资产，除采取分期付款或赊销方式购进外，按发票开具时间确认；以分期付款或赊销方式购进的固定资产，按固定资产到货时间确认；自行建造的固定资产，按竣工结算时间确认。三是已使用的固定资产。“新购进”中的“新”字，只是区别于原已购进的固定资产，不是指非要购进全新的固定资产，因此企业购进的使用过的固定资产也可适用加速折旧政策。

（6）制造业企业预缴申报时可以享受加速折旧税收优惠吗？

企业在预缴时可以享受加速折旧政策。企业在预缴申报时，由于无法取得主营业务收入占收入总额的比重数据，可以由企业合理预估，先行享受。在年度汇算清缴时，如果不符合规定比例，则一并进行调整。

（7）制造业企业享受固定资产加速折旧政策需要办理什么手续？

为贯彻落实税务系统“放管服”改革，优化税收环境，有效落实企业所得税各项优惠政策，税务总局于 2018 年制发了《关于发布修订后的〈企业所得税优惠政策事项办理办法〉的公告》（国家税务总局公告 2018 年 23 号），修订完善《企业所得税优惠政策事项办理办法》。新的办理办法规定，企业所得税优惠事项全部采用“自行判别、申报享受、相关资料留存备查”的办理方式。因此，制造业企业享受固定资产加速折旧政策的，无需履行相关手续，按规定归集和留存备查资料即可。

（8）《公告》发布前未能享受加速折旧优惠政策的应如何处理？

对于《公告》发布前，制造业企业未能享受固定资产加速折旧政策的，可采取以下两种方式处理。一是可在以后月（季）预缴申报时汇总填入预缴申报表计算享受；二是可在 2019 年度企业所得税汇算清缴年度申报时统一计算享受。

※ 案例分析

（1）加速折旧与加计扣除的衔接

甲企业 2018 年 12 月购入并投入使用一专门用于研发活动的设备，单位价值 1 200 万元，会计处理按 8 年折旧，税法上规定的最低折旧年限为 10 年，不考虑残值。甲企业对该项设备选择缩短折旧年限的加速折旧方式，折旧年限缩短为 6（10×60%）年。2019 年企业会计处理计提折旧额 150（1 200÷8）万元，税收上因享受加速折旧优惠可以扣除的折旧额是200（1 200÷6）万元，请问甲企业每年可加计扣除的金额是多少？

解析：根据《国家税务总局关于研发费用税前加计扣除归集范围有关问题的公告》（国家税务总局2017年第40号）规定，企业可就其税前扣除“仪器、设备折旧费”200万元进行加计扣除100（200×50%）万元，不需比较会计、税收折旧孰小，也不需要根据会计折旧年限的变化而调整享受加计扣除的金额。

（2）选择加速折旧

某制造业企业（增值税一般纳税人）2018年9月30日新购进用于研发和生产经营共用的仪器设备1套，取得增值税专用发票，金额500万元，当月已认证通过。该设备预计使用寿命为5年，预计净残值为20万元。分别按照年数总和法和双倍余额递减法计算2019年应计提的折旧额。

解析：年数总和法，又称年限合计法，是指将固定资产的原值减去预计净残值后的余额，乘以一个以固定资产尚可使用寿命为分子、以预计使用寿命为分母的逐年递减的分数计算每年的折旧额。

计算公式如下：年折旧率＝尚可使用年限 ÷ 预计使用寿命的年数总和 × 100%，月折旧率＝年折旧率 ÷12，月折旧额＝（固定资产原值－预计净残值）×月折旧率。

设备采用年数总和法计提折旧时，会计年度与折旧年度不一致，因此需要分段计提。第一个折旧年度（2018年10月至2019年9月）的折旧金额＝（500－20）×5÷15 ＝ 160（万元），第二个折旧年度（2019年10月至2020年9月）折旧的金额＝（500 － 20）×4÷15 ＝ 128（万元）。

2019年应计提折旧额＝160×9÷12+128×3÷12=152（万元）

（3）选择缩短折旧年限

首先，购置全新固定资产。某制造业企业，2018年7月购入一台全新的机器，采取缩短折旧年限方法进行加速折旧，其折旧的年限应如何确定？

解析：采取缩短折旧年限方法的，按照企业新购进的固定资产是否为已使用，分别实行两种不同的税务处理方法：企业购置的新固定资产，最低折旧年限不得低于企业所得税法实施条例规定的折旧年限的60%；企业购置已使用过的固定资产，其最低折旧年限不得低于企业所得税法实施条例规定的最低折旧年限减去已使用年限后剩余年限的60%。该企业购入的机器，企业所得税法实施条例规定的最低折旧年限是10年，因此其加速折旧的最低年限为6年。

其次，购置已使用过的固定资产。某制造业企业，2018年购进一栋厂房，该厂房已使用10年。假设采取缩短折旧年限法加速折旧，最低折旧年限是多少？

解析：企业采取缩短折旧年限方法的，企业购置已使用过的固定资产，其最低折旧年限不得低于企业所得税法实施条例规定的最低折旧年限减去已使用年限后剩余年限的60%。《企业所得税法实施条例》规定的房屋建筑物的最低折旧年限为20年，该企业购置的厂房已使用10年，剩余年限为10年，因此其加速折旧的最低年限为6年。

1.4 《国家税务总局关于异常增值税扣税凭证管理等有关事项的公告》解读与应用

《国家税务总局关于异常增值税扣税凭证管理等有关事项的公告》（国家税务总局公告2019年第38号，以下简称“38号公告”）解读与应用。

1.4.1 政策要点与解读

（1）符合下列情形之一的增值税专用发票，列入异常凭证范围。

①纳税人丢失、被盗税控专用设备（指金税卡、IC卡、读卡器和其他设备）中未开具或已开具未上传的增值税专用发票。

解读：此条是针对发票的电子信息，如果设备中的发票是未开具，或者是已开具未上传的状态，就属于异常凭证范围。这是由于丢失了税控专用设备后，若被他人拾取，他人将可以开具未开具的发票，可以修改已开具未上传的发票开具信息，若用于非法用途，将给国家造成损失。

风险应对：首次取得税控设备后，应及时修改初始密码，以防丢失后信息被盗用；开具发票尽量使用在线开具方式，若有特殊原因未上传的，也应尽快上传；税控专用设备应由专人保管，若有特殊原因由他人领用的，应履行审批流程并明确归还时间。

②非正常户纳税人未向税务机关申报或未按规定缴纳税款的增值税专用发票。

解读：非正常户纳税人因生产经营状态不正常，开具发票的真实合法性会大大降低，税务人员将对其进行重点关注核查，及时避免虚开发票的情况。

风险应对：财务人员在取得发票时，除了需要查验发票的真伪外，还需要查询开票企业的经营状态，尤其是不经常发生业务往来的企业，应当查询该企业是否是正常户纳税人。

③增值税发票管理系统稽核比对发现“比对不符”“缺联”“作废”的增值税专用发票。

解读：此状态是原国税函〔2006〕156 号文件予以明确的，也是企业财务人员最容易发现的一种情况，但要求企业及时将发票录入稽核比对系统。

④经税务总局、省税务局大数据分析发现，纳税人开具的增值税专用发票存在涉嫌虚开、未按规定缴纳消费税等情形的。

⑤属于《国家税务总局关于走逃（失联）企业开具增值税专用发票认定处理有关问题的公告》（国家税务总局公告 2016 年第 76 号）第二条第（一）项规定情形的增值税专用发票。

解读：将“纳税人丢失、被盗税控专用设备中未开具或已开具未上传的增值税专用发票”和“被列为非正常户的防伪税控企业未向税务机关申报或未按规定缴纳税款的发票”两类失控发票纳入了异常凭证范畴，将异常凭证和失控发票合二为一，进一步加大监管力度。

新增了一类异常凭证，即“经税务总局、省税务局大数据分析发现，纳税人开具的增值税专用发票存在涉嫌虚开、未按规定缴纳消费税等情形的”。之所以做出此种改变，相当程度上是考虑到了当前部分地方的炼油企业为逃避国家消费税的监管，将出产的油品以化工产品的名义进行对外销售的情形。鉴于此类情况愈演愈烈，必须要依托大数据分析技术，充分发挥信息管税威力，推动整体行业税收秩序趋于规范。

根据《国家税务总局关于走逃（失联）企业开具增值税专用发票认定处理有关问题的公告》（国家税务总局公告 2016 年第 76 号，以下简称“76 号公告”）

第二条第（一）项的规定，走逃（失联）企业存续经营期间发生下列情形之一的，所对应属期开具的增值税专用发票列入异常增值税扣税凭证（以下简称“异常凭证”）范围。

一是商贸企业购进、销售货物名称严重背离的；生产企业无实际生产加工能力且无委托加工，或生产能耗与销售情况严重不符，或购进货物并不能直接生产其销售的货物且无委托加工的。二是直接走逃失踪不纳税申报，或虽然申报但通过填列增值税纳税申报表相关栏次，规避税务机关审核比对，进行虚假申报的。

（2）增值税一般纳税人申报抵扣异常凭证，同时符合下列情形的，其对应开具的增值税专用发票列入异常凭证范围。

①异常凭证进项税额累计占同期全部增值税专用发票进项税额 70%（含）以上的。

解读：增值税异常凭证分为 6 类情形。

纳税人丢失、被盗税控专用设备中未开具或已开具未上传的增值税专用发票；非正常户纳税人未向税务机关申报或未按规定缴纳税款的增值税专用发票。

增值税发票管理系统稽核比对发现“比对不符”“缺联”“作废”的增值税专用发票。

经税务总局、省税务局大数据分析发现，纳税人开具的增值税专用发票存在涉嫌虚开、未按规定缴纳消费税等情形的。

国家税务总局公告 2016 年第 76 号第二条第（一）项规定情形：商贸企业购进、销售货物名称严重背离的；生产企业无实际生产加工能力且无委托加工，或生产能耗与销售情况严重不符，或购进货物并不能直接生产其销售的货物且无委托加工的。直接走逃失踪不纳税申报，或虽然申报但通过填列增值税纳税申报表相关栏次，规避税务机关审核比对，进行虚假申报的。

增值税一般纳税人申报抵扣异常凭证，同时符合下列情形的，其对应开具的增值税专用发票列入异常凭证范围：异常凭证进项税额累计占同期全部增值税专用发票进项税额 70%（含）以上的；异常凭证进项税额累计超过 5 万元的。

以上就是增值税异常凭证的 6 种类型，其进项税额累计包含的全部纳入异常凭证范围的进行税额，分母只包括进项税额中的专用发票，同时比例包含 70%。

②异常凭证进项税额累计超过 5 万元的。

纳税人尚未申报抵扣、尚未申报出口退税或已作进项税额转出的异常凭证，其涉及的进项税额不计入异常凭证进项税额的计算。

解读：虽然分子的范围比较广，但又明确了不计入异常凭证进项税额的范围。因此财务人员在取得发票后，如果进行了查询，分析判断出该发票是异常发票，可以将其作为普通发票使用，不进行抵扣，以此来避免税务机关的核查。

和 76 号公告相比，38 号公告进一步扩大了异常凭证范围，将间接异常凭证也纳入了监管范围。这里需要注意的是，38 号公告对于此类异常凭证进项税额进行了严格限制，必须同时符合比例和金额的双重要求，才能纳入异常凭证范围。这是为了在最大限度精准打击虚开发票行为的同时，避免误伤无辜企业。

（3）增值税一般纳税人取得的增值税专用发票列入异常凭证范围的，应按照以下规定处理。

①尚未申报抵扣增值税进项税额的，暂不允许抵扣。已经申报抵扣增值税进项税额的，除另有规定外，一律作进项税额转出处理。

解读：对于此项所说的“另有规定”，查遍了以前发布的所有文件，都没有找到有关规定，但是往下看本文件，在第三条第（四）项发现了一项规定，对于 A 级纳税信用级别的纳税人可以先提出核实申请。

②尚未申报出口退税或者已申报但尚未办理出口退税的，除另有规定外，暂不允许办理出口退税。适用增值税免抵退税办法的纳税人已经办理出口退税的，应根据列入异常凭证范围的增值税专用发票上注明的增值税额作进项税额转出处理；适用增值税免退税办法的纳税人已经办理出口退税的，税务机关应按照现行规定对列入异常凭证范围的增值税专用发票对应的已退税款追回。

纳税人因骗取出口退税停止出口退（免）税期间取得的增值税专用发票列入异常凭证范围的，按照第①项规定执行。

解读：纳税人因骗取出口退税停止出口退（免）税期间的税款计算、发票的处理是按照增值税一般纳税人的方式进行处理的，此条也明确了异常发票的处理也是一样的。文件的制定者考虑得非常周详。

③消费税纳税人以外购或委托加工收回的已税消费品为原料连续生产应税消费品，尚未申报扣除原料已纳消费税税款的，暂不允许抵扣；已经申报抵扣的，冲减当期允许抵扣的消费税税款，当期不足冲减的应当补缴税款。

解读：本条款的推出不容小觑，其很可能意味着未来税收监管思路的调整——在坚持以票控税的前提下，以信息技术为支撑，加强不同税种的协同联动管理，打破以往各税种管理的信息孤岛状况，最大限度保护国家税收收入安全。未来各税种联动管理极有可能扩展至其他税种。

此条款涉及的范围较大，需要从文件整体进行理解，也就是做限制性解释，适用的情况是“经税务总局、省税务局大数据分析发现，纳税人开具的增值税专用发票存在涉嫌虚开、未按规定缴纳消费税等情形的”。即购买方取得发票时无法判断发票是否属于此情况，但税务机关通过大数据分析后，会将结果传递至接收票据方的主管税务机关，购买方接到税务机关的通知后做出暂不扣除消费税的处理。

④纳税信用 A 级纳税人取得异常凭证且已经申报抵扣增值税、办理出口退税或抵扣消费税的，可以自接到税务机关通知之日起 10 个工作日内，向主管税务机关提出核实申请。经税务机关核实，符合现行增值税进项税额抵扣、出口退税或消费税抵扣相关规定的，可不做进项税额转出、追回已退税款、冲减当期允许抵扣的消费税税款等处理。纳税人逾期未提出核实申请的，应于期满后按照本条第①项、第②项、第③项规定做相关处理。

解读：根据信用等级进行区别对待，对于纳税信用等级为 A 级的纳税人给予了特殊待遇。这里需要注意用联系的观点去看待这个条款。它的政策导向十分明确，与《国家税务总局关于纳税信用修复有关事项的公告》（国家税务总局公告 2019 年第 37 号）相关规定构成了“组合拳”，分别从不同层面推动纳税信用等级管理，让纳税人切实感受到纳税信用等级的重要性。

此条是针对 A 级信用级别的纳税人的特别措施，从近两年下发的文件来看，税务机关对于信用等级高的纳税人给予了越来越多的优待和宽松管理，因此企业一定要高度重视纳税信用等级的保持。

⑤纳税人对税务机关认定的异常凭证存有异议，可以向主管税务机关提出核实申请。经税务机关核实，符合现行增值税进项税额抵扣或出口退税相关规定的，纳税人可继续申报抵扣或者重新申报出口退税；符合消费税抵扣规定且已缴纳消费税税款的，纳税人可继续申报抵扣消费税税款。

解读：38 号公告延续了 76 号公告的思路，只是暂时冻结了纳税人异常凭证的抵扣权利，但是没有直接取消抵扣权利，并且给出了明确出路，避免了“一刀切”对守法企业造成误伤。

同样是提出核实申请，A 级纳税人不用接到通知就转出进项税额，而是可以先提出核实，税务局核实后看是否需要转出；而其他级别的纳税人也可以提出核实，但是需要先按照税务机关的要求进行进项税额转出处理，等税务机关的核实结果下来后，允许抵扣的再进行抵扣。

（4）经国家税务总局、省税务局大数据分析发现存在涉税风险的纳税人，不得离线开具发票，其开票人员在使用开票软件时，应当按照税务机关指定的方式进行人员身份信息实名验证。

解读：此条针对的是所有纳税人，经税务机关分析发现存在涉税风险的纳税人，不得离线开具发票。未来执行的方式将会是当金税三期系统分析出风险后，通过信息化手段自动关联开票软件的离线开票功能，直接停用。与此同时，在使用开票软件时，需要进行实名验证，这一条应当理解为每次登录开票系统时都需要进行实名验证，但文件暂未规定指定的方式是什么，应当也是考虑到各地信息化水平的不同，但距离文件执行还有一段时间，后面应该会进行说明。

（5）新办理增值税一般纳税人登记的纳税人，自首次开票之日起 3 个月内不得离线开具发票，按照有关规定不使用网络办税或不具备风险条件的特定纳税人除外。

解读：此条针对的纳税人也包括所有新办理的一般纳税人，需要注意的是，若一般纳税人转登记为小规模纳税人后，又登记为一般纳税人的，也属于新办理的一般纳税人的情况，因此企业在选择时需要考虑这个因素。

针对少数不法分子利用办税便利化措施，注册没有实际经营业务、只为虚开发票的“假企业”骗领增值税专用发票，恶意逃避税收监管的行为，国家税务总局出台了 38 号公告。新办理增值税一般纳税人必须在互联网连接状态下在线使用增值税发票管理新系统开具发票，自动上传已开具的发票明细数据。这里设定 3 个月的期限无疑是一个考验期，有点类似于对小型商贸批发企业实施的纳税辅导期管理，可以理解为行之有效的传统监管政策的平移。因为在实践过程中，虚开发票犯罪作案时间更加短促，往往只有数月，甚至更短。暂时冻结新办理增值税一般纳税人离线开票权利，有助于税务部门充分发挥信息管税威力，及时发现问题纳税人，最大限度压缩暴力虚开空间。

（6）本公告自2020年2月1日起施行。《国家税务总局关于走逃（失联）企业开具增值税专用发票认定处理有关问题的公告》（国家税务总局公告2016年第76号）第二条第（二）项、《国家税务总局关于建立增值税失控发票快速反应机制的通知》（国税发〔2004〕123号文件印发，国家税务总局公告2018年第31号修改）、《国家税务总局关于金税工程增值税征管信息系统发现的涉嫌违规增值税专用发票处理问题的通知》（国税函〔2006〕969号）第一条第（二）项和第二条、《国家税务总局关于认真做好增值税失控发票数据采集工作有关问题的通知》（国税函〔2007〕517号）、《国家税务总局关于失控增值税专用发票处理的批复》（国税函〔2008〕607号）、《国家税务总局关于外贸企业使用增值税专用发票办理出口退税有关问题的公告》（国家税务总局公告2012年第22号）第二条第（二）项同时废止。

（7）公告出台的背景。近年来，税务系统持续推进“放管服”改革，优化营商环境，使市场主体创业创新活力得到进一步激发，广大纳税人的获得感不断提升。但与此同时，少数不法分子利用办税便利化措施，注册没有实际经营业务、只为虚开发票的“假企业”骗领增值税专用发票，并在实施违法虚开行为后快速走逃（失联），恶意逃避税收监管，既严重扰乱了税收秩序，也极大损害了守法经营纳税人的权益。为推进税收治理体系和治理能力现代化，健全税收监管体系，进一步遏制虚开发票行为，维护税收秩序，优化营商环境，保护纳税人合法权益，特制定本公告。

1.4.2 政策应用

某制造业企业2019年4月1日购进生产用乙设备1台，含税价452万元，取得增值税专用发票，该设备可以按规定抵扣进项税额。

该设备预计可使用年限为10年，预计净残值率为2%、残值8万元，会计上按直线法计提折旧，税法上按照上述优惠政策计提折旧。企业所得税税率为25%，增值税税率为13%。

1. 购进乙设备会计分录

借：固定资产——生产用固定资产（乙设备）　　4 000 000

　　应交税费——应交增值税（进项税额）　　520 000

贷：银行存款　　4 520 000

2. 计提折旧账务处理

每月计提折旧 =（4 000 000-80 000）÷10÷12 ≈ 32 666.67（元），2019 年 8 个月计提折旧合计约 261 333.36 元。每月计提折旧的会计分录如下。

借：制造费用　　32 666.67

贷：累计折旧　　32 666.67

3. 纳税调整账务处理

（1）税务上 2019 年按优惠政策计提折旧 400 万元，折旧产生的税会差异应调减应纳税所得额 = 4 000 000-261 333.36=3 738 666.64（元）。

（2）乙设备期末账面价值 = 4 000 000-261 333.36=3 738 666.64（元），计税基础 = 4 000 000-4 000 000=0（万元），账面价值大于计税基础，属于应纳税暂时性差异。

应确认递延所得税负债 = 3 738 666.64×25%=934 666.66（元）。会计分录如下。

借：所得税费用　　934 666.66

贷：递延所得税负债　　934 666.66

4. 后期调整

以后年度每年都会涉及税会差异的调整，递延所得税负债也会随着折旧的完成而最终结平。每年税会差异调整的会计分录如下。

借：递延所得税负债（392 000×25%）　　98 000

贷：所得税费用　　98 000

1.5　创业投资企业税收优惠政策要点解读

1.5.1　政策要点

根据《财政部 税务总局关于实施小微企业普惠性税收减免政策的通知》（财税〔2019〕13号）规定，《财政部 税务总局关于创业投资企业和天使投资个人有关税收政策的通知》（财税〔2018〕55号）第二条第（一）项关于初创科技型企业条件中的“从业人数不超过200人”调整为“从业人数不超过300人”，“资产总额和年销售收入均不超过3 000万元”调整为“资产总额和年销售收入均不超过5 000万元”。

2019年1月1日至2021年12月31日期间发生的投资，投资满2年且符合本通知规定和财税〔2018〕55号文件规定的其他条件的，可以适用财税〔2018〕55号文件规定的税收政策。

1.5.2　政策解读与应用

满足上述主体条件和客观条件，主体可以向其所在主管税务机构申请相关税收政策，即，以其对初创科技型企业投资额的70%，抵扣其应纳税所得额；不足抵扣的，可以在以后纳税年度结转抵扣。

举例：

（1）A公司投资初创企业甲人民币1 000万元；投资满24个月后，A公司处置持有的甲的全部股权，获得2 000万元。在税收优惠政策前，A的应纳税额粗略为250〔2 000−1 000）×25%〕万元；在税收优惠政策后，A的应纳税额可减少为75〔2 000 − 1 000−1 000×70%）×25%〕万元。优惠力度还是比较明显的。

（2）B合伙企业投资初创企业甲人民币1 000万元；投资满24个月后，B合伙企业处置持有的甲的全部股权，获得2 000万元。B合伙企业的法人合伙人，基本可按照上述A公司的逻辑去申请企业所得税优惠；B合伙企业的个人合伙人，可参考上述A公司的逻辑，去申请个人所得税优惠。关于合伙企业，55号文第三条第（三）款中提到，合伙创投企业的合伙人对初创科技型企业的投资额，按照合伙创投企业对初创科技型企业的实缴投资额和合伙协议约定的合伙人占合伙创投企业的出资比例计算确定。在实践中，部分合伙企业的投资存在每一合伙人在单独项目中的权益和其持有的合伙企业的权益并不一致的情况，譬如 B 合伙企业有甲、乙两个合伙人，各占 50%。B 合伙企业投资有 C（初创）、D（非初创）两家公司。甲、乙约定，甲享有 B 合伙企业投资的 C 公司的全部收益，乙享有 B 合伙企业投资的 D 公司的全部收益。如果只能从字面意思来理解，那么未来 B 合伙企业在处置 C 公司后，甲按照政策可以去申请税收优惠，但却仅能按照 50% 来核定投资额。

1.6　房地产企业内部资金无偿借贷税务新政策

房地产企业内部单位之间的资金无偿借贷行为免征增值税新政策分析如下。

1.6.1　新准则适用范围

《企业会计准则第 14 号——收入》适用于所有企业与客户之间的合同，但不包括：合并五项准则和金融工具准则规范的金融工具及其他合同权利和义务，以及租赁准则、保险合同准则规范的租赁合同、保险合同。

另外，企业以存货换取客户的固定资产、无形资产等的，按照《企业会计准则第 14 号——收入》的规定进行会计处理，但没有商业实质的非货币性资产交换，不确认收入。其他非货币性资产交换，按照《企业会计准则第 7 号——非货币性资产交换》的规定进行会计处理。

1.6.2　新准则修订变化

1. 将现行收入和建造合同两项准则纳入统一的收入确认模型

现行收入准则和建造合同准则在某些情形下边界不够清晰，可能导致类似的交易采用不同的收入确认方法，从而对企业财务状况和经营成果造成重大影响。

修订后的收入准则采用统一的收入确认模型来规范所有与客户之间的合同产生的收入，并且就“在一段时间内”还是“在某一时点”确认收入提供具体指引，有助于更好地解决目前收入确认时点的问题，提高会计信息可比性。

例如，某企业与可口可乐公司签订生产一批饮料瓶的合同，合同约定：饮料瓶必须完全按照可口可乐公司的设计要求生产，只能出售给可口可乐公司。合同签订日可口可乐公司预付了全部货款并不可返还。那么，该企业是按时点确认收入还是按时段确认收入？

由于产品是定制的（具有不可替代的用途），且相关付款条例表明企业生产活动发生的成本和合理的毛利都能够得到保障，饮料瓶生产企业应当按“一段时间内”确认收入。

2. 以控制权转移替代风险报酬转移作为收入确认时点判断标准

原收入准则要求区分销售商品收入和提供劳务收入，并且强调在将商品所有权上的主要风险和报酬转移给购买方时确认销售商品收入，但在实务中有时难以判断。

修订后的收入准则打破了商品和劳务的界限，强调企业在履行合同中的履约义务，即客户取得相关商品（或服务）控制权时确认收入。

例如，甲公司向乙公司销售一部电梯，电梯已经运抵乙公司，发票账单已经交付，同时收到部分货款。合同约定，甲公司应负责该电梯的安装工作，在安装工作结束并经乙公司验收合格后，乙公司应立即支付剩余货款。

电梯安装调试工作通常是电梯销售合同的重要组成部分，只有安装完毕并验收合格，乙公司才能正常使用，取得电梯的控制权。因此，本例中，该合同属于在某一时点履行履约义务的情况，甲公司应在电梯安装完成并验收合格后，在客户取得电梯控制权的时点才可确认收入。

3. 对于包含多重交易安排的合同的会计处理提供更明确的指引

旧准则中对于包含多重交易安排的合同仅提供了非常有限的指引，新收入准则对包含多重交易安排的合同的会计处理提供了更明确的指引，要求企业在合同开始日对合同进行评估，识别合同所包含的各单项履约义务，按照各单项履约义务所承诺商品（或服务）的单独售价的相对比例将交易价格分摊至各单项履约义务，进而在履行各单项履约义务时确认相应的收入，有助于解决此类合同的收入确认问题。

新准则第九条规定，合同开始日，企业应当对合同进行评估，识别该合同所包含的各单项履约义务，并确定各单项履约义务是在某一时段内履行，还是在某一时点履行，然后在履行了各单项履约义务时分别确认收入。

履约义务，是指合同中企业向客户转让可明确区分商品的承诺。履约义务既包括合同中明确的承诺，也包括由于企业已公开宣布的政策、特定声明或以往的习惯做法等导致合同订立时客户合理预期企业将履行的承诺。企业为履行合同而应开展的初始活动，通常不构成履约义务，除非该活动向客户转让了承诺的商品。

4. 对于某些特定交易收入确认和计量给出了明确规定

修订后的收入准则对于某些特定交易（或事项）的收入确认和计量给出了明确规定。例如，区分总额和净额确认收入、附有质量保证条款的销售、附有客户额外购买选择权的销售、向客户授予知识产权许可、售后回购、无须退还的初始费等，这些规定将有助于更好地指导实务操作，从而提高会计信息的可比性。

5. 提出合同成本的概念，允许符合条件的“为取得合同而发生的增量成本”资本化

将建造合同准则中的合同成本的概念，引入新收入准则体系，界定了合同成本的概念，明确了合同成本资本化或费用化、摊销、减值、转回等处理原则。新收入准则允许符合条件的“为取得合同而发生的增量成本”资本化。

1.6.3　政策应用

1. 案例分析一：收入确认总额法与净额法分析

（1）A 公司系湖北一家拟 IPO 公司，该公司主要业务系利用现有设备对受托材料进行加工。A 公司与委托方签订的系材料购买合同与销售合同，即 A 公司先向委托方购买原材料，经过加工后，按照购买价格的 1.1 倍再销售给委托方，双方货款除 10% 的部分有现金流外，其他货款均采用抵账的方式进行处理。

本例中，不难看出，尽管双方分别签订了购销合同，并开具了增值税购销发票，但A公司的主要业务系加工业务，交易价格固定，A公司未承担货物价格涨跌的风险，应当按照“实质重于形式”原则，以净额确认收入，如按全额确认收入，虚增了收入，不符合《企业会计准则》的规定。

（2）A公司系一家百货公司，主要负责销售供应商提供的商品。根据协议约定，在商品尚未售出的情况下，该商品仍属供应商所有，A公司不承担该商品的跌价损失及其他风险。供应商按售价扣除与百货公司约定的分成比例后开具发票给A公司，A公司在商品售出后按《企业会计准则》的规定通过商品进销差价核算结转毛利。

本例中，从A公司承担的风险看，商品的所有权及定价权不属于A公司，因为A公司只是提供了场地、收款、开票等服务，商品的风险和货权并没有转移至A公司，所以A公司只能按净额确认收入。但对于该项目，A公司认为自己不是单纯提供劳务或让渡资产使用权，在与消费者交易时，是以卖方角色出现的，不是居间角色，故符合销售商品条件，应全额确认收入。

判断收入确认是按总额法还是净额法，要结合交易的背景进行具体分析，确定公司在交易背景中所享有的权利和承担的义务，而不能出于主观的考虑而随意选择对企业有利的确认方法。

修订后的准则，明确了企业应该根据其在交易中的角色是主要责任人还是代理人来确定其收入的金额是总额还是净额，并给予了具体的判断指引。而原准则中对此没有明确指引，这一变化可能对部分企业的收入金额产生重大影响。

2. 案例分析二：为取得合同发生的增量成本

A公司系一家专门从事咨询服务的公司，中了一个向客户提供咨询服务的标。该公司为取得该合同，发生成本如下：尽职调查的外部律师费15 000元，提交标书的差旅费25 000元，销售人员佣金10 000元，总成本50 000元。那么，上述成本支出中哪些应该资本化？

增量成本，是指企业不取得合同就不会发生的成本。本例中，A公司为取得合同发生的销售人员佣金10 000元为增量成本，它将通过未来取得的咨询服务收入收回该成本。因此其发生时应确认为一项资产，即将该成本资本化。而律师费15 000元、差旅费25 000元无论是否取得合同都将产生，因此其在发生时直接确认为费用。

第 2 章 房地产企业并购、拿地税务政策解读

2.1 房地产企业并购税务政策解读

这一节内容是对《国家税务总局关于营改增后土地增值税若干征管规定的公告》（国家税务总局公告 2016 年第 70 号）的解读。

围绕“营改增”带来的这些变化，为进一步做好“营改增”后土地增值税征收管理工作，继《财政部 国家税务总局关于营改增后契税 房产税 土地增值税 个人所得税计税依据问题的通知》（财税〔2016〕43 号）文件后，国家税务总局又发布了《国家税务总局关于营改增后土地增值税若干征管规定的公告》（国家税务总局公告 2016 年第 70 号），进一步针对土地增值税若干征管问题进行了明确。其主要内容包括：土地增值税应税收入确认、视同销售房地产的土地增值税应税收入确认、转让房地产税金扣除、建筑安装工程费支出的发票确认、土地增值税的清算以及旧房转让时的扣除计算。

2.1.1 “营改增”后土地增值税

表 2-1 介绍了关于“营改增”后土地增值税应税收入确认问题。

表 2-1 "营改增"后土地增值税收入确认问题

内容	土地增值税暂行条例和实施细则	国家税务总局公告 2016 年第 70 号
土地增值税应税收入	转让房地产并取得的收入包括转让房地产的全部价款及有关的经济收益（"营改增"前转让房地产缴纳营业税，该收入为含营业税收入）	明确：①一般计税方法的纳税人，应税收入为不含增值税销项税额；②简易计税方法的纳税人，应税收入为不含增值税应纳税额
土地增值税预征的计征依据	竣工结算前转让房地产取得的收入可以预征土地增值税，最后进行清算（"营改增"前转让房地产缴纳营业税，该收入为含营业税收入）	新增：房地产开发企业采取预收款方式销售自行开发的房地产项目的，可按照以下方法计算土地增值税预征计征依据，即土地增值税预征的计征依据 = 预收款 - 应预缴增值税税款

例如，甲房地产开发企业为增值税一般纳税人，计划在 2016 年 1 月之后开发住宅项目，2017 年年底竣工交付使用，2016 年 10 月取得预售房款 20 000 万元，当地核定的土地增值税预征率为 1%。

根据《国家税务总局关于发布〈房地产开发企业销售自行开发的房地产项目增值税征收管理暂行办法〉的公告》（国家税务总局公告 2016 年第 18 号）第十条规定：一般纳税人采取预收款方式销售自行开发的房地产项目，应在收到预收款时按照 3% 的预征率预缴增值税；第十一条规定：应预缴税款 = 预收款 ÷（1+ 适用税率或征收率）× 3%。因此，甲房地产开发企业应在取得预收款的次月纳税申报期向主管税务机关预缴税款。

甲房地产开发企业应预缴的增值税税款 =20 000 ÷（1+9%）× 3% ≈ 550.46（万元）；根据《国家税务总局关于营改增后土地增值税若干征管规定的公告》（国家税务总局公告 2016 年第 70 号），土地增值税预征额 =（20 000-550.46）× 1%=194.495 4（万元）。

2.1.2 "营改增"后视同销售房地产的土地增值税

表 2-2 是关于"营改增"后视同销售房地产的土地增值税应税收入确认问题。

表 2-2　视同销售房地产的土地增值税应税收入确认问题

内容	原有法规	新法规
视同销售的房地产土地增值税应税收入的确认	《国家税务总局关于房地产开发企业土地增值税清算管理有关问题的通知》（国税发〔2006〕187 号）规定，房地产开发企业将开发产品用于职工福利、奖励、对外投资、分配给股东或投资人、抵偿债务、换取其他单位和个人的非货币性资产等，发生所有权转移时应视同销售房地产，其收入按下列方法和顺序确认： ①按本企业在同一地区、同一年度销售的同类房地产的平均价格确定； ②由主管税务机关参照当地当年、同类房地产的市场价格或评估价值确定	《国家税务总局关于营改增后土地增值税若干征管规定的公告》（国家税务总局公告 2016 年第 70 号）规定，将纳税主体的说法由“房地产开发企业”改成“纳税人”，其余收入确认规定无变化
	《国家税务总局关于土地增值税清算有关问题的通知》（国税函〔2010〕220 号）规定，房地产企业用建造的本项目房地产安置回迁户的，安置用房视同销售处理	

2.1.3　“营改增”后转让房地产税金扣除

表 2-3 是与转让房地产有关的税金扣除问题。

表 2-3　与转让房地产有关的税金扣除问题

内容	土地增值税暂行条例和实施细则	国家税务总局公告 2016 年第 70 号
与转让房地产有关的税金扣除问题	可扣除的与转让房地产有关的税金，是指在转让房地产时缴纳的城市维护建设税、印花税等。因转让房地产缴纳的教育费附加，也可视同税金予以扣除	新增：①计算土地增值税增值额的扣除项目中“与转让房地产有关的税金”不包括增值税；②城市维护建设税和教育费附加，能按清算项目准确计算的，据实扣除；不能按清算项目准确计算的，按清算项目预缴增值税时实际缴纳的金额扣除；③其他转让房地产行为的城市维护建设税、教育费附加扣除比照上述规定执行

2.1.4　“营改增”后建筑安装工程费

关于“营改增”后建筑安装工程费支出的发票确认问题，强调应取得按规定开具的发票，即在发票的备注栏注明建筑服务发生地县（市、区）名称及项目名称，否则不得计入土地增值税扣除项目金额。

2.2 房地产企业拿地税务政策解读

房地产企业在项目开发前，通过各种途径获得国有土地使用权，涉及的主要税种有城镇土地使用税、耕地占用税、印花税和契税。

2.2.1 城镇土地使用税解读

房地产企业城镇土地使用税的纳税义务发生时间，主要分以下 3 种情况。

第一，对于新征用的土地，区分耕地与非耕地缴纳城镇土地使用税。征用的耕地，自批准征用之日起满 1 年时开始缴纳城镇土地使用税；征用的非耕地，自批准征用次月起缴纳城镇土地使用税。

第二，以出让或转让方式有偿取得土地使用权的，应由受让方从合同约定交付土地时间的次月起缴纳城镇土地使用税；合同未约定交付土地时间的，由受让方从合同签订的次月起缴纳城镇土地使用税。

第三，外商投资企业和外国企业的纳税义务发生时间与前述相同，故内外资房地产企业缴纳城镇土地使用税的时间一致。

2.2.2 耕地占用税解读

（1）纳税人。

房地产企业通过出让、受让方式直接占用耕地用于开发房地产，成为耕地占用税纳税人。

（2）征税范围。

《中华人民共和国耕地占用税暂行条例》第二条规定，耕地主要指用于种植农作物的土地。

（3）计税依据。

《中华人民共和国耕地占用税暂行条例》第四条规定，耕地占用税以纳税人实际占用的耕地面积为计税依据。

（4）纳税义务发生时间。

经批准占用耕地的，耕地占用税纳税义务发生时间为纳税人收到土地管理部门办理占用农用地手续通知的当天。

2.2.3　印花税解读

（1）土地使用权出让、转让合同按产权转移书据征收印花税。房地产企业以出让、受让方式取得土地，须签订土地使用权出让合同、土地使用权转让合同。

（2）开发廉租住房、经济适用住房可减免印花税。开发商在经济适用住房、商品住房项目中配套建造廉租住房，在商品住房项目中配套建造经济适用住房，如能提供政府部门出具的相关材料，可按廉租住房、经济适用住房建筑面积占总建筑面积的比例免征开发商应缴纳的印花税。

2.2.4　契税解读

（1）征税范围。

《中华人民共和国契税暂行条例》规定，在中华人民共和国境内转移土地、房屋权属，承受的单位和个人为契税的纳税人，应当依照本条例的规定缴纳契税。

这里转移土地、房屋权属是指以下行为：①国有土地使用权出让；②土地使用权转让，包括出售、赠与和交换；③房屋买卖；④房屋赠与；⑤房屋交换。要注意的是，土地使用权转让，不包括农村集体土地承包经营权的转移。

（2）计税依据。

《中华人民共和国契税暂行条例》第四条与《中华人民共和国契税暂行条例细则》第九条规定，国有土地使用权出让、土地使用权出售、房屋买卖的计税依据是成交价格，即土地、房屋权属转移合同确定的价格，包括承受者应交付的货币、实物、无形资产或者其他经济利益。

第3章 房地产企业并购税务问题与应对

3.1 房地产企业并购及其特点

3.1.1 房地产行业的并购现象

按照传统并购行为类型进行分类，房地产类公司的并购方式可以分为横向并购、纵向并购和混合并购。例如，华润（集团）有限公司并购深圳万科公司是典型的横向并购，而光彩建设股份有限公司并购青岛泛海物业发展有限公司属行业下游的纵向并购等。

3.1.2 房地产企业的并购特点

（1）房地产企业的兼并和并购较多发生在广州、深圳和北京等房地产行业发展较快的地区。以买卖为主要目的的兼并和并购依然较为广泛，并持续在房地产企业的资本运作计划中酝酿。

（2）建立稳定的融资渠道和开拓房地产市场是房地产企业兼并和并购的主要目的。此外，大型国有房地产企业为改革企业运作机制而进行的企业重组也成为该行业资本运作的焦点。

（3）房地产企业通过并购涉足高科技行业，与其他行业企业通过兼并房地产企业进军房地产行业的情况并存。例如，中天金融集团股份有限公司并购一家网络技术开发公司，参与深圳数码港的建设等。那些亏损或微利的公司，为了改善经营状况、避免进一步亏损，更为了免于“戴帽”，主要通过资产剥离或出售拥有的股权、资产置换，获得投资收益或将部分劣质资产置换成优质资产。

3.2　房地产行业并购过程中的税务问题

3.2.1　内部并购：逃税

房地产企业通过并购方式可以将企业内部的部分资产进行重新整合，使之达到企业所期待的优化效果。但由于我国相关的法律法规仍不完善，房地产企业并购过程中经常存在部分企业为了逃避税收，并购一些生产效益不好的企业，实现内部的盈亏相抵，从而逃税的现象。

这些借并购来逃税的行为，违反了我国税收法律法规，这样的行为是国家明令禁止的，属于违法行为。利用企业间的相互并购来改变原本的纳税额度，是部分房地产企业漏税和逃税的手段，应该受到法律严惩。

3.2.2　行业并购：避税

如果某一房地产企业有较高的盈利水平，就可以选择一家与其经营亏损相关的企业作为并购对象，通过这样的盈亏相抵，降低企业原有的所得税。同时，按照相关法律规定，如果在企业间的合并中，出现了效益上的亏损，那么合并后的企业就可申请推迟纳税。

3.3 几种不同并购模式的税负分析

3.3.1 直接购买房地产项目模式

1. 方案原理

收购方出具货币资金或实物资产及其他经济利益，直接购买或置换另外一家企业的房地产项目，客体是单纯的房地产项目，出让方放弃房地产的所有权，收购方以货币资金、实物资产或其他经济利益为代价取得房地产项目的所有权。此模式不会影响到交易双方的法律地位，即收购前后交易双方的法人资格没有发生任何改变。

2. 方案过程

S 公司与 Z 公司直接签署协议，S 公司支付给 Z 公司货币资金、实物资产或其他经济利益，价值 1.5 亿元，取得房地产项目的所有权。

3. 税负分析

（1）转让方 Z 公司。

转让该房地产项目属于销售不动产，按我国现行税法规定，应按 9% 的税率缴纳增值税（假设该公司城市维护建设税税率为 7%，教育费附加征收率为 3%）。

根据《财政部 国家税务总局关于全面推开营业税改征增值税试点的通知》（财税〔2016〕36 号）附件 2《营业税改征增值税试点有关事项的规定》的规定，房地产开发企业中的一般纳税人销售其开发的房地产项目（选择简易计税方法的房地产老项目除外），以取得的全部价款和价外费用，扣除受让土地时向政府部门支付的土地价款后的余额为销售额。

房地产老项目，是指《建筑工程施工许可证》注明的合同开工日期在 2016 年 4 月 30 日前的房地产项目。

①增值税计算。

▲一般纳税人增值税应纳税额的计算公式如下。

不含销售额 =（全部价款和价外费用 − 当期允许扣除的土地价款）÷

（1+9%）。

销项税额 = 销售额 × 税率 = 销售额 ×9%。

进项税额 = 可供抵扣的增值税专用发票上的税额。

应纳税额 = 销项税额 - 进项税额。

根据《国家税务总局关于发布〈房地产开发企业销售自行开发的房地产项目增值税征收管理暂行办法〉的公告》（国家税务总局公告2016年第18号）第五条规定，当期允许扣除的土地价款按照以下公式计算。

当期允许扣除的土地价款 =（当期销售房地产项目建筑面积 ÷ 房地产项目可供销售建筑面积）× 支付的土地价款。

▲小规模纳税人增值税应纳税额 = 销售额 × 征收率 = 销售额 ×5%。纳税人的销售额为销售不动产向对方收取的全部价款和价外费用。

②土地增值税计算。

假设Z公司对该房地产项目的土地增值税可扣除项目金额为1.1亿元。采用简便方法计算，具体公式如下。

▲增值额未超过扣除项目金额50%时，土地增值税税额 = 增值额 ×30%。

▲增值额超过扣除项目金额50%，未超过100%时，土地增值税税额 = 增值额 ×40%- 扣除项目金额 ×5%。

▲增值额超过扣除项目金额100%，未超过200%时，土地增值税税额 = 增值额 ×50%- 扣除项目金额 ×15%。

▲增值额超过扣除项目金额200%时，土地增值税税额 = 增值额 ×60%- 扣除项目金额 ×35%。

公式中的5%、15%、35%为速算扣除系数。

③确定增值额。

纳税人转让房地产所取得收入减除扣除项目金额后的余额，为增值额。

计算增值额时的扣除项目为：

▲取得土地使用权所支付的金额；

▲开发土地的成本、费用；

▲新建房及配套设施的成本、费用，或者旧房及建筑物的评估价格；

▲与转让房地产有关的税金；

▲财政部规定的其他扣除项目。

例如，某房地产企业开发的一个房地产项目已经竣工结算，此项目已缴纳土地使用权出让金 300 万元，获得土地使用权后，立即开始开发此项目，建成10 000平方米的普通标准住宅，以每平方米4 000元的价格全部出售，开发土地、新建房及配套设施的成本为每平方米 1 500 元，不能按转让房地产项目计算分摊利息支出，房地产开发费用为 200 万元。

已经缴纳增值税、城市维护建设税、教育费附加、地方教育费附加、印花税共 170 万元，请问如何缴纳土地增值税？

计算步骤如下。

第一步：计算商品房销售收入。

销售收入 =4 000×10 000÷10 000=4 000（万元）。

第二步：计算扣除项目金额。

购买土地使用权费用为 300 万元。

开发土地、新建房及配套设施的成本 =1 500×10 000÷10 000 = 1 500（万元）。

因为不能按转让房地产项目计算分摊利息支出，房地产开发费用扣除限额 =（300+1 500）×10% = 180（万元），按照 180 万元作为房地产开发费用扣除。

加计扣除 =（300+1 500）×20% = 1 800×20% = 360（万元）。

税金为 170 万元。

扣除项目金额 = 300+1 500+180+360+170=2 510（万元）。

第三步：计算增值额。

增值额 = 商品房销售收入 - 扣除项目金额 = 4 000-2 510=1 490（万元）。

第四步：确定增值率。

增值率 = 1 490÷2 510×100% ≈ 59.36%，增值率超过扣除项目金额50%，未超过 100%。

第五步：计算土地增值税税额和企业所得税。

土地增值税税额 = 增值额 ×40% - 扣除项目金额 ×5% = 1 490×40% - 2 510×5% = 596-125.5 = 470.5（万元）。

适用本企业所得税税率为 25%，应纳企业所得税 =（15 000-10 000-825-7.5-1 200）×25%=741.875（万元）。

转让方 Z 公司合计应纳税额为 1 382.375（170+470.5+741.875）万元。

（2）收购方 S 公司。

对收购方 S 公司来说，购买房地产项目应纳契税，税率按 3% 计算，则 S 公司因购买行为应纳税额包括：应纳印花税 =15 000×0.05%=7.5（万元）；应纳契税 =15 000×3%=450（万元）。S 公司合计应纳税额为 457.5 万元。

除了以上税务成本外，收购方 S 公司还应当缴纳一些与房地产开发相关的法律手续变更费用，该部分支出一般较小。

4. 优缺点分析

采用直接购买项目的方式进行并购，简单明了，收购周期较短，除税费以外的其他交易成本一般较小。但交易的双方都有较大金额的税费支出，由于转让方支付了大额税费，在双方谈判时会推高交易对价，使收购方交易成本上升。

3.3.2　收购方购买出让方股权模式

1. 方案原理

收购方出具货币资金、实物资产或其他经济利益，购买另外一家拥有某目标房地产项目的企业股权，交易标的为房地产项目企业的股权，除非收购方取得房地产股权后更改企业名称，否则房地产项目的名义所有权没有发生改变。交易主体一方为收购企业，另一方则为拥有房地产企业股权的股东。

2. 方案过程

收购方 S 公司与 Z 公司的母公司 M 公司签署协议，以货币资金、实物资产或其他经济利益购买 M 公司拥有的 Z 公司的股权，以间接取得房地产项目的所有权。此时交易在 S 公司与 M 公司之间进行。

假设双方的交易对价为 1.5 亿元，M 公司持有 Z 公司股权成本为 1 亿元。

3. 税负分析——税收优惠

股权并购中，被并购企业连同房地产一并转让到并购企业中的，暂免征土地增值税。

“营改增”之后，股权转让所得仍然不征收增值税。但考虑到上市公司的股权与股票具有关联性，因而在转让上市公司股票时，需要区分其中的股权性收益与金融商品转让性收益，对其中的股权性收益仍然不征税，只对其中的金融商品性转让收入征收增值税。

在股权转让中，单位、个人承受公司股权，公司土地、房屋权属不发生转移的，不征收契税。

（1）收购方 S 公司。

应纳印花税 =15 000×0.05%=7.5（万元）；

收购方 S 公司合计应纳税额为 7.5 万元。

（2）转让方 M 公司。

应纳印花税 =15 000×0.05%=7.5（万元）；

适用所得税税率 25%，应纳企业所得税 =（15 000−10 000−7.5）×25%=1 248.125（万元）。

转让方 M 公司合计应纳税额 1 255.625（万元）。

4. 优缺点分析

采用这种模式并购房地产项目，花费的税务成本低，直接交易成本低，收购方通过购买股权的方式间接控制房地产项目，适用于转让方仅开发这一个房地产项目或收购方打包收购多个转让方项目的情形。

原 Z 公司遗留的亏损，仍可用以后房地产项目的开发利润来弥补，从而取得税收筹划的好处。收购方将同时面临原企业遗留的一些亏损和其他法律责任，因此并购初期的法律和财务尽职调查是非常重要的。

3.3.3 合资开发模式

1. 方案原理

收购方企业出具货币资金，与拥有目标房地产项目的企业以房地产项目共同出资组建一个新的合资企业，新企业成立后，又可派生出两种并购分模式。

（1）合资开发分模式一。

双方约定共同经营、共担风险，房地产项目建成并出让取得收益后，双方按出资比例分享收益。在此分模式下，没有购买行为发生，收购方企业与房地产项目企业之间为合作关系。

（2）合资开发分模式二。

以房地产项目出资的企业在新企业成立后，向出具货币资金的一方转让新企业股权。此分模式下，双方先合资合作，再由收购方企业出具货币资金收购房地产项目企业拥有的新合资企业的股权。

收购方 S 公司出具货币资金 1.5 亿元，Z 公司以房地产项目出资，作价 1.5 亿元，双方共同组成新公司 X 公司。新公司成立后，既可以双方约定共同开发、共担风险、共享收益，也可以由 S 公司再收购 Z 公司拥有的对 X 公司的股权。

S 公司与 Z 公司共同设立新公司，因为有实物出资形式，所以会发生一定的评估费用。注册新公司还需要验资，缴纳一定的注册费，新公司成立后还应当及时对与房地产有关法律手续予以变更，因此该模式下会发生较大的交易成本。

除上述交易成本外，此模式下发生的税务成本如下。

根据《中华人民共和国契税暂行条例》的有关规定，以土地、房屋权属作价投资、入股的，视同土地使用权转让或房屋转让，应纳契税。新 X 公司应纳契税 =15 000×3%=450（万元），该部分契税实际上由 Z 公司和 S 公司按股权比例分担，双方也可通过协议做进一步安排。Z 公司股权成本为 1 亿元，应纳企业所得税 =（15 000-10 000）×25%=1 250（万元）。

上述所得报经税务机关批准，可作为递延所得，在投资交易发生当期及随后不超过 5 个纳税年度内平均摊转到各年度的应纳税所得中。

2. 税负分析——先合资合作，再转让股权

由于 Z 公司向 S 公司转让其拥有的新企业的股权，按上述股权转让的分析可知，仅需双方缴纳印花税和转让方缴纳相关的企业所得税。假设 Z 公司股权成本也为 1.5 亿元，则没有股权转让所得，不必缴纳企业所得税。

Z 公司因销售行为实际承担税负 =1 250+7.5=1 257.5（万元）。S 公司因购买行为实际承担税负为印花税 7.5 万元。此外，双方共同承担契税 450 万元。相比直接购买房地产项目而言，本模式主要减少的税负为增值税及附加。

3. 优缺点分析

转让方以房地产出资与收购方组建新企业，适用于转让方经营项目多而收购方不欲取得除目标房地产项目以外的其他项目。

该模式可以归避转让方原遗留的一些问题，如法律纠纷、潜在业务等，较容易操作，收购方可能负担的法律风险相对较小。

该模式相对于直接购买房地产项目模式，税务成本明显降低，但会由于组建新企业而发生评估费、注册费、变更法律文件的手续费等支出，交易成本较前两种模式都大，且并购运作的时间较长。

3.4 房地产企业并购重组中的税务风险

3.4.1 政策方面的风险

由于经济不断发展，税收政策也会随着经济发展和国家财政需求而不断调整，在这种情况下，房地产企业在税收政策变化之前的并购税收筹划，可能会与新的政策出现不适应甚至违反新的税法规定的问题，进而造成企业的税收筹划政策方面的风险。2016 年全面推行“营改增”即是一个较好的政策风险的例子。

3.4.2 操作过程中的风险

由于吸收并购的税收筹划是一项集会计准则、税收政策、并购融资方式和交易方式等各项具体工作为一体的烦琐工作，如果在实际操作过程中，任何一个环节考虑不仔细或者操作不到位而产生少缴税和未交税等问题，极易引发企业的税务风险。这样既会给房地产企业带来经济损失，也会影响企业的信誉和形象。

3.4.3 执法方面的风险

房地产企业吸收并购的一些业务属于税法未明确规定的、模糊性的业务，实践中在涉及这些业务的税收筹划时，企业税收筹划人员的理解可能与税务执法人员的理解和处理存在不一致的情况。鉴于此，房地产企业应当注意，一定要将筹划方案与税务机关提前沟通并取得其认可，以减少企业面临的执法风险。

3.4.4　房地产企业并购重组中税务风险的应对策略

要实施房地产企业吸收并购税收筹划的后续税务风险的管控对策，应从以下几方面着手。

一是在进行税收筹划时要从企业整体的战略角度出发。即不能只关注个别税种税费的降低，而忽略全局造成税收筹划的风险。

二是提高企业财务管理水平和财务人员的素质。税收筹划主要是由财务人员来进行设计和实施，因此在一定程度上财务人员的素质决定了企业吸收并购涉税风险的高低。

三是要时刻关注税收政策的变动，并将其与企业的筹划方案进行比对分析，找出政策风险点并调整筹划方案。

四是要在房地产企业内部设立风险预警和防范机制。一旦预警机制出现风险提示，企业经营者和税收筹划人员将对风险信息进行分析并及时升级筹划策略来防范风险。

五是房地产企业必须要做好与税务机关的沟通工作。这样既能防范税收筹划方案的漏洞，又能提高其规范性，还能提高税收筹划方案的可操作性，降低企业在进行吸收并购时的税收筹划风险。

第 4 章
房地产企业股权并购税收问题解析

4.1 资产收购与股权收购及其区别

4.1.1 资产收购

资产收购是指收购方根据自己的需要，购买目标公司部分或全部的资产的投资行为。如果收购目标公司全部资产，则目标公司须办理注销手续。

其优点是：该种方式直接取得公司主业经营所需的资产和业务，非主业及其他资产、人员、法律瑕疵继续留在原公司，可以实现主业的整合。缺点是：需要缴纳一定的流转税；涉及各类资产权属、资质变更，交易程序相对繁杂；因非股权收购，交易并不必然带来人员、业务的转移，需另做安排，以充实人员、重新开展业务；资产出让方取得现金等对价，需考虑资金用途，避免资金闲置。

4.1.2 股权收购

股权收购是指一家公司通过购买目标公司部分或全部的股权，实现公司扩张和发展的一种投资行为。收购公司按持股比例承担目标公司的权利与义务、资产和负债。

其优点是：该种方式只是股权的转移，除缴纳企业所得税及印花税外，可避免缴纳流转税，不涉及大量资产权属（如土地、房产、机器设备等）、资质变更，可以保证业务的完整性和经营的持续性，交易程序也较为便捷。缺点是：该种方式因系整体收购，资产整合的力度相对较小，收购后还需要考虑非主业资产或劣质资产剥离、人员安排；收购主体需产生相应规模的现金流出；并且，控制新公司的同时也承担了该公司的各类法律风险；另外，被收购主体的业务层级降低，可能面临来自管理层的阻力。

4.1.3　资产收购与股权收购的区别

1. 变更方式不同

股权收购因为股东变动须在相应的工商行政管理部门办理变更手续；而部分资产收购不需要办理工商变更手续，如果收购的资产属不动产，须到房产管理局办理过户。

2. 承担债务不同

股权收购后，股东应按股权比例承担相应比例的债务；而资产收购后目标公司的原有债务仍由其承担。

3. 税收不同

股权转让后，由股东缴纳增资部分的个人所得税；而资产收购后，由目标公司缴纳增值税等。

4. 受影响的第三方不同

股权收购中，受影响最大的是目标公司的其他股东；而资产收购中，受影响最大的是享有该资产权利的一方。

4.2 以股权转让方式转让土地、房屋的运作

公司股权转让的操作方式主要分为兼并和收购两种方式，即股权的并购。

4.2.1 股权兼并

股权兼并，指通过股权转让的方式将被兼并公司的资产（包括其享有的开发项目的土地使用权）和权利义务均转移给兼并公司，由接受全部股权的公司以吸收的方式，以自己的名义继续运行。

在这种操作模式中，公司以股权变动和产权流通来实现房地产公司的重新组合，可以避免被兼并公司的解散清算，有利于通过有实力的股东重新控制公司，实现其市场顺利发展和运作，并取得被兼并公司名下的土地使用权。

但是，在公司兼并中，由于兼并公司吸收被兼并公司并以自己的名义重新开发，兼并公司本身必须具有房地产企业的相应资质；兼并公司吸收了被兼并公司的全部股权，其所有的债务以及由此产生的风险，依法均由兼并公司承担；兼并后原被兼并公司被吸收，项目运作以兼并公司名义进行。因此，公司开发的项目及土地使用权等必须办理变更手续。

4.2.2 股权收购

股权收购，指经由接受被收购公司大部分股权的方式，达到对该公司的控制和管理，被收购公司无须消失仍可以自己名义运作。这种操作方式由于被收购公司没有被吸收，只是公司股东和股权发生变动，具有比公司股权兼并更灵活、更简便的操作性。

在股权收购中，因项目开发与运营仍由原公司的名义经营，收购公司本身未必具有房地产企业资质；对外债务仍由项目公司承担，仅是公司内部股东和股权比例发生变动，股东之间可以按股权比例或约定方式在股本金限额内承担责任；收购股东以分配股利的方式实现利益，因而对于原公司的资产，如开发项目审批文件和土地使用权等，均无须办理项目变更手续。

4.3　股权平价转让的税务问题

4.3.1　股权平价转让政策解读

根据《国家税务总局关于发布〈股权转让所得个人所得税管理办法（试行）〉的公告》（国家税务总局公告 2014 年第 67 号）第十一条规定，符合下列情形之一的，主管税务机关可以核定股权转让收入：（1）申报的股权转让收入明显偏低且无正当理由的；（2）未按照规定期限办理纳税申报，经税务机关责令限期申报，逾期仍不申报的；（3）转让方无法提供或拒不提供股权转让收入的有关资料；（4）其他应核定股权转让收入的情形。

根据第十二条规定，符合下列情形之一，视为股权转让收入明显偏低：

①申报的股权转让收入低于股权对应的净资产份额的。其中，被投资企业拥有土地使用权、房屋、房地产企业未销售房产、知识产权、探矿权、采矿权、股权等资产的，申报的股权转让收入低于股权对应的净资产公允价值份额的；

②申报的股权转让收入低于初始投资成本或低于取得该股权所支付的价款及相关税费的；

③申报的股权转让收入低于相同或类似条件下同一企业同一股东或其他股东股权转让收入的；

④申报的股权转让收入低于相同或类似条件下同类行业的企业股权转让收入的；

⑤不具合理性的无偿让渡股权或股份；

⑥主管税务机关认定的其他情形。

根据第十三条规定，符合下列条件之一的股权转让收入明显偏低，视为有正当理由：

①能出具有效文件，证明被投资企业因国家政策调整，生产经营受到重大影响，导致低价转让股权；

②继承或将股权转让给其能提供具有法律效力身份关系证明的配偶、父母、子女、祖父母、外祖父母、孙子女、外孙子女、兄弟姐妹以及对转让人承担直接抚养或者赡养义务的抚养人或者赡养人；

③相关法律、政府文件或企业章程规定，并有相关资料充分证明转让价格合理且真实的本企业员工持有的不能对外转让股权的内部转让；

④股权转让双方能够提供有效证据证明其合理性的其他合理情形。

4.3.2 案例分析：股权转让税务处理

2017 年 6 月，某市税收管理员对辖区内有股权转让行为的纳税人进行了清理核实。从核实情况来看，大多数转让企业都是平价转让股权给受让企业的，那么转让企业真是平价转让股权，还是为逃避纳税而平价转让股权？税务机关对此进行了调查。

某居民企业 A 公司成立于 2009 年，实收资本 10 000 万元。其中，股东 B 有限责任公司（以下简称“B 公司”），投资 4 500 万元；股东 C 有限责任公司，投资 5 500 万元。

2016 年 9 月 30 日，B 公司将 A 公司全部股权 4 500 万元平价转让给 D 公司。股权转让证明材料如下：① B 公司与 D 公司签订股权转让协议，协议约定 B 公司以 4 500 万元转让所持有的 A 公司股权；② A 公司的股东会决议同意 B 公司以货币资金的方式将所持有的 A 公司股权转让给 D 公司；③ B 公司收到货币资金 4 500 万元的单据；④当月，B 公司与 D 公司完成股权变更手续。

然而，本次股权交易的难点在于，B 公司将其股权平价转让给 D 公司，无所得也无损失，B 公司平价转让股权有何依据？根据《国家税务总局关于发布〈企业重组业务企业所得税管理办法〉的公告》（国家税务总局公告 2010 年第 4 号）第十二条的规定，企业发生股权收购、资产收购重组业务时，应准备以下相关资料，以备税务机关检查：①当事各方所签订的股权收购、资产收购业务合同或协议；②相关股权、资产公允价值的合法证据。因此，B 公司应该提供相关股权公允价值的合法证据证明平价转让的合法性、合理性。但是 B 公司提供的股权转让证明材料并不能证明这一点。

在 B 公司不能够提供相关股权公允价值合法证据的情况下，B 公司所在辖区税务机关向 A 公司所在辖区税务机关提出核实要求，对 A 公司 2016 年 9 月的净资产进行核实。

核实发现：A 公司 2016 年 9 月的资产为 23 000 万元，负债为 7 000 万元，转让前实收资本 10 000 万元，资本公积 0 万元，累计未分配利润 2 550 万元，盈余公积 450 万元。

在此情况下，B 公司将其持有的 A 公司股权平价转让给 D 公司，交易不合情理，存在避税嫌疑。税务机关就 B 公司本次股权交易存在的问题与 B 公司、A 公司进行了沟通和约谈。

根据《中华人民共和国企业所得税法》第四十七条的规定，企业实施其他不具有合理商业目的的安排而减少其应纳税收入或者所得额的，税务机关有权按照合理方法调整。《中华人民共和国企业所得税法实施条例》进一步指出，所谓不具有合理商业目的，是指以减少、免除或者推迟缴纳税款为主要目的。在上述案例中，B 公司没有证据材料证明此次股权平价转让的合理商业目的，于是，税务机关对其股权转让收入进行了调整。最终，B 公司补缴税款 337 万余元。

4.4　自然人转让股权计税价格偏低的调整

国家税务总局于 2014 年度发布了《国家税务总局关于发布〈股权转让所得个人所得税管理办法（试行）〉的公告》（国家税务总局公告 2014 年第 67 号），其中规定了个人股东进行股权转让，如被主管税务机关视为股权转让收入明显偏低，且无正当理由的情形，可由税务机关核定其股权转让收入，并按“财产转让所得”项目缴纳 20% 的个人所得税。该公告规定了 3 种核定股权转让收入的方法。

4.4.1　净资产核定法

股权转让收入按照每股净资产或股权对应的净资产份额核定。

被投资企业的土地使用权、房屋、房地产企业未销售房产、知识产权、探矿权、采矿权、股权等资产占企业总资产比例超过 20% 的，主管税务机关可参照纳税人提供的具有法定资质的中介机构出具的资产评估报告核定股权转让收入。

6个月内再次发生股权转让且被投资企业净资产未发生重大变化的，主管税务机关可参照上一次股权转让时被投资企业的资产评估报告核定此次股权转让收入。

4.4.2 类比法

（1）参照相同或类似条件下同一企业同一股东或其他股东股权转让收入核定。

（2）参照相同或类似条件下同类行业企业股权转让收入核定。

4.4.3 其他合理方法

主管税务机关采用以上方法核定股权转让收入存在困难的，可以采取其他合理方法核定。

纳税人对税务机关采取上述方法核定的应纳税额有异议的，应当提供相关证据，经税务机关认定后，调整应纳税额。

一般税务机关在认定“股权转让收入明显偏低”时，首先会判断个人股东申报的股权转让收入是否低于股权所对应的净资产份额。股东对企业进行股权投资，公司净资产增值部分应由股东享有，股东转让的其实是享有企业净资产的权利。由于税务机关无法判断股东之间是真正进行了“平价转让”，还是通过其他形式私下进行了经济利益的交换，对于没有“正当理由”的平价转让，通常使用核定的方式计算股东的股权转让收入。

4.5 先分配利润再转让股权还是直接转让股权的选择

举一个例子，2009年11月16日，甲公司拟将其持有的乙公司60%的股权转让给丙公司，希望取得收入600万元，该项股权的计税成本为350万元。股权转让时，乙公司的所有者权益为1 000万元，其中税后留存收益700万元。

从节税的角度，甲公司应选择先分配利润再转让股权还是直接转让股权？

4.5.1　纳税筹划思路

税法规定的股权投资收益包括持有收益（股权投资持有期间取得的被投资方税后利润分配收益，即股息性所得）和转让收益（转让或者处置股权投资取得的收益）。对于持有收益，税法规定应当避免重复征税，即按投资方与被投资方的税率差异补税。而转让收益属于企业的应纳税所得，应当按规定征收企业所得税。如果能够合法地将转让收益转化为持有收益，则可以避免对税后利润重复征税。

4.5.2　纳税筹划方案

方案一：甲公司直接向丙公司转让其持有的乙公司 60% 的股权，转让价为 600 万元。

本方案下甲公司的纳税额 =（600−350）× 25%=62.5（万元）。

方案二：甲公司先从乙公司分配股息 300 万元，而后以 300 万元的价格将所持股权转让给丙公司。

本方案下甲公司股权转让所得 =300−350=−50（万元），纳税额为 0。

方案二较之方案一，甲公司的收入同为 600 万元，但节省企业所得税 62.5 万元。

4.6　先增资扩股再平价转让股权

举一个例子，甲公司投资设立了全资的 A 公司，A 公司的注册资本为 500 万元。乙公司拟收购甲持有的 A 公司全部股权，A 公司的全部股权评估值为 2 000 万元（甲、乙公司企业所得税税率为 25%，不考虑甲公司的其他盈利以及未弥补亏损）。

收购方式有两种：收购全部股份、增资后转让股权。

4.6.1 收购全部股份

乙公司直接收购甲公司持有的A公司全部股权（直接转让股权）。

乙公司支付2 000万元给甲公司，甲公司确认股权转让所得额=2 000-500=1 500（万元）。

甲公司股权转让应缴纳企业所得税=1 500×25%=375（万元）。

4.6.2 增资后转让股权

乙公司先对A公司进行增资；增资完成后，甲公司再转让A公司剩余股权（先增资后转让股权）。

乙公司先对A公司增资500万元，取得A公司50%的股权，此时A公司全部股东权益价值上升为2 500（2 000+500）万元；该增资完成后一段时间，乙公司再出资1 250万元购买甲公司所持A公司剩余50%股权。

甲公司股权转让所得=1 250-500=750（万元）。

乙公司总的出资额=500+1 250=1 750（万元）。

通过对比可知，同是甲公司转让所持A公司全部股权给乙公司，先增资再转让股权的方式下，甲公司少确认股权转让所得750（1 500-750）万元，少缴纳企业所得税187.5（375-750×25%）万元。

4.7 股权转让税务处理

4.7.1 股权转让的土地增值税

商业用地或者住宅用地开发时，很多开发公司实际所应缴纳的土地增值税成本风险都转嫁到了消费者购买的房价上；而工业用地开发时，自己的土地增值税由自己来承受，同时依靠企业的财务处理来消化该部分税费。

上述措施都逃避不了未来潜伏和未来将要发生的土地增值税等重大缴税科目，所以目前暂时通过股权转让，来规避以资产转让形式现实存在的土地税费。

国家现行规定：第一，纯土地资产的公司，全部股权一次性全部转让，应当缴纳土地增值税；第二，不能作为投资形式规避增值税。改变原以房地产进行投资或者联营方式的出资不用缴纳土地增值税的规定，也需要缴纳税费。这也是与乙方进行房产开发时，股权转让款不能计入资产成本相对应的。

股权转让仍是目前规避土地增值税的不二手段，虽然未来不管土地属性如何，税费成本未来也会得到相应解决，总比现在缴税好；股权转让涉及的公司如果只存在土地资产而无其他具体实业的，应当部分转让、逐次转让、分期转让，避免一次性转让引起政府监管部门的重大关注（而且目前税务部门出台的批复也只针对一次性股权转让的个案，并未出台系统文件）。

受让方企业家要有心理准备，不应简单地认为股权转让了，以后这类税费就没有了。土地开发时最终成本始终要靠账面体现出来，账面体现不了，节税目的就达不到。所以企业应当做长远和综合性的税务筹划。

4.7.2　企业转让股权纳税义务发生时间点的确认

根据《国家税务总局关于贯彻落实企业所得税法若干税收问题的通知》（国税函〔2010〕79 号）规定，企业转让股权收入，应于转让协议生效且完成股权变更手续时，确认收入的实现。

4.7.3　统一集团内平价转让股权的纳税调整

在《国家税务总局关于印发〈特别纳税调整实施办法（试行）〉的通知》（国税发〔2009〕2 号）中“一般反避税管理”章节对一般反避税行为进行了规定。根据第九十二条规定，税务机关可依据企业所得税法第四十七条及企业所得税法实施条例第一百二十条的规定，对存在以下避税安排的企业，启动一般反避税调查：

①滥用税收优惠；

②滥用税收协定；

③滥用公司组织形式；

④利用避税港避税；

⑤其他不具有合理商业目的的安排。

根据第九十五条规定，税务机关启动一般反避税调查时，应按照《中华人民共和国税收征收管理法》及其实施细则的有关规定向企业送达《税务检查通知书》。企业应自收到通知书之日起60日内提供资料证明其安排具有合理的商业目的。企业未在规定期限内提供资料，或提供资料不能证明安排具有合理商业目的的，税务机关可根据已掌握的信息实施纳税调整，并向企业送达《特别纳税调查调整通知书》。

因此，无有效证据证明其股权平价转让的合理商业目的的，税务机关将对其进行调整。此外，在税务机关税收征管中，关联交易也是其重点关注的领域。关联方之间不按照独立企业之间的业务往来收取或者支付价款、费用，而减少其应纳税的收入或者所得额的，税务机关也有权进行合理调整。因此关联方之间的低价股权转让会面临更高的税法风险。

第 5 章 房地产企业资产重组问题税收分析

5.1 企业资产收购的税收分析

5.1.1 资产收购重组交易处理

企业资产收购重组交易应按以下规定处理：①被收购方应确认资产转让所得或损失；②收购方取得资产的计税基础应以公允价值为基础确定；③被收购企业的相关所得税事项原则上保持不变。

5.1.2 资产收购的所得税处理

在一般税务处理下，资产收购的所得税处理和一般意义上的企业资产买卖交易的税务处理原则是完全一致的，即被收购方按资产的市场价格或公允价值与计税基础的差额确认资产转让所得或损失；收购方如果是用非货币性资产进行交换的，应分两步走，先按公允价值销售确认非货币性资产转让所得或损失，再按公允价值购买资产。由于资产收购不涉及企业法律主体资格的变更，被收购企业的相关所得税事项原则上保持不变。

5.2 股权收购的价值与税务处理

5.2.1 利用股权收购调整房地产企业架构

房地产企业的现有架构如图 5-1 所示。

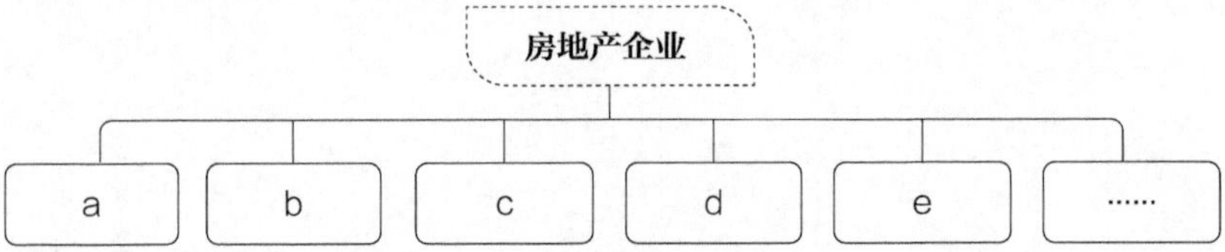

图 5-1 房地产企业现有架构

房地产企业的目标架构如图 5-2 所示。

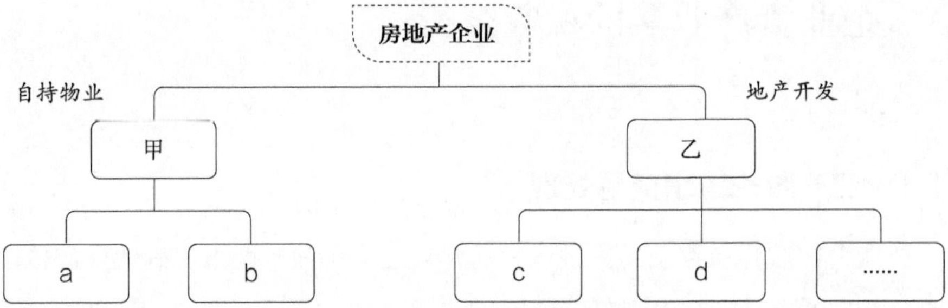

图 5-2 房地产企业目标架构

以甲版块公司和 A 项目公司为例，图 5-3 为无偿划转方式收购。

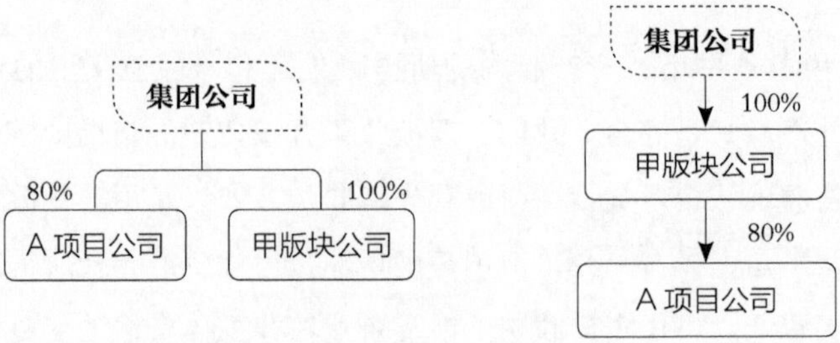

图 5-3 无偿划转方式收购

图的左边集团公司分别控股两个公司，100% 甲版块公司和 80%A 项目公司。

通过无偿划转或平价转让的方式，让甲版块公司控制 A 项目公司 80% 的股份，集团公司控制甲版块公司 100% 股份，这样集团公司可以间接控股 A 项目公司，实现 A 项目公司从图的左边架构为集团公司“儿子”变成右边架构为集团公司“孙子”。

5.2.2　利用企业合并降低税负

举一个例子，X 公司拟吸收合并 Y 公司。在合并基准日，Y 公司资产账面价值为 1 000 万元（公允价值为 2 000 万元），负债账面价值为 1 500 万元（公允价值为 1 500 万元），净资产账面价值为 -500 万元，其中注册资本为 400 万元（A 公司出资 400 万元，占注册资本的 100%），未分配利润为 -900 万元（假设税法上的可弥补亏损与会计亏损相等，并且都在法定可弥补期限内）。

假定，截至合并业务发生当年年末国家发行的最长期限的国债利率为 4.3%，银行存款利率为 10%。经各方初步协商，拟订了以下两个合并方案。

5.2.3　股权收购合并方案

方案一：应税合并，X 公司使用现金 500 万元作为合并对价，合并适用一般性税务处理。

方案二：免税合并，X 公司增发价值 500 万元的股份作为合并对价，重组当事方选择适用特殊性税务处理。

如何选择上述两个方案？

方案一。按照《财政部 国家税务总局关于企业重组业务企业所得税处理若干问题的通知》（财税〔2009〕59 号）规定，适用一般性税务处理时，被合并企业的亏损不得在合并企业结转弥补。因此，Y 公司的未弥补亏损 1 000 万元无法在 X 公司进行结转利用。Y 公司在合并中确认资产转让所得 =2 000-1 000=1 000（万元），清算所得 =1 000-900=100（万元），缴纳清算所得税 =100×25%=25（万元），Y 公司剩余所得 =2 000-1 500-25=475（万元）；A 公司确认股权转让所得 =475-400=75（万元），缴纳所得税 =75×25%=18.75（万元）。

因此，Y 公司和 A 公司共计缴纳所得税为 43.75 万元，X 公司取得的 Y 公司资产的计税基础为 2 000 万元，负债的计税基础 1 500 万元。在本方案中，可弥补亏损 900 万元产生的抵税效用 =900 × 25%=225（万元）。

方案二。按照财税〔2009〕59 号文件规定，进行特殊性税务处理时，可由合并企业弥补的被合并企业亏损的限额 = 被合并企业净资产公允价值 × 截至合并业务发生当年年末国家发行的最长期限的国债利率。因此，可由 X 公司每年利用的 Y 公司亏损 =（2 000−1 500）× 4.3%=21.5（万元），可抵减所得税 = 21.5 × 25%=5.375（万元）。假定可以限额抵减 5 年，总计减少税务成本 = 5.375 ×（P/A，10%，5）=5.375 × 3.790 8 ≈ 20.376（万元）。

X 公司取得的 Y 公司资产的计税基础为 1 000 万元，负债的计税基础为 1 500 万元。相对于方案一而言，为简化计算，假定资产每年减少可折旧（折旧年限 10 年）、摊销或结转的金额 =（2 000−1 000）× 10%=100（万元），增加的税务成本 =100 × 25% ×（*P*/*A*，10%，10）=25 × 6.144 6=153.615（万元），因此整体方案增加税务成本 =153.615−20.376=133.239（万元），再减去方案一中的所得税 43.75 万元，还剩余 89.489 万元。也就是说，此时采取免税合并反而比应税合并获得的税收利益更小，应税合并的税收利益更大。

因此可以看出，在涉及被合并企业存在亏损并且有大量的资产转让所得时，是采取免税合并或是应税合并，需要比较弥补财产转让所得带来的抵扣利益与弥补合并后存续企业所带来的抵税利益的现值的大小关系，并非免税合并就一定比应税合并更优。

5.3 利用企业分立降低企业税负

5.3.1 企业分立税收利益体现

企业分立中的税收利益主要体现在以下两个方面。

（1）在流转税中，一些特定产品是免税的，或者适用税率较低，这类产品在税收核算上有一些特殊要求，而企业往往由于种种原因不能满足这些核算要求而丧失了税收上的一些利益。如果将这些特定产品的生产部门分立为独立的企业，也许会获得流转税免税或税负降低的好处。

（2）当企业所得税采用累进税率时，通过分立可以使原本适用高税率的企业，分化成两个或者两个以上适用低税率的企业，从而降低企业的总体税负。

5.3.2　企业分立税务筹划空间

从流转税方面来看，各税种减免税的特定项目都有一定的筹划空间。例如，《中华人民共和国增值税暂行条例》规定："避孕药品和用具、古旧图书等 8 种货物免征增值税。"相应地，用于这些免税项目的购进货物或应税劳务的增值税进项税额不能从销项税额中抵扣。如果纳税人既经营免税项目的产品，又经营应税项目的产品，就必须准确划分不得抵扣的增值税进项税额。如果不能准确划分，应按下列公式计算不得抵扣的增值税进项税额。

《营改增试点实施办法》第二十九条规定，适用一般计税方法的纳税人，兼营简易计税方法计税项目、免征增值税项目而无法划分不得抵扣的进项税额，按照下列公式计算不得抵扣的进项税额：

不得抵扣的进项税额 = 当期无法划分的全部进项税额 ×（当期简易计税方法计税项目销售额 + 免征增值税项目销售额）÷ 当期全部销售额。

例如，乐华制药厂主要生产抗菌类药物，也生产避孕药品。1999 年该厂抗菌类药物的销售收入为 400 万元，避孕药品的销售收入为 100 万元。全年购进货物的增值税进项税额为 40 万元。该厂是否要把避孕药品生产车间分立出来，单独设立一个制药厂呢？下面来分析一下。

合并经营时，可以抵扣的进项税额 =40-40×100÷（400+100）=32（万元）。另外设立一个制药厂，如果避孕药品的进项税额为 5 万元，则乐华制药厂可抵扣的增值税进项税额 =40-5=35（万元），大于合并经营时可抵扣的 32 万元，可多抵扣 3 万元。此时分设一个制药厂对乐华制药厂有利。

第 6 章
房地产企业拿地税务问题

6.1 房地产企业取得政府土地返还款如何筹划

6.1.1 土地返还款的用途

在与政府签订土地使用权出让合同时，在合同中明确规定：政府给予的土地返还款是专门用于房地产企业给本地经济建设的奖励和补助。

6.1.2 取得土地返还款条件

企业应积极与政府部门沟通，取得政府部门的配合和理解，通过合法途径满足《财政部 国家税务总局关于专项用途财政性资金企业所得税处理问题的通知》（财税〔2011〕70 号）规定的取得土地返还款的 3 个条件，具体如下。

（1）企业能够提供规定资金专项用途的资金文件。

（2）财政部门或其他拨付资金的政府部门对该资金有专门的资金管理办法或具体管理要求。

（3）企业对该资金以及以该资金发生的支出单独进行核算。

6.2　拿地支付的土地开发成本如何计缴契税

举一个例子，某房地产企业竞价取得某市旧城改造项目，除缴纳土地使用权出让金、各项配套费 10 000 万元外，还涉及拆迁还建 50 套商品房和货币拆迁补偿 1 000 万元。那么，该房地产企业前期办证时要缴纳的契税计税依据是多少？

6.2.1　企业所得税土地计税成本的确定

假设 50 套商品房未来实际交付时的公允价值为 2 500 万元，则该企业取得旧城改造项目的企业所得税土地计税成本由“10 000 万元 + 1 000 万元 + 契税 + 2 500 万元”构成。

6.2.2　契税的计税依据的确定

根据《财政部 国家税务总局关于土地使用权出让等有关契税问题的通知》（财税〔2004〕134 号）规定，以竞价方式出让的，其契税计税价格，一般应确定为竞价的成交价格，土地使用权出让金、市政建设配套费以及各种补偿费用应包括在内。

基于此规定，该企业以竞价方式取得的旧城改造项目，计算契税的计税依据为 13 500（10 000+1 000+2 500）万元。

6.2.3　税务风险分析

受拆迁还建的影响，50 套商品房是在实际交付后依据未来市场价值计算的公允价值，在开发商办理土地使用权证时仅能确定拆迁补偿费用为 1 000 万元，50 套拆迁还建房实际建造成本和未来公允价值暂时无法确定，所以，以 13 500 万元（10 000+1 000+2 500）作为契税计税依据不符合现实情况。

在实践中，可能以 11 000（10 000+1 000）万元作为契税计税依据，但这未考虑到在实际交付后依据未来市场价值计算 50 套商品房的公允价值，计算应缴纳契税时会出现税务风险。

6.2.4 税务风险应对策略

税务风险应对策略如下。

一是拆迁还建房屋，在实际交付时，另行补缴契税，即先按照 11 000（10 000+1 000）万元计算缴纳契税；房屋实际交付时，再按照 2 500 万元补缴契税。

二是参照《财政部 国家税务总局关于国有土地使用权出让等有关契税问题的通知》（财税〔2004〕134 号）的规定，以协议方式出让国有土地使用权，没有成交价格或者成交价格明显偏低的，征收机关可依次按下列两种方式确定契税计税价格。

（1）评估价格：由政府批准设立的房地产评估机构根据相同地段、同类房地产进行综合评定，并经当地税务机关确认的价格。

（2）土地基准地价：由县以上人民政府公示的土地基准地价。

由于竞价一般以土地基准地价为依据，建议直接选择县以上人民政府公示的土地基准地价为契税计税依据。

6.3 房地产开发企业“以房换地”存在的涉税问题

6.3.1 房地产公司以房换地的房是否缴交增值税

按照“营改增”之后的最新规定，房地产开发企业实行分类管理，以年应税销售额 500 万元为标准，分为一般纳税人和小规模纳税人。对于销售收入未达标，但各项会计制度健全，税务资料完整的企业，可以申请办理成为一般纳税人。

一般纳税人适用一般计税方法，适用税率为 11%；小规模纳税人适用简易计税方法，适用税率为 5%。在税率划分中，有一种较为特殊的情况是房地产老项目可采用一般计税或者简易计税。这其中所谓的房地产老项目是指《建筑工程施工许可证》注明的合同开工日期在 2016 年 4 月 30 日前的房地产项目，针对这种情况开发商可自行选择有利的税负方式。

房地产开发企业的销售模式中，预售占了很大的比例。对于这类项目采取的预缴的方式，预缴税率为 3%，应预缴增值税的计算公式为：应预缴税款 = 预收款 ÷(1+ 适用税率或征收率) × 3%。

6.3.2　房地产公司以房换地的应用

例如，某市房地产企业（甲企业）2012 年 6 月份与乙企业签订一份经济适用房开发协议，协议规定甲企业出资金，乙企业出地，甲企业在乙企业拥有的土地上建造 9 栋居民住宅楼。建成后 4 栋住宅楼归乙企业所有，建筑面积总计 20 000 平方米，建筑成本 2 700 万元，其余 5 栋楼的房屋所有权归甲企业所有。请分析如何进行税务处理。

甲企业与乙企业发生了“以房换地”行为，确定甲企业换出房屋销售额的分析如下。

若甲企业 6 月销售的同类房屋的平均价格为每平方米 2 400 元，那么换出 20 000 平方米房屋的销售额 =20 000 × 2 400 ÷ 10 000=4 800（万元）。

若甲企业 6 月没有销售同类房屋，近期销售的同类房屋的平均价格为每平方米 2 300 元，那么换出 20 000 平方米房屋的销售额 =20 000 × 2 300 ÷ 10 000=4 600（万元）。

若甲企业近期没有销售同类房屋，则应核定换出房屋的计税价格。假定成本利润率为 15%，计税价格 =2 700 ×（1+15%）÷（1−5%）≈ 3 268.42（万元）。

6.4 以路换地、以桥换地或以 BT 项目拿地的税务处理与纳税筹划

6.4.1 以路换地、以桥换地或以 BT 项目拿地的税务处理

以路换地、以桥换地或以 BT 项目拿地的税务处理，主要涉及修路和修桥成本能否作为土地的取得成本在土地增值税和企业所得税前进行扣除的问题。

1. 增值税的处理

按照土地使用权出让协议规定，房地产企业修路和修桥等修建基础设施工程所需支出，应该由政府承担。该规定符合 BT（Build Transfer，即“建设—移交”）投融资建设模式（以下简称“BT 模式”）的特征，即房地产企业将路和桥等基础设施工程建设完工后，有偿（提供土地的形式）移交给政府。

对房地产企业 BT 模式的增值税征收管理如下。

（1）无论其房地产企业是否具备建筑总承包资质，对房地产企业都应认定为建筑业总承包方，按“建筑业”税目征收增值税。

（2）房地产企业以 BT 项目从政府换取土地的入账价值是 BT 项目工程建设费用、融资费用、管理费用和合理回报等应税收入，应按“建筑业”税目缴纳增值税。

（3）房地产企业将建筑工程分包给其他单位的，以其取得的上款所列应税收入，扣除其支付给其他单位的分包款后的余额为营业额缴纳增值税。

2. 企业所得税的处理

企业从事国家重点扶持的公共基础设施项目的投资经营的所得，自项目取得第一笔生产经营收入所属纳税年度起，第一年至第三年免征企业所得税，第四年至第六年减半征收企业所得税。

企业从事规定的符合条件的环境保护、节能节水项目的所得，自项目取得第一笔生产经营收入所属纳税年度起，第一年至第三年免征企业所得税，第四年至第六年减半征收企业所得税。规定可知，新办国家重点扶持的公共基础设施项目和从事符合条件的环境保护、节能节水项目享受税收优惠的开始时间为取得第

一笔生产经营收入时。

如果修建的基础设施不符合享受国家税收优惠政策，则需要缴纳企业所得税。修路、修桥等基础设施的各项成本费用可以在计缴企业所得税前进行扣除。

6.4.2　以路换地、以桥换地或以 BT 项目拿地的纳税筹划

以路换地、以桥换地或以 BT 项目拿地的税务处理，主要涉及修路和修桥成本能否作为土地的取得成本在土地增值税和企业所得税前进行扣除的问题。因此，进行纳税筹划的思路是：要把修路、修桥和承建 BT 项目的成本作为土地的取得成本，在计缴土地增值税前进行扣除。

基于以上筹划思路，以路换地、以桥换地或以 BT 项目拿地的纳税筹划如下。

（1）房地产企业须与政府签订以路换地、以桥换地或以 BT 项目拿地的合同或协议。

（2）房地产企业在项目立项时，必须把修路、修桥或建设 BT 项目写进项目立项计划书和可行性报告中，作为换取土地的条件。

（3）在合同或协议中，必须载明路、桥或 BT 项目是由房地产企业自建还是委托给其他建筑企业承建的。

例如，A 企业与政府部门签订合同，承修工程造价 5 000 万元的道路。政府以 25 万元 / 亩（1 亩 ≈ 666.67 平方米）的土地作为交换。即政府以出让 A 企业 200 亩土地作为修路补偿。

A 企业在操作过程中与 B 企业签订合同，全权委托 B 企业承修道路（A 企业与 B 企业为同一法人），B 企业修路成本为 4 000 万元。

请问 A 企业是否要将修路所得作为销售收入？

如果 A 企业将修路所得作为销售收入，那么 B 企业也同样需要将修路所得作为销售收入。那么同一项目，是否会缴纳两次增值税？

A、B 两家企业如何才能做到税负最小化？

分析如下。

（1）方案一。

A 企业将 5 000 万元作为销售收入，同时将支付 B 企业的 4 000 万元作为成本；A 企业给政府开具 5 000 万元的建安发票，同时获取 B 企业 4 000 万元

的建安发票，按照差额征收增值税（要征求当地税务局的同意）。

当然，B 企业以 4 000 万元作为营业收入，如果当地税务局不同意 A 企业按照差额征收增值税，则存在重复纳税的情况。这样，A、B 两家企业就无法达到税负最小化。

（2）方案二。

在房地产开发项目的立项文件中或政府的其他文件中，必须包含“以地补路”方式取得土地的内容，而且在文件或合同中，必须明确道路由 B 企业施工，并且以财政部门或政府指定的其他部门代付修路费用 4 000 万元给 B 企业，B 企业开具 4 000 万元的建安发票给财政部门。

然后由 A 企业把修路费用 4 000 万元支付给财政部门或政府指定的其他部门，财政部门或政府指定的其他部门向 A 企业开具 4 000 万元的财政收据，同时 A 企业给财政部门开具 1 000 万元的建安发票。

这样，A、B 两家企业就能都达到税负最小化。

6.5 以土地入股取得土地的税务处理

6.5.1 增值税的税务处理

《财政部 国家税务总局关于全面推开营业税改征增值税试点的通知》（财税〔2016〕36 号）附件 2《营业税改征增值税试点有关事项的规定》规定，在资产重组过程中，通过合并、分立、出售、置换等方式，将全部或者部分实物资产以及与其相关联的债权、负债和劳动力一并转让给其他单位和个人，其中涉及的不动产、土地使用权转让行为，不征收增值税。

财税〔2016〕36 号附件 1《营业税改征增值税试点实施办法》第十条规定，销售服务、无形资产或者不动产，是指有偿提供服务、有偿转让无形资产或者不动产。

对于以土地使用权作价出资的行为应视为销售，投资企业应缴纳增值税。

6.5.2　企业所得税的税务处理

《中华人民共和国企业所得税实施条例》第二十五条规定，企业发生非货币性资产交换，以及将货物、财产、劳务用于捐赠、偿债、赞助、集资、广告、样品、职工福利或者利润分配等用途的，应当视同销售货物、转让财产或者提供劳务，但国务院财政、税务主管部门另有规定的除外。

企业以土地进行股权投资，也就是发生了非货币性资产交换，根据上述规定，应确认财产损益计缴企业所得税。同时投资双方按企业所得税的相应规定进行所得税的其他处理。

6.5.3　土地增值税的税务处理

“营改增”后，纳税人转让房地产的土地增值税应税收入不含增值税。适用增值税一般计税方法的纳税人，其转让房地产的土地增值税应税收入不含增值税销项税额；适用简易计税方法的纳税人，其转让房地产的土地增值税应税收入不含增值税应纳税额。

为方便纳税人，简化土地增值税预征税款计算，房地产开发企业采取预收款方式销售自行开发的房地产项目的，可按照以下方法计算土地增值税预征的计征依据：土地增值税预征的计征依据 = 预收款 − 应预缴增值税税款。

6.5.4　印花税的税务处理

《国家税务局关于印花税若干具体问题的解释和规定的通知》（国税发〔1991〕155 号）规定，“财产所有权”转移书据的征税范围是：经政府管理机关登记注册的动产、不动产的所有权转移所立的书据，以及企业股权转让所立的书据。根据《中华人民共和国印花税暂行条例》规定，土地使用权转让合同按产权转移书据征收印花税，由签订“产权转移书据”的双方按万分之五的税率缴纳印花税。

6.5.5 契税的税务处理

《中华人民共和国契税暂行条例细则》第八条规定：以土地、房屋权属作价投资、入股，视同土地使用权转让、房屋买卖或者房屋赠与征税。但是，契税是由被投资人缴纳的。

6.6 通过股权收购间接获取土地使用权的涉税问题

6.6.1 操作方法

通过股权收购间接获取土地使用权的方式，通常是土地使用权出让方将目标公司的其他资产先行清理掉，留下土地使用权资产或少量其他资产，然后将目标公司的全部或者是大部分股权转让给土地使用权受让方，受让方通过并购目标公司股权从而间接获取目标公司的土地使用权，这种拿地方式是目前运用非常普遍的方式。在这种方式下，土地使用权受让方的大忌是在谈判的时候，不考虑税负及纳税风险，结果承担了较大的税负和纳税风险。

6.6.2 税负分析：股权转让方的税负分析

在股权并购的方式下，转让股权的一方（土地使用权出让方）只缴纳企业所得税，而没有增值税和土地增值税。

对于受让股权的一方（土地使用权受让方）来说，则税负较重，风险较大。因为收购的是公司原股东所持目标公司的股权，公司法人财产并没有发生变化，所以收购股权的溢价不允许作为成本在企业所得税和土地增值税前扣除。在以后清算目标公司企业所得税和土地增值税时，清算的计税基础仍然是目标公司的原始成本资料，这种方式相当于出让方将应缴纳的土地增值税转嫁到受让方。

目标公司可能面临或有税负的风险。由于在对目标公司的收购过程中，不可能对目标公司以前的所有纳税情况进行全面的调查了解，只要目标公司存在偷税、漏税行为，就会面临税务检查风险，受让方只能承担所有的税收义务和责任。此外，目标公司可能面临或有负债的风险，如债务担保、潜在或未决诉讼、产品质量索赔等。

6.7　通过资产收购获取土地使用权的涉税问题

6.7.1　土地使用权受让方的涉税分析

资产收购获取土地的使用权方式，是指土地使用权受让方直接支付价款给土地使用权出让方，购买出让方的土地使用权资产。作为受让方，购买土地所支付的价款直接作为开发成本中的土地成本（应取得税务部门认可的合法票据），除了缴纳 4% 的契税以外，没有其他涉税问题，支付的土地价款可以计入企业所得税和土地增值税的计税成本；作为房地产企业，支付的土地价款同样可以加计扣除 20%。

6.7.2　出让方的涉税分析

出让方则面临着较多的税务问题。

一是企业所得税，土地使用权资产的净增值部分必须缴纳 25% 的企业所得税。

二是增值税，根据《财政部 国家税务总局关于全面推开营业税改征增值税试点的通知》（财税〔2016〕36 号）附件 2《营业税改征增值税试点有关事项的规定》的规定，不征收增值税项目包括：在资产重组过程中，通过合并、分立、出售、置换等方式，将全部或者部分实物资产以及与其相关联的债权、负债和劳动力一并转让给其他单位和个人，其中涉及的不动产、土地使用权转让行为。

三是城市维护建设税、教育费附加，其计税依据是增值税和消费税。

四是土地增值税，土地使用权的转让必须缴纳土地增值税。

6.8 通过“招、拍、挂”拿地的涉税分析

6.8.1 “招、拍、挂”拿地方式

通过“招、拍、挂”（土地招标、土地拍卖、土地挂牌）的方式从国有土地储备中心拿地，是房地产企业获取土地资源最主要的方式之一。在这种方式下，拿地的一方，即土地使用权受让方，通常为房地产企业，支付土地使用权出让金以获取土地使用权，支付的土地使用权出让金可以计入企业所得税和土地增值税的计税成本。作为房地产企业，支付的土地使用权出让金还可以计入加计扣除20%的基数。在拿地环节，土地使用权受让方只需缴纳土地使用权出让金金额4%的契税，无其他纳税义务。

6.8.2 “招、拍、挂”拿地的税务处理

“招、拍、挂”拿地方式是一种规范和安全的拿地方式，不会出现纳税风险，但是，采用这种拿地方式要充分考虑拿地的主体问题。例如，签订土地转让框架协议的可以是母公司，但最终签订土地使用权出让协议的，一定要是最终进行开发的项目公司，否则，土地使用权由母公司再转让到项目公司，会产生很严重的税收问题。

第 7 章
土地获取的方式及税收规划

7.1 “招、拍、挂”拿地

7.1.1 土地招标

招标出让国有土地使用权，是指市、县人民政府土地行政主管部门发布招标公告，邀请特定或者不特定的公民、法人和其他组织参加国有土地使用权投标，根据投标结果确定土地使用者的行为。

7.1.2 土地拍卖

拍卖出让国有土地使用权，是指市、县人民政府土地行政主管部门发布拍卖公告，由竞买人在指定时间、地点进行公开竞价，根据出价结果确定土地使用者的行为。

7.1.3 土地挂牌

挂牌出让国有土地使用权，是指市、县人民政府土地行政主管部门发布挂牌公告，按公告规定的期限将拟出让宗地的交易条件，在指定的土地交易场所挂牌公布，接受竞买人的报价申请并更新挂牌价格的行为。

划拨土地使用权转让的相关法律规定具体如下。

2019年国务院办公厅出台的《关于完善建设用地使用权转让、出租、抵押二级市场的指导意见》（国办发〔2019〕34号）提出：以划拨方式取得的建设用地使用权转让，需经依法批准，土地用途符合《划拨用地目录》的，可不补缴土地使用权出让价款，按转移登记办理；不符合《划拨用地目录》的，在符合规划的前提下，由受让方依法依规补缴土地使用权出让价款。

《中华人民共和国城市房地产管理法》第四十条规定，以划拨方式取得土地使用权的，转让房地产时，应当按照国务院规定，报有批准权的人民政府审批。有批准权的人民政府准予转让的，应当由受让方办理土地使用权出让手续，并依照国家有关规定缴纳土地使用权出让金。以划拨方式取得土地使用权的，转让房地产报批时，有批准权的人民政府按照国务院规定可以不办理土地使用权出让手续的，转让方应当按照国务院规定将转让房地产所获收益中的土地收益上缴国家或者作其他处理。

据《国有土地划拨决定书》及所在地行政规定的不同，《招标拍卖挂牌出让国有土地使用权规范》《协议出让国有土地使用权规范》规定应当区分两种情况办理。

（1）《国有土地划拨决定书》或法律、法规、行政规定没有明确应当收回划拨土地使用权重新公开出让的，受让人可以协议方式办理国有土地有偿使用手续。受让人应当与市县国土资源主管部门签订出让合同，缴纳土地使用权出让金，办理不动产登记。

应缴的土地使用权出让金应按照土地市场价格确定，即应交纳的土地使用权出让金额 = 出让土地使用权市场价格 - 原划拨土地使用权权益价格。

转让方和受让方签订的转让合同，属于划拨土地使用权的补偿合同。转让方应取得的土地补偿 = 划拨土地使用权权益价格。

（2）《国有土地划拨决定书》或法律、法规、行政规定明确应当收回土地使用权重新公开出让的，应当由市、县人民政府依法收回转让人的划拨土地使用权，并对划拨土地使用权人给予相应补偿，补偿金额根据划拨土地使用权权益价格确定。

市、县人民政府依法收回划拨土地使用权后，应当依法有偿供应，属于经营性用地的，应当依法以招标拍卖挂牌方式供应。

对未经批准擅自转让划拨用地使用权的，涉及房地产转让的优先适用《中华人民共和国城市房地产管理法》《中华人民共和国城镇国有土地使用权出让和转让暂行条例》，其他违法转让土地使用权的，优先适用《中华人民共和国土地管理法》。

《中华人民共和国土地管理法》第七十三条规定，买卖或者以其他形式非法转让土地的，由县级以上人民政府土地行政主管部门没收违法所得，可以并处罚款。对直接负责的主管人员和其他直接责任人员，依法给予行政处分，构成犯罪的，依法追究刑事责任。《中华人民共和国土地管理法实施条例》第三十八条规定，依照《中华人民共和国土地管理法》第七十三条的规定处以罚款的，罚款额为非法所得的百分之五十以下。

《中华人民共和国城市房地产管理法》第六十七条规定，违反本法第四十条第一款的规定转让房地产的，由县级以上人民政府土地管理部门责令缴纳土地使用权出让金，没收违法所得，可以并处罚款。《城市房地产开发经营管理条例》第三十五条规定，违反本条例规定，擅自转让房地产开发项目的，由县级以上人民政府负责土地管理工作的部门责令停止违法行为，没收违法所得，可以并处违法所得 5 倍以下的罚款。

《中华人民共和国城镇国有土地使用权出让和转让暂行条例》第四十六条规定，对未经批准擅自转让、出租、抵押划拨土地使用权的单位和个人，市、县人民政府土地管理部门应当没收其非法收入，并根据情节处以罚款。

7.2 一、二级联动

7.2.1 一、二级联动的概念

所谓一级开发，就是政府出让土地前的“三通一平”（水通、电通、路通和场地平整）；二级开发就是政府出让土地后的开发建设。

所谓土地开发一、二级联动，属于2004年8月31日以后逐步形成的概念；而在此之前，很多项目都是运用此形式进行开发建设的，并无一级、二级之分，在明确土地市场和房屋市场之后，市场进行了细分。

7.2.2 一、二级联动的税务规划

土地一级开发，简单说就是在国有建设用地上市交易前，对该宗土地进行征收和整理的过程，包括规划、征收和专用、场地平整、设施切改和市政基础设施建设等步骤；二级开发，则是进行房屋开发建设并将商品房上市交易的过程；一、二级联动开发，则是进行土地整理和房屋开发的全过程。

在一、二级联动中，一级开发属于典型的重资产开发，大投入、高收益的背后，却隐藏着诸多制约因素。例如，高资金成本（开发周期长、变现效果慢）、融资渠道的缺失（银行等金融机构限制一级开发企业的融资需求）、土地制约（土地指标区域性限制、一级开发投资变现风险大）和政治风险等。

一、二级联动税务规划的路在何方？

（1）拔高土地成本。在按照企业与政府商议确定的一定比例进行直接的土地使用权出让金分成盈利模式下，可以考虑拔高二级市场的土地价格，再进行一级的土地分成，以提高增值税、土地增值税、企业所得税三大税种的税前抵扣金额，从而达到降低整体税负的目的。这种方法既能增加企业收益，又能抬高土地成本，无形中对地方政府而言，也是有利的。

（2）利用好优惠政策。对于一些比较边远，且较难开发的地块，政府在开发时会对竞标成功的开发商给予一些政策上的优惠，开发企业可以充分利用这些优惠政策，来转嫁项目产生的税收压力，并可以考虑设立不同的主体来获取收入。这些主体有的可能在税负较低的地区成立，例如，组建规划设计、园林绿化、咨

询管理和拆迁服务公司等，因此，可以利用可能享受的税收优惠政策。

（3）上下游资源嫁接，促进配套成熟，优化项目环境。一、二级联动下，对于开发企业来说，利润增长的总体思路就是延伸价值链，通过上下游企业的扶持和帮助达到税务筹划的目的。一方面，在“七通一平”的定位上，尽量提升地块的基础设施建设，拔高项目定位，提升品质和配套设施建设，增加地块产品竞争力，提高土地成本，将主体利润转移；另一方面，利用好税种、税率的不同以及争取核定征收或财政返还政策等增加筹划的空间，降低企业综合税负。例如，可以利用好亏损的上下游公司，进行企业所得税的税务规划。

（4）适当购入部分待拆迁物业。拆迁谈判久拖不下，补偿费用价格高昂的系列报告近年来层出不穷。在一级开发阶段收购拟拆迁地块上的企业股权，既有利于加快企业一级开发的进度和速度，又能做好拆迁补偿的税务规划。通过提前购入部分待拆迁物业，既能保障二级开发的优势所在，又能利用其做好税务规划，拔高土地成本，调节一、二级联动的综合税负。

7.3　股权交易拿地

7.3.1　直接购买土地使用权出让方的股权

直接购买土地使用权出让方的股权，是指房地产企业通过股权并购的方式获取土地使用权。但在股权并购形式下，土地使用权本身只是项目公司的一项资产，并不是并购的标的，而项目公司的全部或部分股权才是整个股权并购的标的。

股权并购下的土地使用权不受《中华人民共和国城市房地产管理法》等相关转让法律、法规的限制，无须到房地产交易中心办理过户手续或者到房产管理局签订出让合同，而只需进行股权变更登记手续。

该方式的优点是：股权转让手续简单，交易价格双方可协商确定；土地使用权受让方可以避开契税，土地使用权出让方可以避开土地增值税，仅需缴纳企业所得税（若股东为自然人则为个人所得税）；土地使用权出让方可对企业所得税进行税收筹划（如通过增加注册资本或集团总部合并缴纳所得税等方式减少转让收入）。

该方式的缺点是：对土地使用权受让方来讲，存在很大部分的土地溢价，土地的历史成本普遍很低，项目开发后的潜在税负重，直接影响项目开发效益，因此，土地使用权受让方在进行收购谈判时必须对土地溢价所产生的潜在税负予以充分估计；如果土地使用权出让方成立时间很长，土地使用权受让方会有很多遗留问题需要处理，尽职调查工作量大，财务风险、税务风险、法律风险等较大。

该方式下的双方税收负担如表 7-1 所示。

表 7-1　直接购买土地使用权出让方股权方式下双方税收负担

税种	土地使用权出让方	土地使用权受让方
增值税及附加		
土地增值税		
企业所得税	（土地转让收入 - 可扣除成本 - 税金）× 25%	
契税		税率为 3%~5%
印花税	股权交易金额的 0.05%	股权交易金额的 0.05%

注：通过转让股权间接转让土地使用权的行为，即股权形式表现的资产主要是土地使用权，应按土地增值税的规定征税。这是《国家税务总局关于以转让股权名义转让房地产行为征收土地增值税问题的批复》（国税函〔2000〕687 号）及其他省份的税收政策的规定，应当关注各地主管税务机关执行口径。

7.3.2　先合资后股权交易方式

先合资后股权交易方式，是指土地使用权出让方以土地出资，土地使用权受让方以现金出资，设立新的法人公司，土地使用权受让方再收购土地使用权出让方在新公司的股权。土地交易双方还可以通过成立新房地产项目公司来进行土地使用权的转让。房地产项目公司是指专为开发特定的房地产项目而成立的房地产公司，通过公司股权并购获取土地的使用权。也就是说土地使用权受让方通过收购房地产项目公司的全部或多数股权，从而控制项目公司，间接获得土地使用权。

该方式的优点是：土地使用权出让方节省了土地增值税；对于土地使用权受让方来说，土地成本可按评估值入账，减少土地使用权受让方的土地溢价。

该方式的缺点是：双方承担税负较重；土地使用权受让方需先行清算土地评估增值部分的土地增值税和企业所得税。

该方式下的双方税收负担如表 7-2 所示。

表 7-2　先合资后股权交易方式下双方税收负担

税种	土地使用权出让方	土地使用权受让方
增值税及附加		
土地增值税	土地增值额 × 税率（税率最低为 30%）	
企业所得税	（土地评估值 - 可扣除成本 - 税金）× 25%	
契税		土地评估价值的 3%
印花税	股权交易金额的 0.05%	股权交易金额的 0.05%

7.3.3　先新设后股权交易方式

先新设后股权交易方式，是指土地使用权出让方先组建一全资子公司，然后以土地使用权对公司进行增资，再将拥有的公司的股权转让给土地使用权受让方，即把转让土地使用权转化为转让股权，以达到税收筹划之目的。

但要注意的是，股权转让并不等于公司实体资产的转让，不需要考虑《中华人民共和国城市房地产管理法》《中华人民共和国土地管理法》和《中华人民共和国物权法》的规定，但需要满足《中华人民共和国公司法》《中华人民共和国证券法》以及相关章程规定的股权转让的要求。

该方式的优点是：土地使用权出让方节省了土地增值税，在企业所得税方面，因溢价投资而产生的资产转让所得可以分 5 年计入应纳税所得额，从而达到递延纳税甚至免税的目的；土地使用权受让方节省了契税，土地评估后减少了土地使用权出让方的土地溢价。

该方式的缺点是：需要先新设一全资子公司，再以土地评估值进行增资，操作起来程序相对复杂。

该方式下的双方税收负担如表 7-3 所示。

表 7-3 先新设后股权交易方式下双方税收负担

税种	土地使用权出让方	土地使用权受让方
增值税及附加		
土地增值税	土地增值额 × 税率（税率最低为 30%）	
企业所得税	（土地评估值 – 可扣除成本 – 税金）× 25%	
契税		税率为 3%~5%
印花税	股权交易金额的 0.05%	股权交易金额的 0.05%

7.3.4 股权收购拿地

股权收购是指一家公司收购另一家公司的股权，得到了被收购方的土地。

（1）如果被收购方的土地是通过“招、拍、挂”方式取得的，那么收购方按被收购方原来取得的国土资源局出具的行政事业性收据，抵扣 11%。

（2）如果被收购方的土地是通过转让所得得到的土地，那么被收购方原来对土地的入账价值以原来被转让方视同销售开具的票据作价。

（3）如果被收购方是通过国家无偿划拨来的，则不能抵扣进项税额。

7.4 其他土地获取方式

7.4.1 合作建房

合作建房，是指由一方提供土地使用权，另一方提供资金，合作建设房屋。另一种原始的“合作建房”可概括为：共同出资、筹划方案、选购地块、设计房屋、建设施工、验收入住。

在非房地产企业提供土地使用权，房地产企业提供资金的合作建房的方式下，非房地产企业提供的土地视同销售，按照转让土地使用权计征 11% 的增值税，也就是说，非房地产企业与房地产企业合作建房，约定分房产或分利润，不论哪种方式，都视同销售。

《国家税务总局关于印发〈房地产开发经营业务企业所得税处理办法〉的通知》（国税法〔2009〕31 号）第三十六条规定，企业以本企业为主体联合其他企业、单位、个人合作或合资开发房地产项目，且该项目未成立独立法人公司的，按下列规定进行处理。

（1）凡开发合同或协议中约定向投资各方（即合作、合资方，下同）分配开发产品的，企业在首次分配开发产品时，如该项目已经结算计税成本，其应分配给投资方开发产品的计税成本与其投资额之间的差额计入当期应纳税所得额；如未结算计税成本，则将投资方的投资额视同销售收入进行相关的税务处理。

（2）凡开发合同或协议中约定分配项目利润的，应按以下规定进行处理。

①企业应将该项目形成的营业利润额并入当期应纳税所得额统一申报缴纳企业所得税，不得在税前分配该项目的利润。同时不能因接受投资方投资额而在成本中摊销或在税前扣除相关的利息支出。

②投资方取得该项目的营业利润应视同股息、红利进行相关的税务处理。

国税发〔2009〕31 号第三十七条规定，企业以换取开发产品为目的，将土地使用权投资其他企业房地产开发项目的，按以下规定进行处理：

企业应在首次取得开发产品时，将其分解为转让土地使用权和购入开发产品两项经济业务进行所得税处理，并按应从该项目取得的开发产品（包括首次取得的和以后应取得的）的市场公允价值计算确认土地使用权转让所得或损失。

7.4.2　在建工程转让

在建工程，是指经批准立项，拥有合法完整用地手续，依据建设工程施工总承包合同，在国有土地上正在建设（含已停建或缓建）房屋等建筑物、构筑物及附属设施的工程项目。

在建工程转让，则是指转让方将出让国有土地使用权及附着于该土地上的未建成的建筑物、构筑物、附属设施一并转让给受让方，并由受让方支付转让价款的过程。在建工程转让过程中转让方和受让方的税收负担如表 7-4 所示。

表 7-4　在建工程转让过程中双方的税收负担

项目	对象	增值税	契税	土地增值税	企业所得税	印花税
在建工程转让	转让方	√	×	√	√	√
	受让方	×	√	×	×	√

7.4.3　无偿划转

《财政部 国家税务总局关于全面推开营业税改征增值税试点的通知》（财税〔2016〕36号）附件1《营业税改征增值税试点实施办法》第十四条规定，单位或者个人向其他单位或者个人无偿转让无形资产或者不动产视同销售服务、无形资产或者不动产，但用于公益事业或者以社会公众为对象的除外。

第 8 章 房地产企业各阶段涉税分析

8.1 土地取得阶段涉税分析

图 8-1 所示为土地取得阶段所涉及的税种。

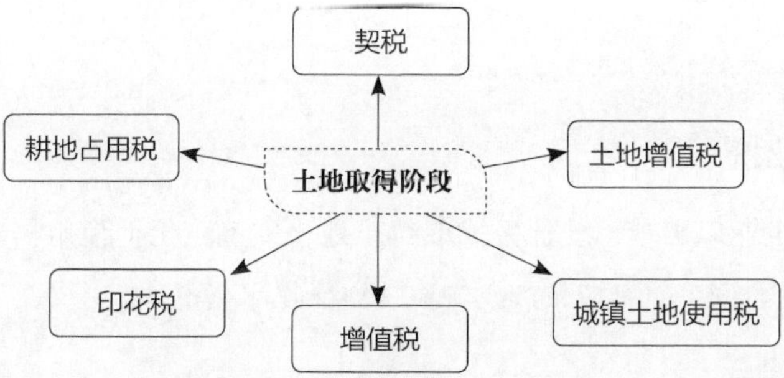

图 8-1　土地取得阶段涉及税种

8.1.1 增值税

房地产企业中的一般纳税人销售其开发的房地产项目（选简易计税方法的房地产老项目除外），以取得的全部价款和价外费用，扣除受让土地时向政府部门支付的土地价款后的余额为销售额预缴增值税。房地产企业向政府部门支付的土地价款包括：土地使用权受让人向政府部门支付的征地和拆迁补偿费用、土地前期开发费用和土地使用权出让收益等（部分地区可以扣除的拆迁补偿费用仅含货币支付的部分，回迁房及置换房等不得扣除）。

房地产企业向政府支付的土地价款，需要省级以上（含省级）财政部门监（印）制的财政票据为合法有效扣除凭证。

获取拆迁补偿费用，应提供拆迁协议、拆迁双方支付和取得拆迁补偿费用凭证等能证明拆迁补偿费用真实性的材料。

8.1.2 城镇土地使用税

房地产企业在开发项目竣工前所缴纳的土地使用税按受益原则可以计入房地产开发成本部分。

凡在土地使用税开征范围内使用土地的单位和个人，不论是通过出让方式还是转让方式取得的土地使用权，都应依法缴纳土地使用税。

年应纳税税额 = [实际占用的土地面积（平方米）× 适用税额 ÷12] × 应税期限（月）或年应纳税税额 = [（实际占用的土地面积（平方米）- 尚未利用的土地）] × 适用税额 ÷12）× 应税期限（月）。

开发产品交楼后，可以按照交楼面积折算成占地面积，扣减土地使用税应纳税额。

8.1.3 印花税

房地产企业以出让、受让方式取得土地，须签订土地使用权出让合同、土地使用权转让合同。对其应按产权转移书据征收印花税。

8.1.4 契税

以协议方式出让的土地，其契税计税价格为成交价格。成交价格包括：土地使用权出让金、土地补偿费、安置补助费、地上附着物和青苗补偿费、市政建设配套费等房地产企业应支付的货币、实物、无形资产及其他经济利益。

土地、房屋权属以下列方式转移，视同土地使用权转让、房屋买卖或房屋赠与征税：（1）以土地、房屋权属作价投资、入股；（2）以土地、房屋权属抵债；（3）以获奖方式承受土地、房屋权属；（4）以预购方式或预付集资建房款方式承受土地、房屋权属。

因此应以取得该土地使用权所支付的全部经济利益为契税的征税依据。以项目换取方式承受土地使用权或以土地出资，均属契税征收范围，不得因减免土地使用权出让金，而减免契税。

以下为几种特殊情形。

（1）合作建房，是指一方出地，一方出资金，共同建房，建成后按约定方式分配房屋。合作建房涉及房地产权属转移的是出地方，实质上是出地方以转让部分土地使用权换取部分自建住房。双方分配自建住房环节不涉及房地产权属转移，不征契税。

（2）回迁安置房建造支出，是指房地产企业受让土地使用权时，按《国有土地使用权出让合同》约定在受让的土地外配套修建房屋，建成后无偿转让回迁安置户，或由政府按约定价格回购，发生的建设支出。回迁安置房建造支出属于房地产企业为承受国有土地使用权支付的经济利益，应征契税。

（3）融资性售后回租业务，是指承租方以融资为目的将资产出售给经批准从事金融租赁业务的企业后，又将该项资产从金融租赁公司租回的行为。融资性售后回租业务中，承租方出售房地产给金融租赁公司时需将房地产过户到金融租赁公司名下。对金融租赁公司开展售后回租业务，承受承租人房屋、土地权属的，照章征税。对售后回租合同期满，承租人回购原房屋、土地权属的，免征契税。即在融资性售后回租业务中，房地产企业将房地产出售给金融租赁公司时，金融租赁公司应缴契税；房地产企业回购前述房地产的，免征契税。

8.1.5　土地增值税

以土地（房地产）作价入股进行投资或联营从事房地产开发，并按规定征收土地增值税的，以征税时确认的收入作为取得土地使用权所支付的金额据以扣除。

8.1.6　案例分析：土地取得阶段涉税分析

某房地产企业开发一栋写字楼，想将其出售给某商贸企业，双方约定售价为 3 亿元，该写字楼总成本为 2 亿元。

房地产企业原纳税筹划方案是向购买方投资。即房地产企业将开发完成的产品以实物资产的形式投入到商贸企业，取得商贸企业的股权后，再将所持有的股权按照双方确定的售价转让给商贸企业的股东，同时收回资金。

此方案在 2006 年 3 月 2 日以前，可以暂免征收土地增值税。但《财政部国家税务总局关于土地增值税若干问题的通知》（财税〔2006〕21 号）后，该方案依然要缴纳土地增值税。这一筹划误区应引起房地产企业的足够重视，从而防范新的税务风险。

同时，也发现新文件只对财税〔1995〕48 号文的第一条以房地产进行投资或联营的征免税问题进行了重新明确，但有关合作建房、企业兼并转让房地产的征免税问题并没有被包括其中，仍然沿用旧文件。所以房地产开发企业依旧可以通过合作建房或兼并转让等方式进行土地增值税的筹划，避免新政策所带来的税收筹划误区。

按照这一思路，上述案例的筹划方案可以改为：由商贸企业出资 3 亿元，房地产企业出土地及余下的资金，双方合作建房。建成后按双方事先的约定比例分配房产。商贸企业分得的房产作为自用免征收土地增值税，房地产企业若将分得的房产用来出售，则就出售的部分缴纳土地增值税。如果商贸企业购买的是整个项目的房产，还可以采用转让项目公司股权的方式或者代建方式进行税收筹划。

8.2 开发建造阶段涉税分析

房地产企业在开发建造阶段所涉及的税种如图 8-2 所示。

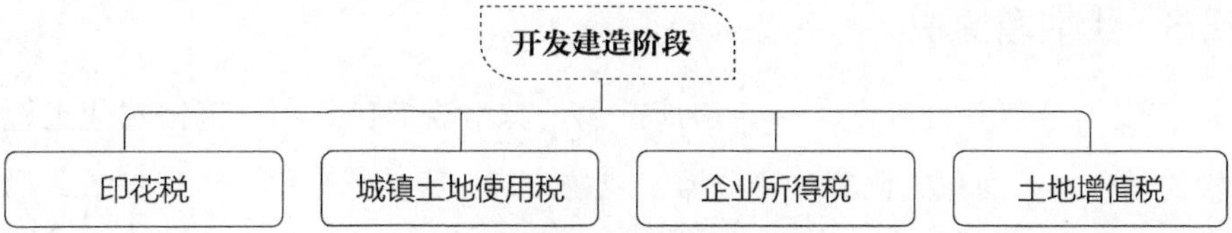

图 8-2　开发建造阶段涉及税种

8.2.1　印花税

涉及印花税的主要合同项目有以下几项。

（1）购销、建筑安装工程承包合同（税率 0.003%）。

（2）建设工程勘察设计合同、不动产销售合同（税率 0.005%）。

（3）借款合同（税率 0.005%）。

（4）财产保险合同（税率 0.01%）。

8.2.2　城镇土地使用税

新征用的土地，依照下列规定缴纳土地使用税。

（1）征用的耕地，自批准征用之日起满一年时开始缴纳土地使用税。

（2）征用的非耕地，自批准征用次月起缴纳土地使用税。

以出让或转让方式有偿取得土地使用权的，应由受让方从合同约定交付土地时间的次月起缴纳城镇土地使用税；合同未约定交付土地时间的，由受让方从合同签订的次月起缴纳城镇土地使用税。

年应纳税税额 =（实际占用的土地面积 - 施工许可证上注明的配套公共服务设施建筑面积 ÷ 总可售建筑面积 × 实际占用的土地面积）× 适用税额 ÷ 12× 应税期限

或：年应纳税税额 =［实际占用的土地面积 ×（1- 廉租房或经济适用房建筑面积 ÷ 总建筑面积 - 预售（销售）许可证可销售面积 ÷ 项目总可销售面积）× 适用税额 ÷12］× 应税期限

开发产品完工交楼后，可以按照交楼面积折算成占地面积，扣减土地使用税应纳税额。

8.2.3 土地增值税

开发商分期分批开发、转让房地产的，其扣除项目金额，可按转让土地使用权的面积占总面积的比例计算分摊，或按建筑面积计算分摊，也可按税务机关确认的其他方式计算分摊。属多个房地产项目共同的成本费用，应按清算项目可售建筑面积占多个项目可售总建筑面积的比例或其他合理的方法，计算确定清算项目的扣除金额。

8.2.4 企业所得税

共同成本和不能分清负担对象的间接成本，应按受益的原则和配比的原则分配至各成本对象，具体分配方法有：占地面积法、建筑面积法、直接成本法、预算造价法。

8.3 销售、转让阶段涉税分析

房地产企业在销售、转让阶段涉及的税种如图 8-3 所示。

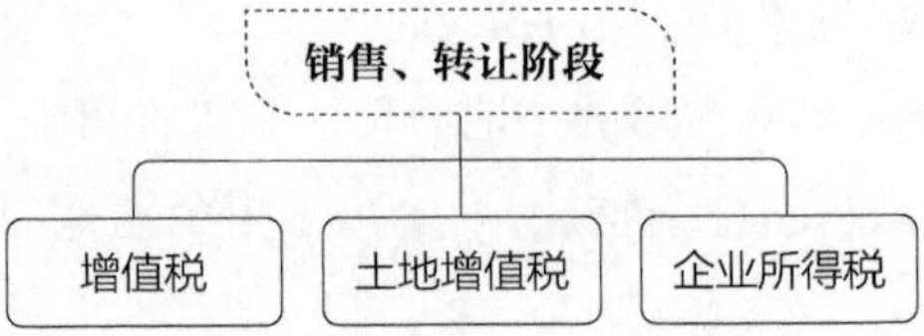

图 8-3 销售、转让阶段涉及税种

房地产企业的开发项目达到规定开发程度，取得《商品房预售许可证》后，出售在建中的开发产品，收取预收款项，该过程称为预售，计入“预收账款”科目进行核算。诚意金、订金具有预付款性质，是当事人的一种支付手段，但不具有担保性质，如合同履行则冲抵房款，如合同不履行则不适用“定金双倍返还罚则”。非合同约定，仅按“订房单”或“承诺书”或类似凭据约定收的款项，不受《中华人民共和国合同法》约束和保护，仅具有暂收应付款性质，因此在“其他应付款”科目核算。

8.3.1　增值税

“营改增”后，房地产企业采取预收款方式销售开发的房地产项目，在收到预收款时按 3% 预征率预缴增值税。

预缴增值税 =（当期收取的价款和价外费用 - 当期允许扣除的土地价款 - 当期允许扣除以货币支付的拆迁补偿款）÷（1+9%）× 3%

房地产企业的预收款为不动产交付业主之前所收到的款项，但不含签订房地产销售合同之前所收取的诚意金、认筹金和订金等。

8.3.2　土地增值税

纳税人在项目全部竣工结算前转让房地产取得的收入，由于涉及成本确定或其他原因，而无法据以计算土地增值税的，可预征土地增值税，待该项目全部竣工、办理结算后再进行清算，多退少补。

预缴土地增值税 =（当期收取的价款和价外费用 - 当期增值税额）× 预征率

《深圳市地方税务局关于土地增值税核定征收有关问题的通知》（深地税发〔2009〕460 号）对普通标准住宅销售收入核定征收率为 6%，对非普通标准住宅销售收入核定征收率为 8%，对写字楼、商铺销售收入核定征收率为 10%，对其他类型房地产销售收入核定征收率为 5%。

8.3.3　企业所得税

（1）企业销售未完工开发产品取得收入，应先按预计计税毛利率（由各地按物业形态区分，一般为 10%~20%）分季（或月）计算出预计毛利额，计入当期应纳税所得额。

完工产品销售收入的确认，应遵循竣工、使用、确权三者孰早原则。

①开发产品竣工证明材料已报房地产管理部门备案。

②开发产品已开始投入使用。

③开发产品已取得了初始产权证明。

（2）企业通过正式签订《房地产销售合同》或《房地产预售合同》所取得的收入（收入的确认以交房、业主正式取得使用权为标准），应确认销售收入的实现。凡纳入开发产品价内或由企业开发票的，应按规定全部确认销售收入；未纳入开发产品价内并由企业外其他收取部门、单位开发票的，可作为代收代缴款项进行管理。

8.3.4 案例分析：销售、转让阶段涉税分析

某房地产公司于 2007 年 4 月开工建设一写字楼，该项目贷款 3 亿元。至 2008 年 12 月末，共发生借款费用 3 000 万元。2008 年共取得销售收入 8 亿元，取得土地使用权支付 3 800 万元。该公司会计核算执行《企业会计准则》，按照有关规定将借款费用计入了“开发间接费用”科目。除去借款费用外，该公司的开发成本为 5 亿元，增值税及附加共计 4 400 万元，全年管理费用及销售费用支出共 3 500 万元。

该公司在清算土地增值税时，项目开发成本 =3 800+50 000+3 000= 56 800（万元）。土地增值额 =80 000−56 800−56 800×5%−4 400−56 800×20%=4 600（万元）。

因此，该公司实际缴纳土地增值税 =4 600×30%=1 380（万元）。

8.4 竣工验收阶段涉税分析

图 8-4 为房地产企业竣工验收阶段涉及的税种。

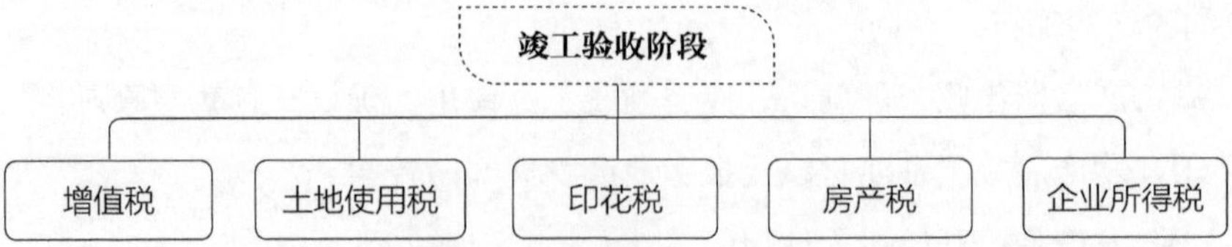

图 8-4　竣工验收阶段涉及税种

房地产开发项目竣工验收阶段主要包括产权办理、收入确认以及税务处理。

8.4.1　产权办理

房地产产权办理是产权转移的过程，即房屋权属登记，是房地产交易过程中不可或缺的重要环节，也是将预收房款结转为销售收入的关键标志，从而确认销售收入的实现。

8.4.2　收入确认

房地产企业就新收入准则（财会〔2017〕22 号文件）来看，可以根据实际情况，合理确认收入的确认方式。

（1）企业应当在履行了合同中的履约义务，即在客户取得相关商品控制权时确认收入。取得相关商品控制权，是指能够主导该商品的使用并从中获得几乎全部的经济利益。

较旧收入准则的“主要风险报酬转移时确认收入”，新收入准则强调“相关控制权转移时确认收入”，新旧准则此处都是强调转移的时点，只是确认时点的判定标准不同。

（2）满足下列条件之一的，属于在某一时段内履行履约义务；否则，属于在某一时点履行履约义务：

客户在企业履约的同时即取得并消耗企业履约所带来的经济利益；

客户能够控制企业履约过程中在建的商品；

企业履约过程中所产出的商品具有不可替代用途，且该企业在整个合同期间内有权就累计至今已完成的履约部分收取款项。

有权就累计至今已完成的履约部分收取款项，是指在由于客户或其他方原因终止合同的情况下，企业有权就累计至今已完成的履约部分收取能够补偿其已发生成本和合理利润的款项，并且该权利具有法律约束力。

当履约进度不能合理确定时，企业已经发生的成本预计能够得到补偿的，应当按照已经发生的成本金额确认收入，直到履约进度能够合理确定为止。

此处新准则对于收入的确认则是强调，在一个时间段内确认收入，较以前建筑施工按完工进度百分比确认收入不同，新准则下强调的是“合同”的履约进度，更强调的是合同的作用。

对于房地产企业而言，收入的确认，一般都是在销售阶段做预收款处理，等基本开发完成后，才做收入处理，并结转相关成本。主要原因是在未完工之前，相关成本无法准确计算，如果此时就计算确认收入，那么对于相应的销售成本就无法准确计算。但是这样处理的结果也有极大的弊端，即无法体现财务信息数据的及时性，导致大量房地产开发企业连续几年没有实现收入的确认，账面上形成大量预收款，后期又易造成大量收入堆积。

在新收入准则下，企业可以按照签订合同的履约进度，选择时段确认收入并陆续实现，避免后期造成收入堆积，但对于相应成本的确认也是企业需要考量的。所以对于房地产开发企业而言，在新收入准则下如何确定收入的确认方式，还是需要仔细思量的。一般而言，如果企业需要及时确认收入，则选择时段确认收入较好（如上市公司），如果企业无需及时确认收入，那么还是选择时点确认收入更佳。

房地产企业土地开发、建造、销售住宅、商业用房及其他建筑物，符合以下条件的视为已完工：开发产品竣工证明材料已报房地产管理部门备案、开发产品已开始投入使用、开发产品已取得初始产权证明。

产品完工后应及时结转收入，企业可以在汇算清缴前任意选择时点结转收入。因此预售收入结转为实际收入是一个汇算清缴的年度问题。开发产品销售收入的范围为产品开发过程中取得的全部价款，包括现金、现金等价物及其他经济利益。值得注意的是，企业代收的各种基金、费用和附加，凡纳入开发产品价内或由企业开具发票的，应按规定全部确认为销售收入；未纳入开发产品价内并由企业之外的其他部门收取、单位开具发票的，可作为代收代缴款项进行管理。

同时应将完工产品成本结转主营业务成本，对此，财务的一般程序为：①结转销售收入和销售成本；②完成与施工方的竣工结算，确认竣工结算报告并向施工方支付工程结算价款。

工程竣工决算期间注意事项：应防止项目完工但无法取得进项税额抵扣；销售完毕，避免进项留抵无法退税。

收入、成本确认后，应汇总附加税金、预缴土地增值税（或清算已缴纳土地增值税）、期间费用、其他业务利润、营业外收支等，计算实际利润，将其与预计毛利额之间的差异计入完工产品年度应纳税所得额，并计算应补缴的企业所得税。

8.4.3　竣工验收阶段几个特殊问题

1. 未竣工或未及时清算的处理

企业销售未完工产品取得的收入，应先按预计计税毛利率（开发项目位于省、自治区、直辖市和计划单列市所在地的，不得低于 15%；地级市城区不得低于 10%；其他地区不得低于 5%；属于经济适用房、限价房、危改房的，不得低于 3%）分季（月）度计算出毛利额，扣除期间费用、附加税金、土地增值税后计入当期应纳税所得额。值得注意的是，企业所得税汇算清缴时，企业必须出具相关利润计算差异调整情况的税务鉴证报告以及税务机关需要的其他资料。

实际操作中，以竣工证明作为主要标志的完工标准太早，开发企业由于未进行最后结算，有些建安发票尚未取得，会引起实际发生成本无法扣除（出包工程未办理结算取得全额发票，在证明材料充分的前提下，其发票不足金额可以预提，但最高不得超过合同金额的 10%），因此部分地区以取得备案表或土地和商品房移交，并将发票账单提交买主时作为完工产品结转标准。

2. 视同销售的税务处理

企业将开发产品用于捐赠、赞助、职工福利、奖励、对外投资、分配给股东或投资人、抵偿债务、换取其他企事业单位或个人的非货币性资产等行为视同销售，应于开发产品所有权或使用权转移，或于实际取得利益权利时确认收入。确认收入采用的价格包括本企业近期或最近月份同类开发产品的销售价格、由主管税务部门参照当地同类开发产品市场的公允价值，以及按开发产品成本利润率确定的价格，成本利润率不得低于 15%，具体比例由主管税务机关确认。

3. 租赁预约协议特殊规定

企业新建开发产品在尚未完工或办理初始登记、取得产权证前与承租人签订租赁预约协议的，自开发产品交付承租人使用之日起，按租金确认收入的实现。企业在进行成本、费用的核算与扣除时，必须按规定区分期间费用和开发产品计税成本、已销开发产品计税成本与未销开发产品计税成本。一般来说，计入期间费用对抵扣企业所得税有益，而计入开发成本，由于可以加计扣除，对抵扣土地增值税有益，且是永久性差异，因些，企业可以将开发间接费用计入开发成本。

8.4.4 竣工验收阶段涉及税务处理

房地产企业竣工验收阶段一般会发生以下事项：开发产品已达到交付条件，房地产企业向业主交付房产，财务处理上结转销售收入和销售成本；与施工方进行竣工结算，房地产企业确认竣工结算报告后，向施工方支付工程结算价款。此时，一般开发项目的开发成本基本可以确认。房地产开发商在项目竣工验收阶段涉及的地方税种主要有：企业所得税、土地增值税、城镇土地使用税、印花税、房产税等。

（1）企业所得税

房地产企业销售未完工开发产品取得的收入，应先按预计计税毛利率分季（或月）计算出预计毛利额，计入当期应纳税所得额。开发产品完工后，企业应及时结算其计税成本并计算此前销售收入的实际毛利额，同时将其实际毛利额与其对应的预计毛利额之间的差额，计入当年度企业本项目与其他项目合并计算的应纳税所得额。

因此，纳税人应注意开发产品是否符合完工条件，如达到完工条件，应及时结算其计税成本并计算此前销售收入的实际毛利额，在年度企业所得税汇算清缴时，将实际毛利额与其对应的预计毛利额之间的差额作纳税调整。

（2）土地增值税

纳税人在项目全部竣工结算前转让房地产取得的收入，由于涉及成本确定或其他原因而无法计算土地增值税的，可以预征土地增值税，待该项目全部竣工、办理结算后再进行清算。

（3）城镇土地使用税

购置新建商品房，自房屋交付使用之次月起计征房产税和城镇土地使用税。可见，要在房地产企业将全部开发商品房交付之后，开发商品房占用土地的城镇土地税纳税义务才全部转移给购房人。在占用土地次月起至全部交付商品房当月期间，房地产开发企业对开发商品房占用土地均负有城镇土地使用税纳税义务。在开发产品全部交付给业主次月起，房地产企业就不存在开发商品房占用土地的城镇土地税纳税义务。

（4）印花税

在竣工销售商品房时，如签订商品房销售合同或商品房预售合同的，应在签订合同时，按合同所记载金额的万分之五计税贴花或按月汇总缴纳印花税。

（5）房产税

对于在基建工地为基建工地服务的各种工棚、材料棚、休息棚和办公室、食堂、茶炉房、汽车房等临时性房屋，如果在基建工程结束以后，施工企业将这种临时性房屋交还或者进行估价转让给基建单位的，应当从基建单位接收的次月起，依照规定征收房产税。

因此，如果基建工程结束，临时性建筑物归基建单位使用，则须从基建单位使用的次月起缴纳房产税。

8.4.5　案例分析：竣工验收阶段涉税分析

某公司是一家房地产开发企业，2007 年将部分尚未售出的商品房转作固定资产，已经办理了房产证。该公司将此商品房用于出租，取得租金收入；同时，该公司对此商品房按 20 年计提折旧，仅就租金收入计算缴纳了企业所得税。

税务机关查账后认为，该公司对转作自用部分的商品房应作为视同销售处理，计算缴纳土地增值税和企业所得税。

因此，该公司将商品房转作固定资产时，应确认收入的实现。在税款清算时视同销售处理，既确认收入，也要扣除相应的成本和费用，仍需计算缴纳企业所得税和土地增值税。

第 9 章 房地产企业各环节税务风险分析与应对

9.1 房地产企业各环节税务风险点

9.1.1 规划设计环节的税务风险点

（1）总体规划设计未考虑财税因素对成本、税收和现金流的影响。

（2）虚开规划设计费，逃避缴纳土地增值税和企业所得税。

（3）境外的规划设计费没有代扣代缴税金。

9.1.2 投资开发环节的税务风险点

“营改增”后，房地产企业涉税业务更加复杂，特别是投资开发环节，税收风险剧增。而且，近年来房地产业一直是税务机关的专项检查行业之一，房地产企业财税风险防范的重要性不言而喻，企业亟需从事后控制转到事前控制，及时自查，建立财税风险事前防范机制。

涉税关注点与风险如下。

（1）滚动开发成本的处理。对滚动开发的房地产开发企业，要关注土地支付、公共配套等相关成本的分摊。分摊方法有三种：按转让土地使用权面积占总面积的比例分摊、按转让的建筑面积占总建筑面积的比例分摊，以及按税务机关确认的其他方式分摊。

（2）人防等地下设施成本的处理。关注人防设施等地下建筑（如车库）的成本构成、分摊及销售、使用情况，核对人防办公室的建设指标批复和实际人防建设面积，确认有无将应在下一期开发项目中结转的人防设施成本计入当期开发成本的问题。由于此类业务在实际操作中比较复杂，各地税务机关制定了相应的具体规定执行，因此企业在日常处理这类业务时，可以直接对照当地税务机关的具体规定执行。审计人员在检查这类业务时，也可以对照处理。

（3）融资费用的处理。应继续关注利息费用支出情况，重点是金融企业利息支出情况，项目贷款的利息支出需要资本化，而对于房地产开发企业与金融企业在这期间签订的其他合同，要审核业务的真实性，对属于项目贷款而支付的额外利息，符合资本化条件的，要进行资本化处理。

实务案例：2020 年 3 月，某地税务机关对某房地产开发企业进行税务检查，在核对该公司“财务费用”科目明细内容时，发现部分利息没有资本化。该公司建设资金重要来源是融资（金融企业），2018 年“财务费用”科目数据为 174.85 万元，其中 117.21 万元是为甲项目贷款而产生的利息。甲项目已经于 2017 年底完工，相关贷款资金已经投入到乙项目中，但是发生的相关利息共计 117.21 万元，却没有计入乙项目，而是计入了“财务费用”科目，在企业所得税汇算清缴时没有进行调整，挤占了当期应纳税所得额。经过沟通，发现是该公司会计人员认为利息的归集以合同为主，没有按照实质性原则处理，因此出现了错误。

（4）大额成本费用支出。关注成本、费用中的大额支出业务的真实、合法和有效性。重点从合同、资金流向、发票等多角度去核对，对于合同、资金流向、发票单位名称不一致的情况则要跟踪核查到底，虚假的支出不能列支。

（5）供材的处理。主要核查是否存在重复列支材料成本的问题。

（6）材料分配方法。除少量按实际领用核算的材料外，重点关注多个项目同时建设领用材料的分配方法是否合理、一致。在实际业务中，部分企业多个成本项目同时使用同类材料，对于没有明细核算（或无法明细核算）的，如按工程量、建筑面积等，要按照一定的方式进行分摊。不管采用什么方式，都要重点关注两点：一是前后一致性，即方式一旦确定不得随意改变；二是合理性，即计算分摊的方式能准确反映各个项目的实际材料消耗量。

（7）材料成本差异处理。重点关注材料成本差异的计算和分配方式是否一致，可以采用加权平均、先进先出等方式，且一经确定不得随意更改。核对的主要方式是连续核对计算第四季度的会计处理，看是否正确。

实务案例：2020 年 3 月，某地税务机关对某房地产开发企业进行税务检查，该公司按照加权平均法进行材料成本差异结转计算，检查人员对该公司 2018 年、2019 年连续两年第四季度的材料成本差异会计处理情况进行核对，结果发现 2019 年 12 月份计算方式出现问题，即没有按照加权平均法计算材料成本结转差异，实际多转差异 533 万元。

经过沟通，查明原因为：企业因为 2019 年利润过高，而 2020 年预估购买的材料价格上涨，所以采取了一种平衡方式。最终，“材料成本差异”项目检查调增应纳税所得额 533 万元。

（8）隐瞒的“违章建筑”。可以根据《建设工程施工许可证》《建筑工程承包施工合同》和相关规划设计资料，对施工现场进行实地核对，以判断企业是否有超规划、超施工许可的“违章建筑”。

如果有隐瞒的“违章建筑”，根据土地增值税政策，一般不能将其作为计算增值额的扣除项目。对于自用的“违章建筑”，不得将其成本摊入销售面积中的开发成本并在企业所得税计算中税前扣除，而是要按照自用固定资产折旧处理。企业已经使用的“违章建筑”涉及的房产税、城镇土地使用税要按规定征收（缴纳）。

（9）劳务费用的处理。对劳务费用的核查主要是核对劳务合同，要将合同内容与企业用工的实际情况进行比对判断。此外，对于有逻辑疑问的，例如金额过大、用工期间不对称等，要核对相关人员身份证信息、现场查看工作情况等。

9.1.3　融资环节的税务风险点

房地产企业融资环节的税务风险主要包括以下几点。

（1）向非金融机构（包括企业和个人）融入的高息资金利息支出无法取得正规发票，从而导致利息支出无法入账。

（2）从信托或基金公司“名股实债”形式下支付的利息，往往无法取得合法入账的凭据。

（3）现金收款所形成的小金库现金往往不够支付利息或其他费用。

（4）支付的利息可能涉及代扣代缴税金义务而未履行。

（5）与股东及其他关联方资金往来未支付利息，存在偷逃税金问题。

（6）借给自然人股东超过 1 年以上的借款，存在被认定为股息、红利分配，需要缴纳 20% 的个人所得税风险。

9.1.4　拿地环节的税务风险点

（1）各类建筑物用地情况。开发用地面积是房地产开发企业土地成本分配分摊计算的重要依据，也是进行企业所得税、土地增值税相关分配分摊计算的基础数据。一般项目批文、土地合同、规划设计、竣工验收报告、测绘表等列示的数据会有一定的差异，但只要企业始终采用一个面积标准，就没有问题。因此，在检查时可以核对企业计算的基础面积数据是否一致，不一致的就可能存在问题。

建设（规划）红线是对建设范围的限定，这个限定也是判断土地增值税是否可以扣除的一个关键点。根据政策规定，开发用地红线外的建设成本不能作为计算增值额的扣除项目。核对时，可以现场查看红线的界限，以确定是否存在超规划建设的问题。

（2）各类勘探、设计合同的印花税问题。这类合同一般在企业的工程部保管，财务部门在管理上有一定的缺失，因此要多加关注。房地产开发企业除销售、建筑等业务可以核定征收印花税外，其余合同全部按实际金额贴花或申报缴纳印花税。

实务案例：2020 年 5 月，某地税务机关对某房地产开发企业进行税务检查，经入库信息核对，没有发现该公司在项目开发前期有诸如勘探、设计类合同印花税入库数据。在检查时，检查人员询问被查企业会计人员，原来这类合同全部是由企业工程部等部门保管的，没有作为计税资料转入财务部门，因此没有及时贴花（缴纳印花税）。

房地产企业拿地的几种主要方式如下。

（1）土地“招、拍、挂”方式。

（2）通过收购项目公司的股权获得土地 .

（3）收购烂尾楼方式。

（4）通过收购在建项目获得土地。

（5）合作开发方式。

例如，某房地产企业，2007 年 1 月进行旧城改造项目，土地合同约定总面积为 1 200 亩（1 亩≈ 666.667 平方米），当期实际已取得 500 亩，合同未特别约定交付时间，企业按 500 亩申报城镇土地使用税。2010 年，税务机关要求企业对 2007 年、2008 年、2009 年的城镇土地使用税均按 1 200 亩缴纳。

9.1.5 预售环节的税务风险点

预售期房存在很多不确定性情况，往往出现实际交付的房屋和宣传的房屋不一致的问题，也就会引发买卖双方的矛盾。

首先，广告宣传的内容不能过于明确和具体，如楼盘的规划指标，包括容积率、绿化率、配套生活设施等，不要用具体的数字或设施名称来进行说明，而可以用一些表示范围的形容词来说明，如绿化率较高、容积率较低、生活配套设施比较完善等。

其次，对于样板房，要在样板房内的显著位置标明“本样板房仅供参考，以商品房买卖合同约定为准”等语句。

另外，对于一些“购房即送大奖”“购房办户口”或者“保证升值”等宣传用语，一定要谨慎使用。

房地产开发企业预售环节的税务风险点有以下几点。

（1）取得预售收入（包括定金、诚意金）、没有按规定及时申报纳税。

（2）没有按照规定的预征率预缴土地增值税和企业所得税。

（3）预售合同没有足额及时缴纳印花税。

（4）销售合同（发票）为“阴阳合同（发票）”，未如实申报收入。

（5）售后返租时，按返租后的金额确认收入纳税，对小业主的返租收入未代扣代缴税金。

（6）返迁房未申报纳税，或未按市场公允价值申报纳税。

（7）以房抵工程款、分房给股东等情况未按规定申报纳税。

（8）装修收入没有申报纳税。

（9）卖给股东或关联方的房屋价格明显偏低。

9.1.6 竣工验收环节的税务风险点

（1）收入（所得）的结转情况。房地产开发企业采取的是预售制度，项目竣工验收后，即达到结转收入的条件，最重要的依据就是《房屋竣工验收表》。核对的重点是将《房屋竣工验收表》、“预收账款”科目余额等数据资料进行比对，判断企业是否按规定时间节点进行收入的结转，其中凡是在当年已经取得《房屋竣工验收表》的楼栋，“预收账款”科目（或明细科目）不得有余额。

（2）增值税纳税义务发生时间的确定。房地产的销售是采取预售制度的，房地产项目达到一定进度后，可以领取预售许可证，应在收到预收款时按照 3% 的预征率预缴增值税。在纳税义务发生时，以当期销售额和 11% 的适用税率计算当期应纳税额，抵减已预缴税款后，向主管国税机关申报纳税。房屋完成竣工验收并交付后，即产生纳税义务，因此要按规定计算增值税应纳税额。

（3）票据未到情形的处理。关注建筑合同、竣工决算和建筑业发票。建筑工程承包合同的完成需要最后的结算，对于因出包工程未最终办理结算而未取得全额发票的（即房地产开发公司暂以收据等入账的工程支出），在证明资料充分的前提下，其发票不足金额可以预提，但最高不得超过合同总金额的 10%。其证明资料主要是《建筑工程承包合同》和已经发生的工程量。

实务案例：2015 年 5 月，某地税务机关对某房地产开发企业进行税务检查。检查人员在核对成本结转业务时发现，该公司开发项目结转成本时，由于部分施工企业建筑业发票尚未取得，故采取预估成本方法。该公司施工合同总价格为 2.3 亿元，预估工程成本为 0.32 亿元。根据相关政策规定：出包工程因未最终办理结算而未取得全额发票的，在证明资料充分的前提下，其发票不足金额可以预提，但最高不得超过合同总金额的 10%。该公司预估工程成本的最高金额为 0.23 亿元，而实际预估工程成本为 0.32 亿元，多预估 0.09 亿元。最终，该项目检查调增应纳税所得额 0.09 亿元。

（4）预提费用的处理。除上述未取得全额发票而预提的成本外，政策规定允许预提的费用只有以下两类。

①公共配套设施尚未建造或尚未完工的，可按预算造价合理预提建造费用。此类公共配套设施必须符合“已在售房合同、协议或广告、模型中明确承诺建造且不可撤销，或按照法律法规规定必须配套建造”的条件。

②应向政府上交但尚未上交的报批报建费用、物业完善费用。物业完善费用是指按规定应由企业承担的物业管理基金、公建维修基金或其他专项基金。

凡是不符合上述条件的，不得预提。核查时，只要按照相应成本对象、规划设计及上交费用明细等，采用列表标注处理方式就可以完成检查。

（5）大额成本支出。关注“开发成本——开发间接费用”科目明细摘要，对异常的大额支出要深入核查，合同、发票、资金流向要一致，凡是不一致的，都要追踪核查相关业务的实质。

（6）自建自用房产的处理。核对《房屋竣工验收表》，如果已经竣工则要审核是否已经开始使用。凡是已经使用的房产，不论是否竣工、结算均要按规定申报缴纳房产税、城镇土地使用税。

（7）测绘面积问题。关注各类建筑物面积具体情况，在成本分配中使用的各类建筑面积是否与《测绘（面积）成果表》中的一致。如果测绘面积与《销售窗口表》等标明的面积相差过大，即测绘面积大于《销售窗口表》等资料中标明的面积，则要查明原因，防止超规划设计建造的面积未按规定进行涉税处理。

（8）成本结转情况。已经销售（预售）的商品房竣工验收后（以《房屋竣工验收表》为判断要件之一），要进行收入和成本的结转。而此时，有可能同一个项目中一部分已经完成竣工验收，而另一部分还在施工中。即使已经完成竣工验收的部分也可能存在有的已经销售，有的还没有销售的情况。因此，在核查结转成本业务时，要注意成本在不同商品房状态之间的分配方法是否合理，主要从两个层面关注成本的配比结转：一是无法单独归集的共同成本在完工产品（商品房）和未完工产品（商品房）之间进行配比分摊，加上可以单独归集的成本，计算出准确的完工产品（商品房）的成本；二是在已销售和未销售产品（商品房）之间进行分配，以计算出当期应结转的已销售产品（商品房）的成本。

9.2　房地产各环节税务风险原因分析与应对

9.2.1　风险形成的原因分析

（1）房地产企业中相关的制度尚未健全。

在房地产企业中没有一个健全的税务制度，是企业面临税务风险的重要原因之一。一个健全的制度影响着企业未来的发展，能够规范企业内的税务行为，有效地规避风险，完善企业的相关制度，促使企业快速发展。

（2）房地产企业对各种纳税行为的关注度不高。

在房地产企业中普遍面临的问题是对纳税行为的关注度不高。例如，企业内的纳税行为由企业中的专门人员进行处理，而对于相关的税务风险是由财务部门处理的，这显然表明企业对于涉税行为的关注度不够，容易带来众多的税务风险。

（3）房地产企业对风险的整体控制不够强。

企业中的会计与税收是密不可分的，很多企业的会计人员只知道如何记账，而对于税务风险却一窍不通，这会导致我国房地产企业对风险的整体控制力度减弱。如果企业过分依靠会计人员处理财务风险，可能会引起各个部门的合作性减弱，直接造成企业内的税务风险。

9.2.2　应对措施

针对税务风险的应对措施如下。

（1）领导者引起重视，增强纳税观念。

（2）把握税收政策。

（3）强化税务风险管控。

（4）提高税务风险管控技能。

9.2.3　案例分析：房地产税务筹划方案

1. 案例介绍

甲公司是一家非房地产企业，拥有一块工业用地性质的土地（2016 年 4 月

30 日之前取得的土地)，且在该地块上建设了厂房等建筑物。非房地产企业乙公司有意向甲公司购买该地块及其地上的建筑物。

2. 税收筹划方案

方案一：甲公司先将土地及其建筑物分立(存续分立)为甲公司 100% 控股的子公司丙，然后丙公司的股权全部转让给乙公司。

方案二：甲公司以土地及建筑物投资入股到乙公司名下，然后将股权转让给乙公司的股东。

3. 方案一的涉税分析

(1)增值税的处理。

《财政部 税务总局关于全面推开营业税改征增值税试点的通知》(财税〔2016〕36 号)附件 2《营业税改征增值税试点有关事项的规定》规定，在资产重组过程中，通过合并、分立、出售、置换等方式，将全部或者部分实物资产以及与其相关联的债权、负债和劳动力一并转让给其他单位和个人，其中涉及的不动产、土地使用权转让行为，不征收增值税。基于此规定，甲公司将土地及其建筑物分立(存续分立)为甲公司 100% 控股的子公司丙，即将其土地及其地上建筑物以及与其相关联的债权、负债和劳动力一并转让给丙公司，则甲公司将其土地及其地上建筑物转让给丙公司不缴纳增值税。但是，如果甲公司不将土地及其地上建筑物相关联的债权、负债和劳动力一并转让给丙公司，则必须依法缴纳增值税。

(2)土地增值税的处理。

《财政部 税务总局关于继续实施企业改制重组有关土地增值税政策的通知》(财税〔2018〕57 号)文件第三条规定："按照法律规定或者合同约定，企业分设为两个或两个以上与原企业投资主体相同的企业，对原企业将房地产转移、变更到分立后的企业，暂不征土地增值税。"基于此规定，企业分设，就是通常所称的公司分立，是指一家公司将部分或全部资产分离转让给现存或新设的公司，被分立公司股东换取分立公司的股权或非股权支付，实现公司的依法分立。根据《中华人民共和国公司法》的规定，公司分立可以分为存续分立和解散分立两种形式，其中存续分立是指一个公司分离成两个以上公司，本公司继续存在并设立一个以上新的公司；解散分立是指一个公司分散为两个以上公司，本公司解散并设立两个以上新的公司。因此，企业的存续分立和解散分立，必须满足投资主体相同的条件，则暂不征收土增税，但设立子公司不属于企业分立，不适用该条款。

（3）契税的处理。

《财政部 税务总局关于继续支持企业事业单位改制重组有关契税政策的通知》（财税〔2018〕17 号）第四条规定："公司依照法律规定、合同约定分立为两个或两个以上与原公司投资主体相同的公司，对分立后公司承受原公司土地、房屋权属，免征契税。"基于此规定，公司先将土地及其建筑物分立（存续分立）为甲公司 100% 控股的子公司丙，丙公司免征契税。

（4）企业所得税的处理。

根据《财政部 国家税务总局关于企业重组业务企业所得税处理若干问题的通知》（财税〔2009〕59 号）的规定，公司分立的企业所得税分为一般性税务处理和特殊性税务处理两种情况进行处理。如果选择一般性税务处理，则被分立企业甲公司和分立企业丙公司应按下列规定处理。

①被分立企业甲公司对分立出去资产应按公允价值确认资产转让所得或损失，依法缴纳企业所得税。

②分立企业丙公司应按甲公司分立的土地及其建筑物的公允价值确认接受资产的计税基础。

③被分立企业继续存在时，其股东取得的对价应视同被分立企业分配进行处理。

④被分立企业不再继续存在时，被分立企业及其股东都应按清算进行所得税处理。

⑤企业分立相关企业的亏损不得相互结转弥补。

（5）丙公司转让股权时的涉税处理。

若丙公司的全部股权被乙公司收购，则丙公司只须缴纳企业所得税和印花税，但是必须要进行评估。

4. 方案二的涉税分析

（1）增值税的处理。

《财政部 国家税务总局关于全面推开营业税改征增值税试点的通知》（财税〔2016〕36 号）附件 1《营业税改征增值税试点实施办法》第十条规定，销售服务、无形资产或者不动产，是指有偿提供服务、有偿转让无形资产或者不动产。第十一条明确规定：“有偿，是指取得货币、货物或者其他经济利益。”该通知附件2《营业税改征增值税试点有关事项的规定》第一条规定：“适用一般计税方法的试点纳税人，2016年5月1日后取得并在会计制度上按固定资产核算的不动产或者2016年5月1日后取得的不动产在建工程，其进项税额应自取得之日起分2年从销项税额中抵扣，第一年抵扣比例为60%，第二年抵扣比例为40%。取得不动产，包括以直接购买、接受捐赠、接受投资入股、自建以及抵债等各种形式取得不动产，不包括房地产开发企业自行开发的房地产项目。”

根据上述规定可以得出，企业将无形资产、不动产投资入股换取被投资企业股权的行为属于有偿取得“其他经济利益”，且被投资企业取得不动产包括“接受投资入股”形式取得的不动产，其进项税额准予从销项税额中抵扣。这就意味着企业以土地等无形资产和房屋等不动产投资应作为销售来缴纳增值税，并可计算销项税额、开具增值税专用发票给被投资企业作为抵扣进项税额的凭据。因此以非货币性资产投资要视同销售缴纳增值税。

《财政部 国家税务总局关于进一步明确全面推开营改增试点有关劳务派遣服务、收费公路通行费抵扣等政策的通知》(财税〔2016〕47号)第三条第(二)项规定：“纳税人转让2016年4月30日前取得的土地使用权，可以选择适用简易计税方法，以取得的全部价款和价外费用减去取得该土地使用权的原价后的余额为销售额，按照5%的征收率计算缴纳增值税。”基于此规定，如果甲公司不将土地及其地上建筑物相关联的债权、负债和劳动力一并转让给丙公司，则甲公司必须将土地评估价值或公允价值减去取得该土地使用权的原价后的余额作为销售额，并按照5%的征收率计算缴纳增值税。甲公司向乙公司开具5%的增值税专用发票。

(2)土地增值税的处理。

《财政部 税务总局关于继续实施企业改制重组有关土地增值税政策的通知》(财税〔2018〕57号)第四条规定：“单位、个人在改制重组时以房地产作价入股进行投资，对其将房地产转移、变更到被投资的企业，暂不征土地增值税。”第五条规定：“上述改制重组有关土地增值税政策不适用于房地产转移任意一方为房地产开发企业的情形。”基于此规定，要注意以下两点。

第一，非房地产企业在改制重组时以房地产进行投资，对其将房地产转移、变更到被投资的房地产企业，必须征土地增值税。

第二，非房地产企业在改制重组时以房地产进行投资，对其将房地产转移、变更到被投资的非房地产企业，暂不征土地增值税。

因此，甲公司以土地及其建筑物投资入股到乙公司名下，甲公司暂不征土地增值税。

（3）契税的处理。

《财政部 税务总局关于继续支持企业事业单位改制重组有关契税政策的通知》（财税〔2018〕17号）第六条规定：“母公司以土地、房屋权属向其全资子公司增资，视同划转，免征契税。”基于此规定，甲公司以土地及其建筑物投资入股到乙公司名下，甲公司免征契税。

（4）企业所得税的处理。

《财政部 国家税务总局关于非货币性资产投资企业所得税政策问题的通知》（财税〔2014〕116号）第一条规定：“居民企业以非货币性资产对外投资确认的非货币性资产转让所得，可在不超过5年期限内，分期均匀计入相应年度的应纳税所得额，按规定计算缴纳企业所得税。”该条规定中有一个很重要的字“可”，意思是可以让投资企业自己决定分5年计入应纳税所得额还是一次性计入当年应纳税所得额。基于此规定，甲公司以土地及其建筑物投资入股到乙公司名下，甲公司可以选择5年分期缴纳企业所得税。

（5）甲公司在乙公司的股权转让时的涉税处理。

甲公司在将股权转让给乙公司股东时，甲公司的股东只需要缴纳企业所得税和印花税，但是必须要进行评估。

第 10 章 房地产企业开发周期各环节税务管理模型

10.1 立项环节

10.1.1 项目公司组织形式的筹划

房地产企业在选定的投资区域建立项目公司时，进行税务筹划首先要考虑的问题就是内部组织形式的选择。选择母子公司的形式还是总分机构的形式，需要企业进行比较，因为企业一旦通过工商注册成立，很多问题就会随之而来，无论后期如何筹划，也改变不了其性质。

企业选择组织形式时需要考虑的因素主要有以下几个方面。

（1）我国地域间税率差异较大，但这种差异随着我国企业所得税制度的统一逐渐变小，但目前还是存在税率差异，如各自贸区存在差异等。对于个别地区，会有区域对企业落户实行奖励政策，或者税款返还政策。这些对企业所得税有优惠的地方，选择子公司还是分公司，哪种形式能给企业节约更大的税务成本，也要视项目公司和总公司的具体情况而定。

（2）国家或者地方针对房地产企业的优惠政策较少，若没有优惠政策和税率，需要考虑分支机构的盈亏能力。如果是长期亏损，分公司形式能减少盈利的总公司和盈利的其他分公司的应纳税所得额，进而节约税务成本；如果是短期亏损，子公司的组织形式更适合企业在当地的发展。

（3）对于法律责任而言，由于分公司无独立法人资格，在出现债务或者法律纠纷时，会对总公司影响较大；而子公司可以以其出资额对其债务承担有限责任。

10.1.2　房地产运营的关键点

房地产企业基础的、初始的业务就是获取土地。不同的取得土地的方式决定了房地产企业运营的两大关键点：一是主体问题，也就是运作平台问题，运作平台是利益平台，也是涉税平台和风险平台；二是土地交易本质问题，土地交易本质决定了房地产企业同土地提供方的利益分割和涉税纠纷。

土地取得时，房地产企业主要涉及的税种有契税、印花税及土地使用税，同时也会影响项目后期增值税、土地增值税、企业所得税的处理。

10.2　融资环节

10.2.1　债务重组的税务管理要点

债务重组的税务管理要点包括以下 4 点。

（1）以非货币性资产清偿债务，应当分解为转让相关非货币性资产、按非货币性资产公允价值清偿债务两项业务，确认相关资产的所得或损失。

（2）发生债权转股权的，应当分解为债务清偿和股权投资两项业务，确认有关债务清偿所得或损失。

（3）债务人应当按照支付的债务清偿额低于债务计税基础的差额，确认债务重组所得。债权人应当按照收到的债务清偿额低于债权计税基础的差额，确认债务重组损失。

（4）债务人的相关所得税纳税事项原则上保持不变。

10.2.2 债务重组的特殊性税务处理

企业债务重组的特殊性税务处理规定为：企业债务重组确认的应纳税所得额占该企业当年应纳税所得额 50% 以上，可以在 5 个纳税年度的期间内，均匀计入各年度的应纳税所得额。

10.3 土地取得环节

10.3.1 以国家出让方式取得土地

在以前年度取得国有土地使用权时，没有及时取得国土资源局出具的土地使用权出让金收款凭证的，根据规定，扣除取得土地使用权所支付的金额、房地产开发成本、费用及转让房地产有关税金，须提供合法有效凭证；不能提供合法有效凭证的，不予扣除。

企业应将不属于预付账款性质的金额转入相对应的开发成本、费用科目进行核算，并在合同中约定提供合法凭证的期限。这样可避免一些不必要的税务麻烦。对于企业未在约定的期限内进行土地开发而支付的土地闲置费，在计算企业所得税时，土地闲置费能否扣除，新的企业所得税法和原外资的税务规定未对此做相关规定，需向相关税务机关确认相关税务处理方法。该土地闲置费不属于按国家统一规定交纳的有关费用，因此，在计算土地增值税时不能从应税收入中扣除。

对于这种情况，房地产企业的税务筹划方案为：加强项目开发的管理，尽量在约定的期限内进行开发；若的确需延期，应尽早与相关政府部门协商，争取减免土地闲置费，并与税务机关确认相关税务处理方法。

企业未在规定期限内支付土地使用权出让金而缴纳的滞纳金，在计算企业所得税时可能会被视为与取得收入无关的支出而不得扣除。另外，此滞纳金也不属于按国家统一规定交纳的有关费用，因此计算土地增值税时也不能从应税收入中扣除。

对此，房地产企业的税务筹划方案为：加强资金管理，在规定期限内支付土地使用权出让金，如果确实需延期，应尽早与相关政府部门协商，争取减免滞纳金。

10.3.2　以资产收购方式取得土地

实际在资产购置时，存在实际交易价格可能与相关凭证价格不同的情况。由于相关凭证没有反映真实交易价格，根据《中华人民共和国税收征收管理法》规定，纳税人、扣缴义务人编造虚假计税依据的，由税务机关责令限期改正，并处 5 万元以下的罚款。

企业应按实际交易价格来订立相关转让协议和索取合法有效凭证，以降低企业的税务风险。

10.4　拆迁安置环节

10.4.1　货币补偿方式

房地产企业在进行拆迁安置时，如果被拆迁户选择货币补偿方式，则该项支出作为“拆迁补偿费”计入开发成本中的土地成本中，被拆迁户无须向房地产企业开具发票，可以由房地产企业采取自制凭证入账；同时将政府拆迁文件，被拆迁人姓名、联系方式、身份证号码，被拆迁建筑所在路段及门牌号码、拆迁面积、补偿标准、补偿金额、被拆迁人签章等档案资料备置于本企业备查。

10.4.2　就地安置房屋补偿方式

如果被拆迁户选择就地安置房屋补偿方式，需要从以下两个方面考虑：一方面按照规定确认视同销售所得，对补偿的房屋按照公允价值或参照同期同类房屋的市场价格确定视同销售收入，同时按照税收规定计算确认拆迁安置房屋的视同销售成本；另一方面，需要确认土地成本中的“拆迁补偿费支出”。

10.5 房地产销售环节

10.5.1 预售环节的税务处理

国家税务总局 2016 年第 18 号公告规定，房地产企业收到一般纳税人采取预收款方式销售自行开发的房地产项目的预收款，应在收到预收款时按照 3% 的预征率预缴增值税。

实务中开票及税务处理如下。

（1）房地产开发企业销售不动产收到购房人支付的定金、订金、意向金、诚意金等预付形式的款项，其中收到定金，视作预收款处理；收到订金、意向金、诚意金等其他形式的款项，不开具发票的，不视作预收款处理。

（2）房地产开发企业销售不动产收到购房人支付的定金、订金、意向金、诚意金等预付形式的款项，如销售行为成立，预付款项属于房屋价款的一部分，应计算缴纳增值税；如销售行为不成立，预付款项无论是否退还购房人，均不属于增值税征收范围，不需要计算缴纳增值税。

（3）房地产开发企业销售现房，在不动产交付购房者之前取得的款项属于预收款，应按照 3% 的预征率预缴增值税，预收款已按适用税率或征收率开具增值税发票的，不再预缴。

10.5.2 销售环节的税务处理

按规定的纳税义务发生时间，以当期销售额和 10% 的适用税率计算当期应纳税额，抵减已预缴税款后，向主管税务机关申报纳税。未抵减完的预缴税款可以结转至下期继续抵减。

10.6　出租环节

10.6.1　自用、出租和出借商品房备案管理

在房地产企业自用、出租和出借商品房的税收管理中，备案管理是比较重要的管理环节。《中华人民共和国税收征收管理法》规定，在确定成本对象环节上，房地产企业在开发项目开工前或已向税务机关备案的开发项目发生改变时，应及时向主管税务机关报送相关资料，办理开发项目备案手续。在确定土地成本分配方法环节上，凡符合以下情形之一的房地产企业，应在开工前向主管税务机关报送《土地预算成本情况表》。

（1）未采用占地面积法分配土地成本的房地产开发项目，经商税务机关同意后，可采用其他方法分配土地成本。

（2）土地开发同时连结房地产开发，属于一次性取得土地分期开发房地产的开发项目，经商税务机关同意后，其土地开发成本可先按土地整体预算成本进行分配，待土地整体开发完毕再进行调整。

10.6.2　自用、出租和出借商品房的税收管理

在开发产品完工清算计税成本环节上，房地产企业开发产品完工后，在完工年度进行企业所得税汇算清缴申报时，除按现行税法规定报送《企业所得税年度纳税申报表》等申报资料外，还应向主管税务机关报送开发产品完工情况、开发产品实际毛利额与预计毛利额之间差异调整情况报告。

10.7 项目清算环节

10.7.1 土地增值税的减免税规定

（1）法定免税。依据《中华人民共和国土地增值税暂行条例》第八条规定，有下列情形之一的，免征土地增值税。

①纳税人建造普通标准住宅出售，增值额未超过扣除项目金额 20% 的。

②因国家建设需要依法征收、收回的房地产。

（2）转让房地产免税。根据《中华人民共和国土地增值税暂行条例实施细则》第十一条规定，因城市实施规划、国家建设的需要而搬迁，由纳税人自行转让原房地产的，须向房地产所在地税务机关提出免税申请，经税务机关审核后，免征土地增值税。

（3）转让自用住房减免税。根据《中华人民共和国土地增值税暂行条例实施细则》第十二条规定，个人因工作调动或改善居住条件而转让原自用住房，经向税务机关申报核准，凡居住满 5 年及以上的，免征土地增值税；居住满 3 年未满 5 年的，减半征收土地增值税。

（4）合作建自用房免税。根据《财政部 国家税务总局关于土地增值税一些具体问题规定的通知》（财税字〔1995〕48 号）规定，对于一方出地，一方出资金，双方合作建房，建成后按比例分房自用的，暂免征收土地增值税；建成后转让的，应征收土地增值税。

（5）互换房地产免税。根据《财政部 国家税务总局关于土地增值税一些具体问题规定的通知》（财税字〔1995〕48 号）规定，对个人之间互换自有居住用房地产的，经当地税务机关核实，免征土地增值税。

（6）赠与房地产不征税。根据《财政部 国家税务总局关于土地增值税一些具体问题规定的通知》（财税字〔1995〕48 号）规定，房产所有人、土地使用权所有人将房屋产权、土地使用权赠与直系亲属或承担直接赡养义务人的，不征收土地增值税。

（7）捐赠房产不征税。根据《财政部 国家税务总局关于土地增值税一些具体问题规定的通知》（财税字〔1995〕48 号）规定，房产所有人、土地使用权所有人通过中国境内非营利社会团体、国家机关将房屋产权、土地使用权赠与教育、民政和其他社会福利、公益事业的，不征收土地增值税。

10.7.2　土地增值税清算单位的确定

《国家税务总局关于房地产开发企业土地增值税清算管理有关问题的通知》（国税发〔2006〕187 号）第一条规定："土地增值税以国家有关部门审批的房地产开发项目为单位进行清算，对于分期开发的项目，以分期项目为清算单位。开发项目中同时包含普通住宅和非普通住宅的，应分别计算增值额。"

10.7.3　土地增值税预征率的规定

《国家税务总局关于加强土地增值税征管工作的通知》（国税发〔2010〕53 号）第二条规定："为了发挥土地增值税在预征阶段的调节作用，各地须对目前的预征率进行调整。除保障性住房外，东部地区省份预征率不得低于 2%，中部和东北地区省份不得低于 1.5%，西部地区省份不得低于 1%，各地要根据不同类型房地产确定适用的预征率。"

10.7.4　案例分析：房地产企业并购税务问题应对

甲公司为房地产上市公司，收购了某港资公司持有的 A 公司 100% 股权。A 公司为房地产开发公司，有一个楼盘两期开发项目，一期于 2005 年销售完毕，二期于 2007 年 12 月开工，预计于 2009 年 7 月竣工，投资总额 1 亿元。2007 年 12 月 31 日，A 公司总资产 6 000 万元，净资产 5 000 万元，应收账款 4 000 万元，2007 年主营业务收入 5 000 万元，主营业务利润 -10 万元。

根据评估公司的评估，A 公司总资产 1.1 亿元，总负债 1 000 万元，净资产 1 亿元，总共增值 5 000 万元，增值率 100%。2008 年 2 月，甲公司以评估价格直接收购港资公司持有的 A 公司 100% 股权。据甲公司测算，该项目二期可实现销售收入 3 亿元，实现税后净利润 8 000 万元。

此案例中，甲上市公司原来按公允价值（评估价格）收购，港资公司（其实为上市公司所控制）首先缴纳股权转让的所得税。A 公司被吸收合并，按税法规定吸收合并视作子公司按公允价值出售转让全部资产，所以 A 公司应按增值部分缴纳企业所得税。

A 公司按增值部分缴纳企业所得税，相当于甲上市公司要就增值部分缴纳两次税（合并报表）。增加的这部分所得税收购成本 =5 000×25%=1 250（万元）。

鉴于此，相关专业人员给出了以下两种操作方式（所得税所占比重较大，税收筹划方案先考虑所得税，暂不考虑其他税种）。

（1）方法一：重签协议。

甲公司以账面价值收购港资公司所持股权，然后 A 公司与原股东港资公司签补偿协议——补给原股东 5 000 万元，理由称是其持有期间的增值。当然实际上是由甲公司出钱，尽管表面是由 A 公司出钱，所以 A 公司可把此部分作为成本，以后用来抵税。这种方法增加了成本，减免了部分所得税。

当然，由港资公司缴纳的所得税是无法回避的，节省的只是 A 公司缴纳的部分。在取得税务机关认可时，需要费一定周折，但有些上市公司用过此方法，说明某些地方税务机关是认可的。

（2）方法二：曲线收购。

港资公司以所持的 A 公司 100% 股权出资，股权以评估价值，即按净资产公允价值 1 亿元为准，甲上市公司成立一个子公司 A_1 以 1 000 万元出资，合资成立壳公司 N，其股权结构为港资公司占 91%，A_1 公司占 9%。而 A 公司也成为 N 公司的子公司。

也即 A 公司以公允价值计入 N 公司。在以后操作中使得 N 公司吸收合并 A 公司，即 A 公司资产负债以公允价值计入 N 公司，A 公司注销。此处操作要取得当地建设委员会认可，即让 A 公司的土地资质等合法转移给 N 公司。

上海市国有资产监督管理委员会对股权出资的解释为：“公司股权出资的实质是投资人以股权公司股东的身份，将持有的股权公司的股权作为出资，投资于被投资公司，并实施使投资人成为被投资公司股权持有人、被投资公司成为股权公司股权持有人的权利调整。”因此 N 公司为被投资公司，其成为 A 公司的新股东。

合并企业支付给被合并企业或其股东的收购价款中，除合并企业股权以外的现金、有价证券和其他资产（以下简称“非股权支付额”），不高于所支付的股权票面价值（或支付的股本的账面价值）20% 的，经税务机关审核确认，当事各方可按下列规定进行所得税处理：被合并企业的股东以其持有的原被合并企业的股权（以下简称“旧股”）交换合并企业的股权（以下简称“新股”），不视为出售旧股、购买新股处理。被合并企业的股东换得新股的成本，须以其所持旧股的成本为基础确定。

此规定说明港资公司取得新成立的壳公司 N 的股权，不视作出售旧股、购买新股（以高于 80% 的股权出资），暂时不缴纳企业所得税，但是取得壳公司 N 的成本要以原持有 A 公司的成本确定，以后如果转让壳公司 N 股权，还是要交税的。所以港资公司的所得税无法避免。

以上两种方式都涉及收购协议的重新签订，考虑到时间，甲公司已经无法操作，只能交两次税。

以上两种方法的实质都是把 A 公司的增值部分作为成本而进行税收筹划，从上市集团的角度看交一次所得税。这两种税收筹划方案在实务中之所以可能得到建设委员会和税务机关的认可的原因在于，我国在企业并购方面的所得税存在双重征收的问题。

企业在充分理解国家税收政策的情况下，应该合理进行税收筹划而不是逃税。

第 11 章 房地产行业涉税难题及对策

11.1 拆迁还房的账务与税务处理

11.1.1 房地产企业拆迁还房的账务处理

房地产企业拆迁还房的实质是，被拆迁户用房地产企业支付的货币补偿资金向房地产企业购入房屋。房地产企业要确认土地成本中的“拆迁补偿费支出”，即以按公允价值或同期同类房屋市场价格计算的金额以“拆迁补偿费”的形式计入开发成本的土地成本。

另外，对补偿的房屋应视同对外销售，视同销售收入金额应按其公允价值或参照同期同类房屋的市场价格确定，同时应按照同期同类房屋的成本确认视同销售成本。

以非货币性资产形式支付的拆迁补偿支出、安置及动迁支出、回迁房建造支出，适用《企业会计准则第 7 号——非货币性资产交换》的规定。回迁房的非货币性资产交换，预计未来能带来更多现金流，一般情况下具有商业实质，且公允价值能够可靠计量。

（1）在开发产品完工时，根据安置时的同期同类房屋的价格，视同销售的账务处理如下。

借：开发成本——拆迁补偿费

贷：应付账款——拆迁补偿费

借：应付账款——拆迁补偿费

贷：主营业务收入

（2）房地产企业开具销售不动产发票，业主向房地产企业出具拆迁补偿费收据，结转成本的账务处理如下。

借：主营业务成本——土地征用费及拆迁补偿费

贷：开发产品

11.1.2　房地产企业拆迁还房的税务处理

1. 增值税的处理

房地产开发企业对被拆迁户实行房屋产权调换时，其实质是以不动产所有权为表现形式的经济利益交换。房地产开发企业将所拥有的不动产所有权转移给被拆迁户，并获得相应的经济利益。

（1）纳税义务发生时间。

房地产开发企业在办理拆迁补偿房产时，增值税的纳税义务发生时间应该为补偿房产竣工并与被拆迁户办理交接手续时。

（2）计税依据。

房地产开发企业以自己名义立项，开发回迁房并向被拆迁业主无偿转让回迁房所有权的行为，按照《营业税改征增值税试点实施办法》第十四条的规定，视同销售不动产征收增值税。区分以下两种情形。

第一，房地产开发企业在承担土地使用权出让价款的土地上开发回迁房并向被拆迁业主无偿转让回迁房所有权的，其销售额按下列方法和顺序确定。

按照本企业最近时期销售同类房产的平均价格确定；

按照其他房地产企业最近时期销售同类房产的平均价格确定。

第二，房地产开发企业在不承担土地使用权出让价款的土地上开发回迁房并向被拆迁业主无偿转让回迁房所有权的，其销售额按组成计税价格确定。组成计税价格公式为：

组成计税价格 = 成本 ×（1+ 成本利润率）

公式中的成本不包含土地成本。

成本利润率在国家税务总局未发布之前，暂按照《国家税务总局关于印发〈房地产开发经营业务企业所得税处理办法〉的通知》（国税发〔2009〕31号，以下简称“31号文件”）中有关房地产开发企业视同销售成本利润率的相关规定执行，开发产品的成本利润率不得低于15%，具体比例由各市国税局确定。

2. 土地增值税的处理

《国家税务总局关于土地增值税清算管理有关问题的通知》（国税函〔2010〕220号）规定，房地产企业用建造的本项目房地产安置回迁户的，安置用房视同销售处理，按《国家税务总局关于房地产开发企业土地增值税清算管理有关问题的通知》（国税发〔2006〕187号）第三条第（一）款规定确认收入。即房地产开发企业将开发产品用于抵偿债务、换取其他单位和个人的非货币性资产等，发生所有权转移时应视同销售房地产，其收入可以按本企业在同一地区、同一年度销售的同类房地产的平均价格确定，也可以按由主管税务机关参照当地当年、同类房地产的市场价格或评估价值确定。同时将此确认为房地产开发项目的拆迁补偿费。房地产开发企业支付给回迁户的补差价款，计入拆迁补偿费；回迁户支付给房地产开发企业的补差价款，应抵减本项目拆迁补偿费。

3. 企业所得税的处理

《中华人民共和国企业所得税法实施条例》第六十六条第三款规定，通过捐赠、投资、非货币性资产交换、债务重组等方式取得的无形资产，以该资产的公允价值和支付的相关税费为计税基础。

关于计税成本的确定，房地产企业用自建商品房抵偿应付拆迁补偿款的行为，债务人（企业）以非现金资产清偿债务，除企业改组或者清算另有规定外，应当分解为按公允价值转让非现金资产，再以与非现金资产公允价值相当的金额偿还债务两项经济业务进行所得税处理。也就是说，房地产企业“拆一还一”行为要按公允价值对所还原的商品房视同销售确认收入，同时以相同金额确认作为房地产开发计税成本的拆迁补偿费。

例如，某房地产开发公司2018年度采取拆迁安置方式对某小区进行住宅开发建设，在安置方式上，公司采取“拆一还一，就地安置，差价核算，自行过渡”的产权调换方式对拆除被拆迁人房屋进行安置补偿。2019年6月该公司用已完工1 000平方米的自建商品房偿还被拆迁人（其中等面积还原部分800平方米），同类住宅房屋建造成本为 2 200 元 / 平方米，销售价格为 3 500 元 / 平方米。

请进行相关的税务处理分析。

（1）增值税的处理。

该房地产开发公司应就其还原面积与拆迁面积相等部分，按同类住宅房屋的成本价缴纳销售不动产增值税 158 400（800×2 200×9%）元。而对超出还原面积的部分，则按同类商品房市场价格缴纳销售不动产增值税 63 000（200×3 500×9%）元。

（2）土地增值税的处理。

房地产企业用建造的本项目房地产安置回迁户的，安置用房应视同销售处理，上述“拆一还一”行为，在按市场价格确认收入的同时，还应将此收入确认为房地产开发项目的拆迁补偿费。“拆一还一”等面积部分土地增值税的计税收入为 2 800 000（800×3 500）元，同时，计入房地产开发成本中的土地征用费及拆迁补偿费也是 2 800 000 元。假如当地规定普通住宅的土地增值税预征率为 2%，则应按规定预缴土地增值税为 56 000（2 800 000×2%）元。

（3）企业所得税的处理。

该房地产公司“拆一还一”行为要按公允价值对所还原的商品房视同销售确认收入，同时以相同金额确认作为房地产开发计税成本的拆迁补偿费。为简化计算，假设本例中同类住宅房屋成本价等同于开发产品的计税成本。由此可以看出，“拆一还一”行为土地增值税与企业所得税处理原则是一致的，视同销售收入及作为开发产品计税成本的拆迁补偿支出均为 2 800 000 元。但在企业所得税预缴申报时，应确认视同销售所得 1 040 000 [（3 500-2 200）×800] 元。

例如，A 公司 2018 年 5 月开发某项目（属于城中村改造），该项目用地面积 21 000 平方米，住宅建筑面积为 31 900 平方米，可供销售面积 29 000 平方米，其中用于安置回迁户村民的住宅面积为 7 900 平方米，其余 21 100 平方米的住宅由 A 公司自由销售或使用。

该项目于 2019 年 5 月完工。2019 年 9 月开始与被拆迁户办理交接手续的回迁房面积共 7 900 平方米。2020 年 1 月正式对外销售，并于当月全部销售完毕。该公司同期同类房地产的平均价格为 7 000 元 / 平方米，取得销售收入 14 770（21 100×7 000）万元。该项目工程已竣工决算，开发成本为 6 000 万元。其中，土地征用费及拆迁补偿费为零，前期工程费为 700 万元，建筑安装工程费为 3 200 万元，基础设施建设费为 1 600 万元，公共配套设施费为 200 万元，开发间接费为 300 万元。向某公司借款的利息 400 万元（假定不超过金融企业同类同期贷款利率），但没有按照项目进行分配利息依据，没有银行的利息票据。

请分析有关“拆一还一”的账务和税务处理。

账务处理的计算过程如下。

（1）开发成本 6 000 万元，利息费用 400 万元。

（2）拆迁补偿费支出 = 7 900 × 0.7=5 530（万元）。需要注意的是，这里的拆迁补偿费不能认为只在回迁房面积 7 900 平方米中分摊，而是需要在总可售面积 29 000 平方米中分摊。

视同销售收入 = 7 900 × 0.7=5 530（万元）。

（3）单位可售面积计税成本 =（6 400+5 530）×10 000 ÷ 29 000 ≈ 4 113.793 1（元 / 平方米）。需要注意的是，这里的 29 000 平方米是作为总可售面积计算的，不能减去回迁房的 7 900 平方米，即不能以 21 100 平方米作为分母，否则就会虚增成本。

（4）视同销售成本 = 4 113.793 1 × 7 900 ÷ 10 000=3 249.896 5（万元）。

视同销售所得 = 5 530−3 249.896 5=2 280.103 5（万元）。

账务处理如下。

（1）在开发产品完工时，根据安置时的同期同类房屋价格，视同销售的账务处理如下（单位：万元；下同）。

借：开发成本——拆迁补偿费　　5 530

　　贷：应付账款——拆迁补偿费　　5 530

借：应付账款——拆迁补偿费　　5 530

　　贷：主营业务收入　　5 530

（2）房地产企业开具销售不动产发票 5 530 万元，业主向房地产企业出具拆迁补偿费收据 5 530 万元，结转成本的账务处理如下。

借：主营业务成本——土地征用费及拆迁补偿费　　3 249.896 5

　　贷：开发产品　　3 249.896 5

税务处理如下。

（1）企业所得税的处理。

A 公司 2019 年 9 月开始与被拆迁户办理交接手续时，就要确认视同

销售所得 =5 530−3 249.896 5=2 280.103 5（万元），缴纳企业所得税 = 2 280.103 5×25% ≈ 570.025 9（万元）。需要注意的是，这里不能按预计毛利率计算缴款，而是要按确认视同销售所得计算缴款。

（2）土地增值税的处理。

与企业所得税不同的是，企业在与被拆迁户办理交接手续时，不需要立即进行土地增值税清算，而只需要预缴土地增值税。假定征收率为 2%，则 A 公司 2019 年 9 月开始与被拆迁户办理交接手续时，要预缴土地增值税 =5 530× 2%=110.6（万元）。

回迁房视同销售所得最后是否做土地增值税清算，要看楼盘的销售情况。由于该项目已经全部销售完毕，土地增值税必须清算。该项目土地增值税清算计算过程如下。

①开发成本 =5 530+6 000=11 530（万元）。

②扣除项目 =11 530×（1+20%）+11 530×10%+14 770×5.5%

=15 801.35（万元）。

③增值额 =14 770+5 530−15 801.35=4 498.65（万元）。

④增值率 =4 498.65÷15 801.35 ≈ 28.47%（适用税率 30%，速算扣除系数为 0）。

⑤应缴土地增值税 =4 498.65×30%−0=1 349.595（万元）。

⑥已预缴土地增值税 =5 530×2%=110.6（万元）。

⑦应补缴土地增值税 =1 349.595−110.6=1 238.995（万元）。

（3）增值税的处理。

①增值税的计算。

回迁房成本价如何确定？有的地方认为，考虑到被拆迁房产原占有土地，开发商不需对该土地支付成本，补偿房产的成本价不应再包括土地成本；有的地方则认为应包括土地成本。一般的看法是回迁房的成本和正常销售的商品房的成本一样，应分为土地成本和建筑成本两个方面。此案例中的土地成本发生在以房换地时，因此成本价应该包括土地成本。

A 公司应该在 2019 年 9 月与被拆迁户办理交接手续时缴纳增值税，缴纳的增值税 = 4 113.793 1×7 900×9%=2 924 906.894 1（元）。

②开具销售不动产发票问题。

A 公司如果采用企业会计准则，非货币性资产交换要确认主营业务收入 5 530 万元，A 公司应按销售价 5 530 万元开具销售不动产发票；A 公司如果采用企业会计制度，非货币性资产交换不用确认主营业务收入，则 A 公司应该按成本价 3 249.896 5 万元开具销售不动产发票，然后视同销售所得 = 5 530-3 249.896 5=2 280.103 5（万元）。

11.2 房地产开发企业代收费用的税务处理

11.2.1 房地产开发企业代收费用需要缴纳增值税

"营改增"后，房地产企业代收的各项费用，如维修基金、契税、煤气初装或开户费、第一年的暖气费、网络费等，是否需要交纳增值税呢?

《中华人民共和国增值税暂行条例》第六条规定：销售额为纳税人发生应税销售行为收取的全部价款和价外费用，但是不包括收取的销项税额。《中华人民共和国增值税暂行条例实施细则》第十二条进一步解释：条例第六条第一款所称价外费用，包括价外向购买方收取的手续费、补贴、基金、集资费、返还利润、奖励费、违约金、滞纳金、延期付款利息、赔偿金、代收款项、代垫款项、包装费、包装物租金、储备费、优质费、运输装卸费以及其他各种性质的价外收费。但下列项目不包括在内。

（1）受托加工应征消费税的消费品所代收代缴的消费税。

（2）同时符合以下条件的代垫运输费用：承运部门的运输费用发票开具给购买方的；纳税人将该项发票转交给购买方的。

（3）同时符合以下条件代为收取的政府性基金或者行政事业性收费：由国务院或者财政部批准设立的政府性基金，由国务院或者省级人民政府及其财政、价格主管部门批准设立的行政事业性收费；收取时开具省级以上财政部门印制的财政票据；所收款项全额上缴财政。

（4）销售货物的同时代办保险等而向购买方收取的保险费，以及向购买方收取的代购买方缴纳的车辆购置税、车辆牌照费。

由此可以看出，房地产企业代收的费用交不交增值税取决于两点：一是代收费用是不是属于《中华人民共和国增值税暂行条例》和《中华人民共和国增值税暂行条例实施细则》规定的代收款项；二是有没有特定的不征税规定。

11.2.2　房地产开发企业代收费用的税务处理

1. 企业所得税税务处理

31 号文件第五条规定："开发产品销售收入的范围为销售开发产品过程中取得的全部价款，包括现金、现金等价物以及其他经济利益。企业代有关部门和单位收取的各种基金、费用和附加等，凡纳入开发产品价内或由企业开具发票的，应按规定全部确认为销售收入；未纳入开发产品价内并由企业之外的其他部门、单位收取并开具发票的，可作为代收代缴款项进行管理。"

31 号文件第十六条规定："企业将已计入销售收入的共用部位、共用设施设备维修基金按规定移交给有关部门、单位的，应于移交时扣除。"企业对纳入开发产品价内自己收取的代收费用，在转付给委托单位时，也可以从收入中扣除。也就是说，代收代缴款项是不作为收入的，所述的确认为销售收入的"代收款项"是开发产品价内或由开发企业开具发票的。而由开发产品价内或由开发企业开具发票的代收款，其实并不是代收款。这是因为会计上不做销售处理。

基于以上法律依据，房地产开发企业代收的各项费用是否需要缴纳企业所得税，主要取决于代收费用是以谁的名义收取的。如果不是由房地产开发企业开票收取的，则不缴纳企业所得税；如果是由房地产开发企业开票收取的，则缴纳企业所得税，但在计算企业所得税时，对纳入开发产品价内自己收取的代收费用，在转付给委托单位时，也可以从收入中扣除。

2. 土地增值税税务处理

根据《中华人民共和国土地增值税暂行条例》第五条和《中华人民共和国土地增值税暂行条例实施细则》第五条规定，纳税人转让房地产所取得的收入，包括货币收入、实物收入和其他收入。其中，收入包括转让房地产的全部价款及有关的经济收益。这两条规定中也没有明确代收款项应作为收入处理。

《财政部 国家税务总局关于土地增值税一些具体问题规定的通知》（财税字〔1995〕048号）第六条规定，对于县级及县级以上人民政府要求房地产开发企业在售房时代收的各项费用，如果代收费用是计入房价中向购买方一并收取的，可作为转让房地产所取得的收入计税；如果代收费用未计入房价中，而是在房价之外单独收取的，可以不作为转让房地产的收入。对于代收费用作为转让收入计税的，在计算扣除项目金额时，可予以扣除，但不允许作为加计20%扣除的基数；对于代收费用未作为转让房地产的收入计税的，在计算增值额时不允许扣除代收费用。

《国家税务总局关于印发〈土地增值税清算鉴证业务准则〉的通知》（国税发〔2007〕132号）第二十五条进一步明确规定，对纳税人按县级以上人民政府的规定在售房时代收的各项费用，应区分以下不同情形分别处理。

（1）代收费用计入房价向购买方一并收取的，应将代收费用作为转让房地产所取得的收入计税。实际支付的代收费用，在计算扣除项目金额时，可予以扣除，但不允许作为加计扣除的基数。

（2）代收费用在房价之外单独收取且未计入房地产价格的，不作为转让房地产的收入，在计算增值额时不允许扣除代收费用。

据此分析，假如房地产开发企业不是按照县级以上人民政府的规定要求代收的费用，也要作为开发产品的销售收入征税。只有及时将代收费用按规定转付给委托单位，才可以从土地增值税的应纳税收入额中扣除。

11.3 产权式酒店经营方式的税务处理

11.3.1 产权式酒店的定义

产权式酒店，是指投资者购买了酒店某一间客房的产权后，自己并不居住，而是委托给酒店管理公司经营以获取投资回报。

该投资回报分为两部分：一是固定的租金收入，二是浮动的年终分红。

11.3.2　产权式酒店投资回报的税务处理误区

在实际操作中，几乎所有酒店都将平时发生的租金费用计入成本费用，将超额分红纳入税后分配事项。从表象上看，这种经营模式似乎兼具了房产租赁与投资两种性质。

11.3.3　产权式酒店投资回报的税务处理

《国家税务总局关于酒店产权式经营业主税收问题的批复》（国税函〔2006〕478 号）规定，酒店产权式经营业主（即产权方）在约定的时间内提供房产使用权与酒店进行合作经营，如房产产权并未归属新的经济实体，经营业主按照约定取得的固定收入和分红收入均应视为租金收入，根据有关税收法律、行政法规的规定，应按照“服务业—租赁业”征收增值税，按照财产租赁所得项目征收个人所得税。

只要酒店方转变思路，采取正确的账务处理方法，就可以把协议约定的分红款转化为正常的租金费用（即浮动的租金费用，在会计上计入“预计负债”科目），从而起到抵减当期应纳税所得额的作用。

11.3.4　案例分析：产权式酒店的税务处理

红色假日酒店（甲方）与所有产权人（乙方）分别签订了为期 3 年的协议，由甲方负责酒店日常的经营管理，每年按乙方购房价格（经过统计，购房总价合计 900 万元）的 8% 支付租金，每月支付一次。如果甲方实现的年度税后净利润超过了乙方购买价格的 5%，则超额部分由双方平分。

甲方 2019 年度营业收入总额为 500 万元，成本费用为 352 万元（包括支付租金 72 万元，取得了正式发票），年度利润总额为 148 万元（为简化分析，假设无任何纳税调整事项，计算结果不保留小数），全年累计缴纳企业所得税 37 万元。那么，协议约定的超额净利 =148−37−900×5%=66（万元），乙方累计分得 33 万元。

甲方扣缴乙方租赁业的增值税及附加 =（33+72）×11%=11.55（万元）。

甲方扣缴乙方租赁业的房产税 =（33+72）×12%=12.6（万元）。

甲方扣缴乙方租赁业的个人所得税 =（33+72）×10%=10.5（万元）。

假定其他条件不变，红色假日酒店年初经过测算，估计年末分红额在3%（即33万元）左右，财务上应将其作为租金费用，按期平均分摊计入“预计负债”科目（只提不付）。一般情况下，预提的数额与最终支付额会存在差异，甲方应于会计期末参照年度经营成果计算出实付额，并与“预计负债”科目余额进行比较，如有差额则要据实调整（未完成超额净利润要全额冲销）。本例中甲方累计提取额与实付额没有任何出入，无须进行调整。

企业平时计提的租金费用只能减少会计利润，并不会对预缴的所得税额产生实质性的影响。但是，随着年度终了和经营成果的确定，这33万元也逐渐转化成一项现时的义务，即使未在预提当年支付（支付期在次年2月），但由于符合确定性和权责发生制原则的要求，完全可以归属为2019年度的费用予以税前扣除。

经过这样处理，企业年度利润以及应纳税所得额比改变会计核算方法前减少了33万元，降至121万元，实际缴纳企业所得税30.25万元，节约了6.75万元的税额支出。

11.4　土地闲置费扣除的税务处理

11.4.1　土地闲置费的定义

《闲置土地处置办法》（国土资源部令〔1999〕第5号）第二条规定，闲置土地是指土地使用者依法取得土地使用权后，未经原批准用地的人民政府同意，超过规定的期限未动工开发建设的建设用地。具有下列情形之一的，可以认定为闲置土地。

（1）国有土地有偿使用合同或者建设用地批准书未规定动工开发建设

日期，自国有土地有偿使用合同生效或者土地行政主管部门建设用地批准书颁发之日起满 1 年未动工开发建设的。

（2）已动工开发建设，但开发建设的面积占应动工开发建设总面积不足 1/3，或者已投资额占总投资额不足 25%，且未经批准中止开发建设连续满 1 年的。

（3）法律、行政法规规定的其他情形。

11.4.2　土地闲置费的收费标准

《闲置土地处置办法》规定，对于在城市规划区范围内，以出让等有偿使用方式取得土地使用权进行房地产开发的闲置土地，超过出让合同约定的动工开发日期满 1 年未动工开发的，可以征收相当于土地使用权出让金 20% 以下的土地闲置费；满 2 年未动工开发时，可以无偿收回土地使用权。目前，各地方政府均制定了具体的实施办法。土地闲置费根据土地性质，按照不同类别以不同比例收取，如某市规定，逾期不开发的住宅用地征收土地闲置费为合同地价或者基准地价的 8%，逾期不开发的港口、码头、陆路交通运输站场、工业、仓储等工业用地按原合同地价的 20% 征收土地闲置费。

11.4.3　土地闲置费的税务处理

房地产企业如果发生了土地闲置费，在处理企业所得税和土地增值税时，需要注意二者的区别。

（1）土地增值税的处理。

《国家税务总局关于土地增值税清算有关问题的通知》（国税函〔2010〕220 号）规定，房地产企业逾期开发缴纳的土地闲置费不得扣除。

（2）企业所得税的处理。

31 号文件第二十二条规定，企业因国家无偿收回土地使用权而形成的损失，可作为财产损失按有关规定在税前扣除。第二十七条规定，开发产品计税成本支出包括土地征用费及拆迁补偿费，指为取得土地开发使用权（或开发权）而发生的各项费用，主要包括土地买价或出让金、大市政配套费、契税、耕地占用税、土地使用费、土地闲置费、土地变更用途和超面积补交的地价及相关税费、拆迁补偿支出、安置及动迁支出、回迁房建造支出、农作物补偿费、危房补偿费等。

11.5 商铺售后返租的税务处理

所谓售后返租，就是开发商在销售商品房时，约定以购房合同的折让优惠后的价款为成交价，同时与购房者签订该房的租赁合同，要求购房者在一定期限内必须将购买的房屋无偿或低价交给开发公司，由开发公司统一经营，经营收益归开发商。

例如，A 房地产开发公司（以下简称“A 公司”）是一家外资商业地产公司，采用售后返租方式销售商铺。A 公司与购房者同时签订房地产买卖合同和租赁合同，约定商铺按优惠价 85 万元（即总价 100 万元的 85%）出售，在未来 5 年内，该商铺归 A 公司出租，收益归 A 公司。A 公司在销售时，将价款和折扣额在同一张发票上注明，并开具了销售不动产统一发票。A 公司在销售商铺时，对未来 5 年内转租房产的收益并不确定，假设当年 A 公司商铺转租取得租金 5 万元（不考虑城市维护建设税、教育费附加、土地使用税）。

11.5.1 增值税

房地产开发公司采用折让优惠等形式将商品房销售给购房者，在签订购房合同时，房地产开发公司（或房地产开发公司的关联企业）与购房者另行签订商品房委托管理合同，约定购房合同以折让后优惠价款为成交价，购房者自愿放弃一定时期的托管收益权和其他费用。房地产开发公司商品房折让优惠额（或商品房售价低于同类商品房价格部分）应并入商品房销售价款，一并按销售不动产征收增值税，购房者因放弃一定时期的托管收益权和其他费用而享受的折让优惠额属取得的经济利益，应征收增值税。

因此，上例中 A 公司销售房地产应缴纳增值税 =100 × 9%=9（万元）。购房者返租商铺应缴纳增值税 =15 × 9%=1.35（万元），城市维护建设税及教育费附加 =1.35 ×（7%+3%）=0.135（万元）。

A 公司还需就当年转租商铺取得的租金收入按“服务业——租赁业”税目缴纳增值税，即 0.45（5 × 9%）万元。城市维护建设税及教育费附加 =0.45 ×（7%+3%）=0.045（万元）。

11.5.2　印花税

上例中，A 公司不但销售了开发产品，还租赁了该开发产品后并转租（假如转租合同每年签订一次），应分别按“产权转移书据”税目缴纳印花税，应纳税额 =85 × 0.05%=0.042 5（万元），按“财产租赁”税目缴纳印花税，应纳税额 =15 × 1‰ + 5 × 1‰ =0.02（万元）。

11.5.3　个人所得税

房地产开发企业与商店购房者个人签订协议规定，房地产开发企业按优惠价格出售其开发的商店给购买者个人，但购买者个人在一定期限内必须将购买的商店无偿提供给房地产开发企业对外出租使用，其实质是购买者个人以所购商店交由房地产开发企业出租而取得的房屋租赁收入支付了部分购房价款。

根据《中华人民共和国个人所得税法》的有关规定，对上述情形的购买者个人少支出的购房价款，应视同个人财产租赁所得，按照“财产租赁所得”项目征收个人所得税，每次财产租赁所得的收入额，按照少支出的购房价款和协议规定的租赁月份数平均计算确定。

根据《中华人民共和国个人所得税法》第九条规定，个人所得税以所得人为纳税义务人，以支付所得的单位和个人为扣缴义务人。

所以上例中，A 公司在以优惠价销售给购房者（个人）时，需代扣代缴购房者应缴纳的个人所得税，金额 =［15 ÷（5 × 12）-0.08］× 20% × 60=2.04（万元）。否则，税务机关会根据《中华人民共和国税收征收管理法》第六十九条规定，由税务机关向购房者追缴税款，对 A 公司处应扣未扣、应收未收税款 50% 以上 3 倍以下的罚款。

11.5.4　房产税

购房者将购买的商铺返租给 A 公司，每月应按租金收入（少支出的购房价款和协议规定的租赁月份数平均计算确定）的 12% 缴纳房产税。上例中，应纳房产税 =15 ÷（5 × 12）× 12%=0.03（万元）。房地产开发公司再将商铺转租，按房产税相关规定，房地产开发公司转租房屋取得的租赁收入不再缴纳房产税。这在实际税务处理中也是容易被忽视的。

11.5.5 企业所得税

从事房地产开发经营的外商投资企业以销售方式转让其生产、开发的房屋、建筑物等不动产，又通过租赁方式从买受人回租该资产，企业无论采取何种租赁方式，均应将售后回租业务分解为销售和租赁两项业务分别进行税务处理。企业销售或转让有关不动产所有权的收入与该被转让的不动产所有权相关的成本、费用的差额，应作为业务发生当期的损益，计入当期应纳税所得额。

对于上述例子中的售后返租业务，A 公司需分别进行销售不动产和租赁两项业务处理，分别计算相关成本、费用和损益。

A 公司的租赁支出就是一次性让利给购房者的折让优惠额，按权责发生制原则，A 公司每年的租赁支出 =15 ÷ 5=3（万元）。

企业销售商品同时满足下列条件的，应确认收入的实现。

（1）企业就该商品享有现实的收款权利，即客户对该商品负有现实的付款义务；

（2）企业已将该商品的法定所有权转移给了客户，即客户已经拥有了该商品的法定所有权；

（3）企业已将该商品实物转移给客户，客户已实际占有该商品；

（4）企业已将该商品所有权上的主要风险和报酬转移给客户，即客户已取得该商品所有权上的主要风险和报酬；

（5）客户已接受了该商品；

（6）其他表明客户已经取得了商品控制权的迹象。

上述 6 种迹象不需要同时具备，只要符合其中的一条能够证明客户拥有了控制权，就可以确认收入。

上例中，A 公司在销售商铺时，以后商铺租赁能收取的租金收入是不确定的。因此，对于此不确定的租赁应税收入不能并入公司销售商铺的收入总额中，公司应以折扣后的销售金额 85 万元作为所得税应税收入。转租收入 5 万元应在满足收入确定条件后，计入当年度应纳税所得额。则 A 公司当年应纳税所得额 = 85+5=90（万元），扣除租赁支出 3 万元、开发产品成本、税金及费用后，即可计算出应纳企业所得税税额。

11.5.6　土地增值税

上例中，A 公司销售不动产计征增值税的销售额为 100 万元，所得税计税收入为 85 万元，在计算土地增值税时应以哪一项数据作为纳税人转移房地产取得的收入呢？《中华人民共和国土地增值税暂行条例》第五条规定，纳税人转让房地产取得的收入，包括货币收入、实物收入和其他收入。

所以 A 公司销售商铺时不确定的转租收益不能作为其他收入计入土地增值税的应税收入中。因此，计算土地增值税时，应以 85 万元作为纳税人转让房地产取得的收入额。

11.6　房企代垫首付和购房返税的税务处理

11.6.1　代垫首付

针对二套房按揭贷款首付不低于 40% 的政策，某房地产开发企业推出了代业主垫付两成首付款的补贴办法。

例如，某客户购买一套价值 100 万元的房产，属其第 2 套房，该客户按照政策规定至少首付 5 成，即 50 万元。可该客户拿不出如此多的首付款，于是房地产企业仅收取其 3 成首付款，即 30 万元，然后自行垫付 20 万元，帮助该客户成功贷款购房。双方约定，对房地产企业垫付的钱，在 1 年后交房时由该客户归还并按银行同期贷款利率计算利息。

另外，房地产企业代客户垫付首付款的前提是与客户签订资金垫付协议，根据协议约定，客户必须在房地产企业规定时限内（一般在交房前）将首付款全额补上，房地产企业再向客户正式交房。此垫付协议也属于企业经营的一部分，财务处理上应当计入其他应收款核算。将来实际收款时直接冲减其他应收款，与预售收入无关，不需要另做纳税处理。但是，房地产企业收取的垫付资金利息和客户不按期还款的违约金，按照增值税相关法规规定，将资金贷于他人使用同样要缴纳增值税。

11.6.2 购房返税

举一个例子，某市规定，购买 90 平方米以下的普通住房可以减按 1% 的征收率征收契税。某房地产企业开发的住宅项目虽不符合要求，但同样使用了购房返税的口号：购买该企业开发的 140 平方米以上户型，只需缴纳 1% 的契税，额外契税由企业代客户支付。仍以一套价值 100 万元的商品房为例，客户应缴契税 3 万元，办理房产证时客户仅支付 1 万元，另外 2 万元由房地产企业承担。该销售方式下，企业实际收入仅 98 万元，但申报增值税还应当按 100 万元计算缴纳。

11.7 合作建房的税务处理

11.7.1 企业所得税的处理

31 号文件第三十六条规定，企业以本企业为主体联合其他企业、单位、个人合作或合资开发房地产项目，且该项目未成立独立法人公司的，按下列规定进行处理。

（1）凡开发合同或协议中约定向投资各方（即合作、合资方，下同）分配开发产品的，企业在首次分配开发产品时，如该项目已经结算计税成本，其应分配给投资方开发产品的计税成本与其投资额之间的差额计入当期应纳税所得额；如未结算计税成本，则将投资方的投资额视同销售收入进行相关的税务处理。

（2）凡开发合同或协议中约定分配项目利润的，应按以下规定进行处理。

①企业应将该项目形成的营业利润额并入当期应纳税所得额统一申报缴纳企业所得税，不得在税前分配该项目的利润。同时不能因接受投资方投资额而在成本中摊销或在税前扣除相关的利息支出。

②投资方取得该项目的营业利润应视同股息、红利进行相关的税务处理。

31 号文件第三十七条规定，企业以换取开发产品为目的，将土地使用权投资其他企业房地产开发项目的，按以下规定进行处理：企业应在首次取得开发产品时，将其分解为转让土地使用权和购入开发产品两项经济业务进行所得税处理，并按应从该项目取得的开发产品（包括首次取得的和以后应取得的）的市场公允价值计算确认土地使用权转让所得或损失。

11.7.2　案例分析：合作建房税务处理

1. 案例介绍

乙单位准备以 2 000 万元人民币投资甲房地产公司（以下简称“甲公司”）的某住宅开发项目，双方约定不成立独立法人项目公司，由甲公司独立开发，投资方案拟订如下。

方案一：项目实现利润按各自投资资金比例分红，项目利润为 1 500 万元，乙单位享有 1 000 万元。

方案二：乙单位按照投资比例分配开发产品，假定该投资项目单位住宅计税成本为 45 万元，单位住宅销售价格为 75 万元，乙单位享有 40 套单位住宅。

请针对这两种方案进行税务处理分析。

2. 税务处理分析

（1）方案一的税务处理分析。

根据《中华人民共和国企业所得税法》及《中华人民共和国企业所得税法实施条例》的规定，居民企业直接投资于其他居民企业取得的股息、红利等权益性投资收益为免税收入。由于股息、红利是从被投资企业税后利润中分配的，投资方取得该项目的营业利润视同股息、红利，属于免税收入。

基于以上政策规定，乙单位所享有的 1 000 万元利润分成只能是甲公司开发该项目的税后利润，乙单位不需要按照“利息、股息、红利所得”计算缴纳企业所得税，乙单位净利润为 1 000 万元。甲公司不允许税前列支此 1 000 万元的利润分成，相当于在缴纳企业所得税前支付乙单位红利 =1 000÷（1-25%）≈1 333.33（万元）。甲公司可实现净利润 =1 500×（1-25%）-1 000=125（万元）。

（2）方案二的税务处理分析。

乙单位所享有的 40 套住宅计税成本 =45×40=1 800（万元），正常销售

价格 =75×40=3 000（万元）。根据以上规定，乙单位相当于以 2 000 万元购入了 40 套成本为 1 800 万元的房产，获得了市场价值为 3 000 万元的单位住宅。

假设乙单位已将 40 套房产销售完毕，不考虑其他因素，其净利润 =（3 000-2 000）×（1-25%）=750（万元）。

对甲公司来说，正常项目利润为 1 500 万元，除去乙单位分成部分，可保留利润 =1 500-（3 000-1 800）=300（万元）。但是需要将乙单位开发产品的分成部分调整增加应纳税所得额，分配给乙单位开发产品的计税成本与其投资额之间的差额 =2 000-1 800=200（万元），调整增加应纳税所得额 200 万元，当期应纳税所得额 =300+200=500（万元），甲公司净利润 =（300+2 000-1 800）×（1-25%）=375(万元)。

从以上两种方案的税务处理分析来看，甲公司和乙单位的税负和税后利润都不一样。

11.8 房地产企业汇算清缴中的成本与收入的税务处理

11.8.1 房地产企业不同阶段的收入处理

从账务处理上来看，一般销售的开发产品没有收完全款不会交付入住，即符合企业会计准则收入确认条件的规定时，企业方结转收入，否则，不论是未完工处于建造阶段的开发产品还是完工后未交付的开发产品，其所收取的款项一概反映在“预收账款”科目。

税务处理上，根据国税发〔2009〕31 号第二章“收入的税务处理”第六条规定，企业通过正式签订《房地产销售合同》或《房地产预售合同》所取得的收入，应确认为销售收入的实现。

所以这二者的区别是明显的，既不能站在会计的角度上理解税法，也不能将《国家税务总局关于确认企业所得税收入若干问题的通知》（国税函〔2008〕875 号）规定企业销售商品的同时满足的条件理解为同样适用于确认房地产企业所得税收入。

以 A 房地产企业为例，2019 年度完工交付 B 项目预收收入 10 000 万元，其中上年收入 4 000 万元；完工未交付 C 项目预收收入 6 500 万元，其中上年收入 2 500 万元；在建 D 项目预收收入 3 500 万元。2019 年 12 月，A 房地产企业结转 B 项目销售收入 10 000 万元，销售成本 7 500 万元。该企业各项目预计计税毛利率均为 15%，税金暂只计算增值税，按扣减 5% 预缴增值税的方式计征，不考虑期间费用。

B 项目开发产品，会计上已经结转收入，且收取的预收款符合 31 号文件确认收入的条件，确认所得税收入 10 000 万元，确认结转成本 7 500 万元。

若 B 项目所收取的预收款中 4 000 万元已经按照预计计税毛利率在上一年度汇算清缴中进行过纳税调整，则在 2019 年度应做纳税调减处理。

B 项目汇算清缴应纳税所得额 =（10 000−7 500−10 000×5%）−（4 000×15%−4 000×5%）=2 000−400=1 600（万元）。

C 项目开发产品，不具备会计准则收入确认条件，会计上尚未结转收入，但是按照 31 号文件所得税收入确认条件，应确认企业所得税收入为 6 500 万元。

对于 C 项目所得税汇算，要注意不能再按照预计计税毛利率 15% 来进行计算了。

开发产品完工后，企业应及时结算其计税成本并计算此前销售收入的实际毛利额，同时将其实际毛利额与其对应的预计毛利额之间的差额，计入当年度企业本项目与其他项目合并计算的应纳税所得额。

由于 C 项目上年度所收取的预收款中 2 500 万元按照预计计税毛利率在上一年度汇算清缴中进行过纳税调整，在 2019 年度应做纳税调减处理。

若 C 项目已知实际计税成本为 4 550 万元，则 C 项目汇算清缴应纳税所得额 =（6 500−4 550−6 500×5%）−（2 500×15%−2 500×5%）=1 625−250= 1 375（万元）。

在建 D 项目预收收入为 3 500 万元，会计上不结转收入，也无法计算计税成本。但是其符合 31 号文件所得税收入确认条件，应确认企业所得税收入为 3 500 万元。其中由于其属于未完工开发产品，企业销售未完工开发产品取得的收入，应先按预计计税毛利率计算出预计毛利额，计入当期应纳税所得额。所以D项目汇算清缴应纳税所得额=3 500×15%-3 500×5%=350（万元）。

不考虑期间费用，A房地产企业2019年度应纳税所得额=1 600+1 375+350=3 325（万元）。

11.8.2 年终汇算清缴不能忽视的完工条件

开发产品符合下列条件之一的，应视为已经完工。

（1）开发产品竣工证明材料已报房地产管理部门备案。

（2）开发产品已开始投入使用。

（3）开发产品已取得了初始产权证明。

以上3个条件如果同时满足，以最早的一个时点确定开发产品完工时点，这与会计核算不同。

房地产开发企业建造、开发的开发产品，无论工程质量是否通过验收合格，或是否办理完工（竣工）备案手续以及会计决算手续，当其开发产品开始投入使用时均应视为已经完工。房地产开发企业应按规定及时结算开发产品计税成本，并计算企业当年度应纳税所得额。

“开发产品开始投入使用”是指房地产开发企业开始办理开发产品交付手续（包括入住手续）或已开始实际投入使用。

开发产品完工前，依据预计计税毛利率确定应纳税所得额，收入是重点，对于成本，税务检查关注力度小。开发产品完工后，依据实际成本确定应纳税所得额，成本为重点。

开发产品完工前发生的成本费用通过“开发成本”科目反映，具体包括土地征用费及拆迁补偿费、前期工程费、建筑安装工程费、基础设施建设费、公共配套设施费、开发间接费等。

开发产品完工前，由于会计核算不进行损益结转，“开发成本”科目累计借方发生额或期末余额反映了开发产品项目成本费用的实际投入。依据预计计税毛利率核算应纳税所得额时，暂不必考虑实际发生的成本。

开发产品完工后，交付使用时，会计核算上由“预收账款”科目结转到“主营业务收入”科目，“开发成本”归集的成本费用相应按照已售建筑面积占可售建筑面积的比例结转至“主营业务成本”科目。当然，如果企业由于种种原因不进行损益结转，这也并不能减少应纳税所得额，因为开发产品完工后或税法视同完工后不能再依据预计计税毛利率确定应纳税所得额。

以下情况允许预提部分成本费用计入完工产品的计税成本。

（1）出包工程未最终办理结算而未取得全额发票的，在证明资料充分的前提下，其发票不足金额可以预提，但最高不得超过合同总金额的 10%。

（2）公共配套设施尚未建造或尚未完工的，可按预算造价合理预提建造费用。此类公共配套设施必须符合已在售房合同、协议或广告、模型中明确承诺建造且不可撤销，或按照法律法规规定必须配套建造的条件。

（3）应向政府上交但尚未上交的报批报建费用、物业完善费用可以按规定预提。物业完善费用是指按规定应由企业承担的物业管理基金、公建维修基金或其他专项基金。除此之外的建造成本费用以及其他应当取得但未取得合法凭据的，不得计入计税成本。

11.8.3　年终汇算清缴的计税成本的纳税调整

房地产企业年终汇算清缴的纳税调整可以从以下几个方面入手。

（1）计税成本只考虑实际毛利额，不考虑会计实际结转成本。汇算清缴需要根据主营业务成本进行纳税调整。

（2）会计成本年终结算止于资产负债表日，计税成本可以次年 5 月 31 日前任一时点为核算终止日。汇算清缴根据 12 月 31 日的账面数据可在 5 月 31 日前进行纳税调整。

（3）会计成本：未入账的成本费用均可以预提。计税成本：预提成本费用不超过 31 号文件第三十二条规定的范围和标准。所以预提成本汇算清缴也要进行纳税调整。

（4）12 月 31 日至次年 5 月 31 日取得的合法凭据，在会计核算中会作为次年度发生的成本费用或用来冲减预提成本，在税法核算中则可以计入当年度计税成本。所以汇算清缴要注意可以计入计税成本的范围。

核算终止日的规定遵从了《中华人民共和国企业所得税法实施条例》第九条的规定：企业应纳税所得额的计算，以权责发生制为原则，属于当期的收入和费用，不论款项是否收付，均作为当期的收入和费用；不属于当期的收入和费用，即使款项已经在当期收付，均不作为当期的收入和费用。这样就给了房地产企业充分的核算申报时间，即企业可以在年度结束后的 5 个月汇算清缴期内，尽快地完成出包工程结算，索取发票，确定完工项目的计税成本。

例如，A 房地产企业的 C 项目于 2010 年 9 月完工，出包工程合同总金额为 20 000 万元，2010 年 12 月尚未与承包商结算完毕，仅取得的发票的金额为 15 000 万元。为准确核算结转成本，预提成本 5 000 万元，2011 年 2 月取得发票 2 000 万元，2011 年 6 月取得发票 3 000 万元。会计年终结账结转的完工成本预提的成本费用为 5 000 万元。假定企业计税成本核算终止日确定为 2011 年 5 月 31 日，则 2011 年 2 月取得的发票 2 000 万元可以计入计税成本，超过计税成本核算终止日取得的发票 3 000 万元不能够计入计税成本。但是在证明资料充分的情况下，A 房地产企业可以预提合同总金额的 10%，即 2 000 万元计入计税成本。

这样，2010 年 A 房地产企业的 C 项目的计税成本 =15 000+2 000+2 000=19 000（万元）。

11.8.4　未完工开发产品不进行汇算清缴

房地产企业生产的产品比较特殊，其销售往往在产品未完工前就已经开始进行。由于开发产品的制造过程不是以纳税年度为周期的，房地产企业不可能保证在一个纳税年度结束时已实现的销售收入都属于完工产品，往往未完工开发产品的预售收入占有一定比例。企业进行所得税汇算清缴，不仅需要对象的收入已实现，而且还需要对象的成本费用项目能够全部被准确核算出来。

未完工开发产品在纳税年度结束时，只有预售收入，其成本费用项目仍然不能够归集完整，也不能够准确核算出来。因此，纳税年度结束时，仍未完工的开发产品在当年度内预缴的所得税，不能参加当年度的企业所得税汇算清缴。

例如，A 房地产公司截至 2010 年 12 月 31 日，账面共有 2 780 万元的未完工开发产品预售收入。虽然各笔预售收入在发生的当期已按预计计税毛利率计算出预计毛利额，并计入当期应纳税所得额，但在 2010 年度汇算清缴时，预售收入 2 780 万元不能参加当年度的企业所得税汇算清缴。

11.8.5　所得税汇算不同于项目清算

举一个例子，A 房地产企业开发的 B 项目，在 2007 年实现预售收入

1 000 万元，预计计税毛利率为 20%，期间费用及可扣除税金为 150 万元，当年缴纳企业所得税 16.5 万元；2008 年实现预售收入 2 000 万元，预计计税毛利率为 15%，期间费用及可扣除税金为 200 万元，当年缴纳企业所得税 25 万元；2009 年 B 项目竣工交付业主使用，当年实现销售收入 3 000 万元，期间费用及可扣除税金为 250 万元，项目计税成本为 4 200 万元。假设没有其他纳税调整项目，A 房地产企业在 B 项目竣工清算年度，则 2009 年需要缴纳多少企业所得税?

A 房地产企业财务人员认为，B 项目竣工清算共计实现销售收入 =1 000+2 000+3 000=6 000（万元），发生计税成本 4 200 万元，项目期间费用及可扣除税金 =150+200+250=600（万元）。应纳税所得额 = 6 000-4 200-600=1 200（万元），应缴企业所得税 =1 200×25%=300（万元），实际预缴企业所得税 =16.5+25=41.5（万元），项目竣工清算应补缴企业所得税 = 300-41.5=258.5（万元）。但是，这种清算方式是错误的。

正确的项目清算办法如下。

房地产企业开发经营业务的企业所得税处理并不仅着眼于具体项目的损益情况，无论项目是否完工，无论开发产品是预售还是现售，都应当在当年度确认销售收入并汇算清缴企业所得税。该例中，A 房地产企业 2007 年度、2008 年度缴纳的企业所得税实质上是当年度汇算清缴的应纳税额，并非 B 项目完工前的预缴税额。

企业销售未完工开发产品取得的销售收入，应先按预计计税毛利率分季度（或月度）计算出预计毛利额，计入当期应纳税所得额。A 房地产企业 2007 年销售收入对应的应纳税所得额 =1 000×20%-150=50（万元），2008 年销售收入对应的应纳税所得额 =2 000×15%-200=100（万元）。

开发产品完工后，企业应及时结算其计税成本，并计算此前销售收入的实际毛利额，同时将其实际毛利额与对应的预计毛利额之间的差额，计入当年度企业的应纳税所得额。B 项目计税成本为 4 200 万元，实际毛利率 =（6 000-4 200）÷6 000×100%=30%，2007 年、2008 年实际毛利额与预计毛利额的差额分别为 100［1 000×（30%-20%）］万元和 300［2 000×（30%-15%）］万元。毛利总差额为 400（100+300）万元，应当将其计入 2009 年度应纳税所得额。2009 年度应纳税所得额 =3 000-［4 200-3 000×（1-

30%）]-250+400=1 050（万元），应纳所得税 =1 050×25%=262.5（万元）。

以上计算结果与 A 房地产企业财务人员计算结果的差额 = 262.5-258.5=4（万元），形成此差异的原因在于房地产企业对于销售收入的理解不准确，将项目清算与所得税汇算相混淆。该例中，清算仅指项目计税成本的最终结算，涵盖了 3 年的销售期间，而汇算指按照年度分别计算的企业所得税应纳税额，二者不能等同。

11.9 房地产企业与业主间违约金的处理

11.9.1 房地产企业收取业主违约金的处理

房地产开发企业因业主自身原因未及时筹集到购房资金造成违约，收到的违约金是否需要缴纳增值税和企业所得税？

首先，关于增值税，《营业税改征增值税试点实施办法》（财税〔2016〕36 号）第三十七条第（一）款规定：销售额，是指纳税人发生应税行为取得的全部价款和价外费用，财政部和国家税务总局另有规定的除外。

关于客户向企业支付违约金，分以下两种情况。

（1）合同继续执行，即销售行为继续有效，业主支付的违约金属于价外费用，企业需缴纳增值税。

（2）合同终止，即销售行为不再成立，业主支付的违约金属于营业外收入，企业无需缴纳增值税。

其次，关于企业所得税，《中华人民共和国企业所得税法实施条例》（中华人民共和国国务院令〔2007〕512号）第二十二条规定：企业所得税法第六条第（九）项所称其他收入，是指企业取得的除企业所得税法第六条第（一）项至第（八）项规定的收入外的其他收入，包括企业资产溢余收入、逾期未退包装物押金收入、确实无法偿付的应付款项、已作坏账损失处理后又收回的应收款项、债务重组收入、补贴收入、违约金收入、汇兑收益等。

故企业收到的违约金属于实施条例中的“其他收入”，需计入当期应纳税所得额，计算缴纳企业所得税。

11.9.2　房地产企业与购房业主之间发生违约金的涉税处理

《中华人民共和国增值税暂行条例实施细则》第十二条规定，价外费用包括价外向购买方收取的手续费、补贴、基金、集资费、返还利润、奖励费、违约金、滞纳金、延期付款利息、赔偿金、代收款项、代垫款项、包装费、包装物租金、储备费、优质费、运输装卸费以及其他各种性质的价外收费。由此可见，违约金也是价外费用的一个重要构成内容，那么，房地产企业同购房业主之间发生的违约金是否都属于价外费用，都需要开具发票呢？

第一种情形：合同已解除，业主支付违约金给房地产企业。

案例 1：房地产企业同业主甲签订了商品房销售合同，业主甲缴纳了 1 万元定金，约定的付款期限届满时，业主甲因为个人原因未能履行合同，房地产企业将该定金没收，根据合同约定作为违约金处理。

分析：由于双方合同解除，也就是说合同未履行，交易行为实质上并没有发生，根据《中华人民共和国增值税暂行条例实施细则》规定，房地产企业与业主甲彼此之间没有发生销售房屋，也没有发生其他应税服务行为，则该违约金不属于价外费用的范畴。

财税处理如下。

（一）增值税及发票处理

（1）房地产企业收到违约金，不属于增值税的应税范畴，不需要缴纳增值税。

（2）房地产企业不需要开具发票，直接向业主甲提供收款收据即可。

（二）企业所得税

房地产企业收到违约金，应计入“营业外收入”科目核算并计算缴纳企业所得税。

（三）土地增值税

因该房地产企业收到的违约金不属于地产企业的价外费用，当然也不涉及土地增值税。

第二种情形：合同已经履行，房地产企业向业主支付违约金。

案例 2：房地产企业同业主乙签订了商品房销售合同，约定 2019 年 3 月 31 日前交房，但由于房地产企业原因，造成交房延误至 10 月 31 日，按照销售合同约定，房地产企业应向业主乙支付违约金 2 000 元。

分析：根据上述细则规定，违约金是价外向购买方收取的，但本案中是销售方（房地产企业）向购买方（业主乙）支付的，同房款支付方向相反，也就是说支付方向同主合同价款不一致，那么这里支付的违约金也不属于价外费用。

财税处理如下。

（一）增值税及发票处理

（1）购买方收到的违约金不属于增值税应税行为，当然也不需要缴纳增值税。

（2）购买方收到违约金后直接开具收据给支付方即可，作为房地产公司凭借收据入账。

（二）企业所得税

地产企业支付的违约金，计入“营业外支出”科目核算，同时可以在企业所得税前正常扣除。

（三）购买方涉及的所得税

这里需要注意，业主收到的违约金，如果购买方为自然人，取得这部分违约金，应按照“偶然所得”缴纳个人所得税，税款由房地产企业代扣代缴；如果购买方为企业，取得这部分违约金，应计入“营业外收入”科目核算缴纳企业所得税。

第三种情形：合同已经履行，业主根据销售合同的约定向房地产企业支付违约金。

案例 3：房地产企业销售房屋给业主丙，双方约定了分期付款，但由于业主丙的原因未及时付款，根据销售合同约定，业主丙向房地产企业支付违约金 1 万元。

分析：合同已经履行，交易正常发生，业主丙支付违约金给房地产企业，同房款支付方向一致，因此属于上述细则规定的价外费用范畴。

财税处理如下。

（一）增值税及发票处理

（1）房地产企业收到的违约金属于增值税应税行为，应当按照房屋销售的税率（9% 或 5%）交税。

（2）房地产企业收到违约金的纳税义务发生时间同房屋销售的纳税义发生时间应保持一致，以约定和收取的时间为准。

（3）房地产企业收到违约金，应当正常开具发票，选择的开票编码应该同"销售不动产"选择的编码一致。如果业主为个人开具普通发票，如果业主为企业，也可以根据要求开具专用发票。也就是说违约金应该同销售房屋开具的发票保持一致，如果开具的是专用发票，那么购买方取得价外费用的专用发票正常可以抵扣进项税额。

（二）企业所得税

房地产企业收到业主违约金，同房款支付方向一致，属于房屋销售的价外费用，应该同房屋销售收入一并计算缴纳企业所得税。

（三）土地增值税

因该违约金属于房地产企业的价外费用，所以应该连同房屋销售价款一并缴纳土地增值税。

第四种情形：合同已经履行，双方单独签署借款协议，业主支付房地产公司延期付款利息。

案例 4：房地产企业销售房屋给业主丁，双方约定了分期付款，但由于业主丁自身的原因未及时付款，双方单独又签署了借款协议，约定业主丁向房地产企业支付延期付款利息 2 万元。

分析：延期付款利息其实也属于违约金的一种特殊情况，只是它和违约金的计算方法不同。如果未在销售合同中约定，而是到了应付款时，双方单独签订了借款协议，则该延期付款利息不属于价外费用的范畴，这是与上述案例 3 的不同之处。也就是说，案例 3 在主合同中做了约定，就属于价外费用；本案例是主合同之外，双方单独签订的协议，则不属于价外费用。

财税处理如下。

（一）增值税及发票处理

（1）房地产企业收到的违约金属于增值税应税行为，应当按照借款利息（一般纳税人的 6%）的税率交税。

（2）房地产企业收到违约金的纳税义务发生时间根据双方单独签订的借款

协议约定的时间为准。

（3）房地产企业收到违约金，应当正常开具发票，选择的开票编码为“资金占用费”的编码。

（二）企业所得税

房地产企业收到的违约金属于“其他业务收入”范畴，应并入企业的应纳税所得额合并缴纳企业所得税。

（三）土地增值税

因该延期付款利息不属于地产企业房屋销售的价外费用，房地产企业收到该延期付款利息当然也不用缴纳土地增值税。

由上述 4 个案例可以发现，虽然都涉及房地产企业同购房业主之间的违约金，但由于业务实质不同，支付方向不同，合同约定不同，不能一概而论其是否都属于价外费用，或者都应该开具发票或者不开具发票，以及是否都需要缴纳相关税费，而需要在实务工作中仔细甄别，以免给企业带来不必要的损失和麻烦。

11.10 房地产预收的诚意金、订金、定金的处理

11.10.1 定金的税务处理

所谓“定金”，其法律定义是指合同当事人为保证合同履行，由一方当事人预先向对方交纳一定数额的钱款。即有合同为前提，没有合同则不可定义为“定金”。依据《中华人民共和国合同法》相关规定，一方违约时，双方有约定的按照约定执行；如果无约定，销售者违约时，定金双倍返还；消费者违约时，定金不返还。定金的总额不得超过合同标的的 20%。定金具有担保性质。

根据企业会计准则的规定，“预收账款”科目核算企业按照合同规定向购货单位预收的款项。即预收账款是建立在购货合同基础上的。由于定金的收取是签了合同的，就要征收企业所得税。预收定金的增值税纳税义务发生时间为收到

预收定金的当天。

因此，一般情况下，发生应税行为前收到的款项不能以收到款项的当天确认纳税义务发生时间。但是，纳税人转让土地使用权或者销售不动产，采取预收款方式的，其纳税义务发生时间为收到预收款的当天。

基于以上政策规定，预收定金必须要缴纳企业所得税和增值税。

11.10.2　订金（保证金、诚意金、VIP 卡）的税务处理

订金并不是一个规范的概念，在法律上仅具有预付款的性质，是预付款的一部分，是当事人的一种支付手段。如果合同履行，订金可充抵房款，不履行也不能适用“定金双倍返还罚则”。支付订金只是单方行为，不具有担保性质。

订金、诚意金均不具有建立在购房合同上的预收款性质，在合同签订日之前，企业所得税、增值税应税行为尚未成立，不应作为预收账款征收销售不动产的增值税和企业所得税。订金暂时可以计入“其他应付款”科目。

但是，一旦签了合同，订金（保证金、诚意金、VIP 卡）就要从“其他应付款”科目转到“预收账款”科目，并据以缴纳企业所得税和增值税。需要注意的是，签了合同把订金计入“其他应付款”科目的处理方式是错误的，这也是税务机关检查的重点。

11.11　“还本”方式销售建筑物的税务处理

11.11.1　“还本”方式销售建筑物的概念

以“还本”方式销售建筑物，是指商品房经营者在销售建筑物时，许诺若干年后可将房屋价款归还购房者。这是经营者为了加快资金周转而采取的一种促销手段。

11.11.2 “还本”方式销售建筑物的税务处理

对以“还本”方式销售建筑物的行为，应按向购买者收取的全部价款和价外费用征收增值税，不得减除所谓“还本”支出。

11.12 房地产开发企业不同拆迁补偿方式的税务处理

11.12.1 产权调换方式下的税务处理

在产权调换方式下，房地产开发企业用于拆迁补偿的开发产品将涉及增值税、土地增值税和企业所得税问题。

1. 增值税

房地产开发企业拆迁补偿采用产权调换方式，即“拆一还一”的行为。从实质上看，该行为属于房地产开发企业以自己的开发产品抵偿债务的行为，按照税法规定，应申报缴纳增值税。

2. 土地增值税

根据《国家税务局关于印发〈土地增值税清算管理规程〉的通知》（国税发〔2009〕91号）第十九条规定，房地产开发企业将开发产品用于职工福利、奖励、对外投资、分配给股东或投资人、抵偿债务、换取其他单位和个人的非货币性资产等，发生所有权转移时应视同销售房地产，其收入按下列方法和顺序确认。

（1）按本企业在同一地区、同一年度销售的同类房地产的平均价格确定。

（2）由主管税务机关参照当地当年、同类房地产的市场价格或评估价值确定。

由于从产权调换补偿的性质上看，属于以开发产品换取其他单位和个人的非货币性资产性质，房地产开发企业应按照上述规定进行土地增值税处理。

3. 企业所得税

在产权调换方式下，处理企业所得税税务时，一般情况下做非货币性交易，即“以物易物”处理（拆迁补偿为房地产企业“存货 / 开发成本”的组成部分，可视为以开发产品换入存货），非货币性交易的企业所得税处理按照下述政策执行。

31 号文件第七条规定，企业将开发产品用于捐赠、赞助、职工福利、奖励、对外投资、分配给股东或投资人、抵偿债务、换取其他企事业单位和个人的非货币性资产等行为，应视同销售，于开发产品所有权或使用权转移，或于实际取得利益权利时确认收入（或利润）的实现。确认收入（或利润）的方法和顺序如下。

（1）按本企业近期或本年度最近月份同类开发产品市场销售价格确定。

（2）由主管税务机关参照当地同类开发产品市场公允价值确定。

（3）按开发产品的成本利润率确定。开发产品的成本利润率不得低于 15%，具体比例由主管税务机关确定。

产权调换方式同时涉及换入资产的计税成本确认问题，目前并无专门政策文件进行规范。但可以参考 31 号文件中关于以土地换取开发产品的规定。

企业、单位以换取开发产品为目的，将土地使用权投资房地产开发项目的，按以下规定进行处理。

企业、单位应在首次取得开发产品时，将其分解为转让土地使用权和购入开发产品两项经济业务进行所得税处理，并按应从该项目取得的开发产品（包括首次取得的和以后应取得的）的市场公允价值计算确认土地使用权转让所得或损失。

结合以上规定，房地产企业应在交付开发产品时，将交付开发产品分解为按市场公允价值销售该项目应分出的开发产品和购入存货两项经济业务进行所得税处理，并将购入存货的价值计入该项目的成本，该存货的计税成本即所换出的开发产品的市场公允价值。

11.12.2　案例分析：产权调换方式下的税务处理

A 房地产企业通过出让方式取得一块国有土地，并负责该块土地上的拆迁安置工作。根据土地使用权出让合同的约定，该房地产企业在出让地块上应建设30万平方米的安置房用于与被拆迁户进行产权调换。以一户被拆迁户的具体情况举例。该被拆迁户B（个人）原有房屋的建筑面积为65平方米。经市拆迁办聘请的第三方中介机构进行评估，被拆迁户房屋的评估价格为4 600元/平方米。考虑到调换房屋和被拆迁房屋在结构和配套方面的差异，A房地产企业与该被拆迁户B达成以下拆迁补偿协议。

一是按被拆迁户房屋实际建筑面积进行产权调换。

二是等面积补偿部分，被拆迁户应向房地产企业支付200元/平方米的结构差价。

三是调换面积低于被拆迁面积的，房地产企业按4 600元/平方米向被拆迁户支付拆迁补偿。

四是超过拆迁面积部分，10平方米以内的，被拆迁户按5 500元/平方米向房地产企业支付补差款；超过10平方米的，被拆迁户应按市场价格6 100元/平方米向房地产企业支付价款。

最终，该被拆迁户B通过产权调换取得了一套80平方米的房屋，根据拆迁补偿协议规定，被拆迁户B向A房地产企业支付了98 500元。经核定，同类房屋的建造成本为2 100元/平方米（不含地价），含地价成本为3 600元/平方米。

（1）增值税的税务处理。

房地产企业通过产权调换以取得经济利益的行为属于增值税“销售不动产”的征税范围，应缴纳增值税。

①等面积部分。

等面积部分为65平方米。对偿还面积与拆迁建筑面积相等的部分，由当地税务机关按同类住宅房屋的成本价核定计征增值税。这里对于成本价的理解有两种：一是不含地价的工程建造成本，即2 100元/平方米，二是含地价的房屋完全成本，即3 600元/平方米。从目前的征税实践来看，大多数是采用不含地价的工程建造成本作为增值税的计税依据。

考虑到等面积部分被拆迁户还应向房地产开发企业支付200元/平方米的结构差价，房地产企业对于这个结构差价也应缴纳增值税。因此，等面积部分的增值税计税依据就是149 500（65×2 100+65×200）元。

②超面积部分。

根据拆迁补偿协议，10 平方米以内的，被拆迁户按 5 500 元 / 平方米向房地产企业支付补差款；超过 10 平方米的，被拆迁户应按市场价格 6 100 元 / 平方米向房地产企业支付价款。因此，超面积部分的增值税计税依据为 85 500（10×5 500+5×6 100）元。

总体增值税的计税依据为 235 000（149 500+85 500）元，应缴纳增值税 21 150（235 000×9%）元。

（2）土地增值税的税务处理。

按 1% 进行预征，计税依据同增值税，最终按项目进行清算。因此，应预征土地增值税 2 350（235 000×1%）元。

（3）企业所得税的税务处理。

房地产企业将房屋进行产权调换，在企业所得税上应视同销售处理。

对于等面积补偿部分，由于在进行产权调换时，对双方房屋的价格都进行了评估，被拆迁户房屋的评估价格为 4 600 元 / 平方米，考虑到结构差价，等面积部分为 4 800 元 / 平方米，不超过 10 平方米的部分为 5 500 元 / 平方米，超过 10 平方米的部分为 6 100/ 平方米。因此，该 80 平方米房屋的企业所得税视同销售的价格为 397 500（65×4 800+10×5 500+5×6 100）元，应缴纳企业所得税 99 375（397 500×25%）元。

11.12.3　作价补偿方式下的涉税处理

对于政府收回国有土地使用权而给予土地补偿款的涉税处理，在实践中，政府收回国有土地使用权，经过招挂拍程序，摘牌企业向政府的土地储备中心交纳一定的土地使用权出让金，办理土地使用权过户手续，同时，摘牌企业必须向被政府收回土地使用权的原土地使用者支付一定的土地补偿费用。对于该笔土地补偿费用，摘牌企业应如何进行税务处理？

（1）土地补偿款的增值税处理：免征增值税。

财税〔2016〕36 号附件 3 中《营业税改征增值税试点过渡政策的规定》第一条第（三十七）项规定：土地所有者出让土地使用权和土地使用者将土地使用权归还给土地所有者，免增值税。基于此政策规定，被政府收回土地使用权的原土地使用者收到摘牌企业支付一定的土地补偿费用免增值税。

（2）土地增值税的处理：免征土地增值税。

从土地增值税方面来讲，目前的政策只对因国家建设需要和城市实施规划搬迁而补偿的免征。《中华人民共和国土地增值税暂行条例》（国务院令〔1993〕第138号）第八条第（二）项规定：因国家建设需要依法征用、收回的房地产免征土地增值税。《中华人民共和国土地增值税暂行条例实施细则》第十一条第三款规定：条例第八条第（二）项所称的因国家建设需要依法征用、收回的房地产，是指因城市实施规划、国家建设的需要而被政府批准征用的房产或收回的土地使用权。因城市实施规划、国家建设的需要而搬迁，由纳税人自行转让原房地产的，比照本规定免征土地增值税。符合上述免税规定的单位和个人，须向房地产所在地税务机关提出免税申请，经税务机关审核后，免予征收土地增值税。而且《财政部 国家税务总局关于土地增值税若干问题的通知》（财税〔2006〕21号）第四条关于因城市实施规划、国家建设需要而搬迁，纳税人自行转让房地产的征免税问题规定如下：《中华人民共和国土地增值税暂行条例实施细则》第十一条第四款所称：因“城市实施规划”而搬迁，是指因旧城改造或因企业污染、扰民（指产生过量废气、废水、废渣和噪声，使城市居民生活受到一定危害），而由政府或政府有关主管部门根据已审批通过的城市规划确定进行搬迁的情况；因“国家建设的需要”而搬迁，是指因实施国务院、省级人民政府、国务院有关部委批准的建设项目而进行搬迁的情况。因此，对国家建设需要而搬迁的，强调的是国务院、省级人民政府、国务院有关部委批准的建设项目，对城市实施规划搬迁的原因也进行了界定。但是现实中被依法收回而搬迁的原因是相当复杂的，如因产业结构调整、国有企业改制等收回的国有划拨建设用地，市、县人民政府批准的建设项目依法收回等，这些能否免征土地增值税没有明确规定。

基于以上政策规定，被政府收回土地使用权的原土地使用者收到摘牌企业支付一定的土地补偿费用是免征土地增值税的。

（3）企业所得税的处理。

《关于企业政策性搬迁所得税管理办法》（国家税务总局公告2012年第40号）和《关于企业政策性搬迁所得税有关问题的公告》（国家税务总局公告2013年第11号）的规定，被政府收回土地使用权的原土地使用者收到摘牌企业支付一定的土地补偿费用，应该扣除相关的成本后缴纳企业所得税。

11.13　售房部（接待处）、样板房的税务处理

11.13.1　开发产品计税成本支出的内容

31 号文件第二十七条规定，开发产品计税成本支出的内容包括：土地征用费及拆迁补偿费、前期工程费、建筑安装工程费、基础设施建设费、公共配套设施费和开发间接费六大项。其中，开发间接费指企业为直接组织和管理开发项目所发生的，且不能将其归属于特定成本对象的成本费用性支出，主要包括管理人员工资、职工福利费、折旧费、修理费、办公费、水电费、劳动保护费、工程管理费、周转房摊销以及项目营销设施建造费等。

11.13.2　售房部（接待处）和样板房的税务处理

开发企业建造的售房部（接待处）和样板房，凡能够单独作为成本对象进行核算的，可按自建固定资产进行处理，其他一律按建造开发产品进行处理。售房部（接待处）、样板房的装修费用，无论数额大小，均应计入其建造成本。31 号文件取消了售房部（接待处）按自建固定资产处理的做法。

因此，售房部（接待处）、样板房的装修费用都应计入开发间接费。

11.14　预收款的税务处理

11.14.1　预收款应确认为销售收入的实现

根据 31 号文件第六条规定：“企业通过正式签订《房地产销售合同》或《房地产预售合同》所取得的收入，应确认为销售收入的实现。”这里没有再提及预收款，而强调了应确认为收入，所以房地产企业通过正式签订《房地产销售合同》

或《房地产预售合同》所取得的收入，可作为广告费、业务宣传费和业务招待费的计算基数。

11.14.2　预售收入的税务处理

根据《中华人民共和国企业所得税法实施条例》规定，企业发生的与生产经营活动有关的业务招待费支出，按照发生额的 60% 扣除，但最高不得超过当年销售（营业）收入的 5‰。企业发生的符合条件的广告费和业务宣传费支出，除国务院财政、税务主管部门另有规定外，不超过当年销售（营业）收入 15% 的部分，准予扣除；超过部分，准予在以后纳税年度结转扣除。按照 31 号文件的有关规定，房地产开发企业只有取得的开发产品收入才可确认为销售收入。

因此，房地产开发企业取得的预售收入可以作为业务招待费、广告费和业务宣传费的扣除基数，不过在汇算清缴时应进行纳税调增，等到完工后，从“预收账款”科目结转至“主营业务收入”科目的年度的汇算清缴时，应该进行纳税调减。

11.15　房地产企业销售未完工产品的税务处理

11.15.1　销售未完工开发产品取得的收入

31 号文件第九条规定：“企业销售未完工开发产品取得的收入，应先按预计计税毛利率分季（或月）计算出预计毛利额，计入当期应纳税所得额。开发产品完工后，企业应及时结算其计税成本并计算此前销售收入的实际毛利额，同时将其实际毛利额与其对应的预计毛利额之间的差额，计入当年度企业本项目与其他项目合并计算的应纳税所得额。”第十二条规定：“企业发生的期间费用、已销开发产品计税成本、增值税、土地增值税准予当期按规定扣除。”

11.15.2　销售未完工产品的税务处理

11.15.1 小节中的两条规定表明，房地产企业销售未完工开发产品，在计算预计毛利额的同时，可以扣除已缴纳的税金及附加、土地增值税，遵循了收付实现制的会计基础。但在实际操作中，许多房地产企业对未完工开发产品已缴纳的税金及附加、土地增值税遵循权责发生制的会计基础，财务上不计入当期损益，而先归集在“应交税费”科目的借方，或转入资产类科目，等完工后再配比转入损益表“税金及附加”科目，计算会计利润。即未完工开发产品预缴的地方税金，完工前以负数反映在资产负债表“应交税费”科目或资产类科目，不在损益表“税金及附加”科目中反映，而在开发产品完工后再结转到“税金及附加”科目。

账务上如此处理，造成企业申报预计毛利额时已税前扣除的税金及附加、土地增值税，在完工后转入当期损益，可能导致重复税前扣除。依据 31 号文件第九条的规定，开发产品完工后，只要计算实际毛利额与其对应的预计毛利额之间的差额，并将其计入应纳税所得额即可。在这种情况下，企业如果重复扣除税金及附加、土地增值税，就可能导致少缴企业所得税。

1. 并入当期会计损益的处理

房地产企业销售未完工开发产品取得收入后，缴纳的税金及附加、土地增值税，会计处理上直接记入“税金及附加”科目，并计入当期会计损益。进行企业所得税处理时，不再单独进行纳税调整。所得税申报时，可以直接按照 31 号文件第九条的规定，销售未完工开发产品时计算出预计毛利额，计入当期应纳税所得额。完工后，计算出实际毛利额与其对应的预计毛利额之间的差额，计入应纳税所得额。

按季度（月度）申报时，可以参考公式：会计利润 + 本期销售未完工产品收入 × 预计计税毛利率 – 完工产品会计核算转销售收入 × 预计计税毛利率。

汇算清缴填写申报表时，销售未完工开发产品取得的收入，可以作为计提业务招待费、广告费和业务宣传费的基数，但开发产品完工后会计核算转销售收入时，已作为计提基数的未完工开发产品销售收入不得重复计提业务招待费、广告费和业务宣传费。

可将销售未完工产品收入减去完工产品会计核算转销售收入的差额（可以是负数）计入其他视同销售收入，同时在其他视同销售成本中填入“销售未完工

产品收入 ×（1- 预计计税毛利率）- 完工产品会计核算转销售收入 ×（1- 预计计税毛利率）”的差额（可以是负数）。完工产品会计核算转销售收入，仅指按照31号文件已经确认为企业所得税收入，并且已作为计提广告费、业务招待费、业务宣传费基数的完工开发产品预收收入额。

2. 不并入当期会计损益的处理

房地产企业销售未完工开发产品取得收入后缴纳的增值税及附加、土地增值税，会计处理上不计入当期会计损益。此种情况下容易出现以下问题：一是有些企业开发产品完工后已经税前扣除的税金及附加没有转回，造成重复扣除，导致少缴企业所得税；二是有些企业销售未完工开发产品取得收入根本没有税前扣除缴纳的税金及附加，造成应扣未扣，导致多缴企业所得税。

所得税申报在计算出未完工产品的预计毛利额并计入当期应纳税所得额时，要减去已经缴纳的增值税及附加、土地增值税；开发产品完工后，计算实际毛利额与其对应的预计毛利额之间的差额时，要将已经税前扣除的完工开发产品相应的增值税及附加、土地增值税转回，计入应纳税所得额。

按季度（月度）申报时，可以参考公式：会计利润 +（本期销售未完工产品预收账款 × 预计计税毛利率 - 已缴纳的相应增值税及附加、土地增值税）-（本期完工产品对应预收账款 × 预计计税毛利率 - 已扣除的相应增值税及附加、土地增值税）。

汇算清缴填表时，计入其他视同销售收入和其他视同销售成本的口径与并入当期会计损益的处理情况一致，但是在其他调整事项中，应将销售未完工产品增值税及附加、土地增值税作为应纳税所得额的调减数，将完工开发产品已扣除的增值税及附加、土地增值税作为应纳税所得额的调增数。

11.15.3 案例分析：销售未完工产品的税务处理

某房地产公司于2017年成立，2018年销售未完工产品取得收入1.2亿元，记入“预收账款”科目贷方，缴纳增值税及附加、土地增值税共846万元，缴纳期间费用200万元。2019年，该公司2018年度销售的未完工产品全部完工，并且销售未完工产品取得收入1.5亿元，缴纳增值税及附加、土地增值税共1 057.5万元，完工产品的计税成本为9 600万元，期间费用为350万元。假设没有其他纳税调整事项，预计计税毛利率为 15%。

1. 并入当期会计损益的处理

销售未完工产品缴纳增值税及附加、土地增值税，在缴纳当期记入“税金及附加”科目。

（1）2018 年应纳所得税申报如下。

应纳税所得额 = 未完工产品预计毛利额 + 会计利润 =12 000×15%+（-846-200）=754（万元）。

应纳所得税 = 754×25%=188.5（万元）。

（2）2019 年应纳所得税申报如下。

应纳税所得额 = 2019 年度未完工产品预计毛利额 + 会计利润 -2019 年度完工产品预计毛利额 =15 000×15% +（12 000-9 600-1 057.5-350）-12 000×15%=1 442.5（万元）。

应纳所得税 = 1 442.5×25%=360.625（万元）。

（3）2019 年度汇算清缴申报表填写如下。

“其他视同销售收入”项目中填写金额 =15 000-12 000=3 000（万元）。

“其他视同销售成本”项目中填写金额 =（15 000-12 000）×（1-15%）=2 550（万元）。

2. 不并入当期会计损益的处理

销售未完工产品缴纳增值税及附加、土地增值税，在缴纳当期未记入“税金及附加”科目，开发产品完工后配比转入完工当期“税金及附加”科目。

（1）2018 年应纳所得税申报如下。

应纳税所得额 = 未完工产品预计毛利额 + 会计利润 - 未完工产品缴纳增值税及附加、土地增值税 = 12 000×15%-200-846=754（万元）。

应纳所得税 = 754×25%=188.5（万元）。

（2）2019 年应纳所得税申报如下。

应纳税所得额 =（2019 年度未完工产品预计毛利额 - 未完工产品缴纳增值税及附加、土地增值税）+ 会计利润 -（2019 年度完工产品预计毛利额 - 已扣除的相应的增值税及附加、土地增值税）=（15 000×15%-1 057.5）+（12 000-9 600-846-350）-（12 000×15%-846）=1 442.5（万元）。

应纳所得税 = 1 442.5 × 25%=360.625（万元）。

（3）2019 年度汇算清缴申报表填写如下。

“其他视同销售收入”项目中填写金额 =15 000-12 000=3 000（万元）。

“其他视同销售成本”项目中填写金额 =（15 000-12 000）×（1-15%）= 2 550（万元）。

“其他扣除类调整项目”调增金额 846 万元，调减金额 1 057.5 万元。

第 1 种方法将预缴税金计入当期会计损益，不符合会计规定，但纳税处理没有问题。

第 2 种方法符合会计处理规定，但税务处理相对于第 1 种方法稍微复杂。两种计算公式均不影响每一纳税年度的企业所得税应纳税额。

11.16 售楼部的会计与税务处理

11.16.1 建设售楼部的 4 种情况

建设售楼部的 4 种情况如下。

（1）利用企业开发的商品房临时作为售楼部，待销售基本完成后，再将该售楼部的房屋销售。

（2）利用企业开发的商品房临时作为售楼部，待销售完成后，将其转作自用或出租。

（3）在开发的商品房附近重新修建售楼部，待销售基本完成后，将其转作自用或出租。

（4）在开发的商品房附近重新修建售楼部，待销售完成后，将其拆除。

11.16.2　售楼部的两种会计处理方法

1.“生产成本”（或“开发成本”）核算模式

“生产成本”核算模式适用于 11.16.1 小节中的前 3 种情况。

（1）房地产企业核算售楼部成本，仍然使用“生产成本”（或“开发成本”）会计科目，售楼部建设、装修发生的成本费用均在该科目反映。

（2）当售楼部与其他商品房一起竣工验收时，从“生产成本”（或“开发成本”）科目转入“库存商品”（或“开发产品”）科目。

（3）当售楼部（商品房）销售后，分别结转收入和成本。其成本从“库存商品”（或“开发产品”）科目转入“主营业务成本”科目。

（4）当售楼部转作自用时，其成本从“库存商品”（或“开发产品”）科目转入“固定资产”科目。当售楼部出租时，其成本从“库存商品”（或“开发产品”）科目转入“投资性房地产”科目。

（5）售楼部由开发商自用或出租时，仅仅是计提折旧，不做其他账务处理。

2.“开发成本——开发间接费用——营销设施建造费”核算模式

“开发成本——开发间接费用（营销设施建造费）”核算模式适用于 11.16.1 小节中的第 4 种情况。

（1）修建售楼部的成本费用先在“开发成本——开发间接费用（营销设施建造费）”科目核算。

（2）售楼部拆除时，销售的有关物料收入记入“营业外收入”科目。

11.16.3　售楼部的税务处理

（1）房地产开发企业的售楼部与开发的商品房一起建设时，其售楼部的建设（含装修费）均发包给施工单位完成。支付售楼部工程款时，取得施工单位的建筑业发票即可，不存在涉税处理。如果售楼部的装修由房地产开发企业自行完成（自购材料、自请工人施工），成本记入“开发成本”科目，对于这部分价值，应该补缴建筑业增值税及附加。

（2）重新修建售楼部，在“开发成本——开发间接费用（营销设施建造费）”科目中核算，无论是自建还是发包完成，竣工投入使用时均不存在涉税问题。

（3）房地产开发企业的售楼部与商品房一起建设的，售楼部在使用过程中，从开始使用的次月缴纳房产税。房地产开发企业自用、出租、出借本企业建造的商品房，自房屋使用或交付之次月起计征房产税。房地产开发企业将商品房作售楼部，应自开始使用之次月起缴纳房产税。

（4）将商品房的售楼部和修建的售楼部转作自用或出租时，应该缴纳以下税金。

①售楼部转作自用（办公等）时，根据《中华人民共和国房产税暂行条例》规定，按照其原值的70%的1.2%缴纳房产税。

②售楼部进行出租时，根据《中华人民共和国房产税暂行条例》规定，按照租金收入的12%缴纳房产税；根据《财政部 国家税务总局关于全面推开营业税改征增值税试点的通知》（财税〔2016〕36号）文件等"营改增"政策规定，按照收入缴纳9%的增值税，还应该缴纳城市维护建设税、教育费附加等。

（5）利用商品房的售楼部转作自用时，不应缴纳企业所得税。财税〔2016〕36号文件等"营改增"政策规定，企业将开发产品用于捐赠、赞助、职工福利、奖励、对外投资、分配给股东或投资人、抵偿债务、换取其他企事业单位和个人的非货币性资产等行为，应视同销售，于开发产品所有权或使用权转移，或于实际取得利益权利时确认收入（或利润）的实现。该文件取消了原"将开发产品转作固定资产"这种资产所有权没有发生转移也要视同销售的规定。

"营改增"后，企业将自行开发房产转为自用不符合增值税关于视同销售的规定，不属于视同销售的范围。

（6）销售后的涉税处理。将售楼部销售后，其税务处理与一般商品房销售的一致，即应该缴纳增值税、企业所得税、土地增值税等，并确认收入、结转成本税金。依据31号文件相关规定，已开始投入使用的开发产品应当视为已经完工的开发产品。房地产开发企业按照收入确认原则，合理地将预售收入确认为实际销售收入，同时按规定结转其对应的计税成本。因此，只有当该售楼部实现销售，该售楼部所对应的成本才能予以结转，并在税前扣除。

11.17　卖精装房送家电、家具的税务处理

举一个例子，某房地产企业推出“卖房子赠送家电、家具”的活动，房屋销售合同价款为 100 万元，售房合同中约定了交房送家电、家具。家电、家具的购进价格为 10 万元，即其公允价值为 10 万元，房屋的公允价值可推定为 90 万元，成本为 50 万元。

11.17.1　企业所得税的处理

《国家税务总局关于确认企业所得税收入若干问题的通知》（国税函〔2008〕875 号）第三条规定：“企业以买一赠一（有偿）等方式组合销售本企业商品的，不属于捐赠，应将总的销售金额按各项商品的公允价值的比例来分摊确认各项的销售收入。”为此，上述案例的账务处理如下。

借：银行存款	1 000 000	
贷：主营业务收入——房屋		900 000
主营业务收入——家电、家具		100 000
借：主营业务成本——房屋	500 000	
主营业务成本——家电、家具	100 000	
贷：库存商品——家电、家具、房屋		600 000

11.17.2　增值税的处理

家电、家具销售收入要缴纳增值税吗？卖精装房送家电、家具属于混合销售还是兼营行为？

密不可分是混合销售的实质所在，例如销售空调并安装，为混合销售，二者密不可分。但是，销售房产，不售家电、家具并不影响房屋的使用功能，不符合混合销售要件。所以，应该将销售不动产所有权与赠送实物作为两项单独的业务，按兼营处理。企业卖精装房送家电、家具，属于销售行为，应该缴纳增值税。

例如，某房地产公司为加大销售力度，于近期推出一项促销方案，规定凡是在促销期间与其签订购房合同的客户，均可获得价值 2 500 元的冰箱 1 台。该公司优惠期间共实现销售收入 1 500 万元，并按此开具销售不动产专用发票，

同时送出冰箱 100 台，价值 25 万元。因此，该公司财务人员应将此种情况在税法上作为混合销售行为向税务部门分别缴纳增值税。

销售不动产应缴纳增值税 =1 500 × 9%=135（万元）。

销售电冰箱应缴纳增值税 =25 × 13%=3.25（万元）。

首先，关于混合销售行为的确认。一项销售行为如果既涉及应税劳务又涉及货物，则为混合销售行为。

关于兼营，《财政部 国家税务总局关于全面推开营业税改征增值税试点的通知》（财税〔2016）36 号〕附件 2《营业税改征增值税试点有关事项的规定》规定如下。

试点纳税人销售货物、加工修理修配劳务、服务、无形资产或者不动产适用不同税率或者征收率的，应当分别核算适用不同税率或者征收率的销售额，未分别核算销售额的，按照以下方法适用税率或者征收率。

（1）兼有不同税率的销售货物、加工修理修配劳务、服务、无形资产或者不动产，从高适用税率。

（2）兼有不同征收率的销售货物、加工修理修配劳务、服务、无形资产或者不动产，从高适用征收率。

（3）兼有不同税率和征收率的销售货物、加工修理修配劳务、服务、无形资产或者不动产，从高适用税率。

关于混合销售，《财政部 国家税务总局关于全面推开营业税改征增值税试点的通知》（财税〔2016〕36 号）附件 1《营业税改征增值税试点实施办法》第四十条规定，一项销售行为如果既涉及货物又涉及服务，为混合销售。从事货物的生产、批发或者零售的单位和个体工商户的混合销售行为，按照销售货物缴纳增值税；其他单位和个体工商户的混合销售行为，按照销售服务缴纳增值税。

上述从事货物的生产、批发或者零售的单位和个体工商户，包括以从事货物的生产、批发或者零售为主，并兼营销售服务的单位和个体工商户在内。

11.18　改造安置住房的税务处理

11.18.1　改造安置住房建设用地免征城镇土地使用税

旧城镇改造地块一般都是国有土地，建设单位建设商品房安置被拆迁户实际上是建设单位和被拆迁户对房屋进行产权置换。

根据原营业税相关规定，开发企业对被拆迁户实行房屋产权调换时，其实质是以不动产所有权为表现形式的经济利益的交换。开发企业将所拥有的不动产所有权转移给被拆迁户，并获得相应的经济利益，应按“销售不动产”缴纳营业税。“营改增”后，开发企业同样应按“销售不动产”缴纳增值税。

需要注意的是，如果在房屋拆迁时，开发企业没有对被拆迁户进行货币补偿而是直接以建好后的商品房作安置，开发企业安置被拆迁户的房屋作为销售不动产收入的同时，该房屋的价值也应作为取得土地的成本。

同样，如果按照旧改合同，开发企业作为拿地的必要条件需要配建的不是安置房而是其他配建设施，而且配建设施建成后应无偿移交给政府，那么这些配建设施也应该作为取得土地的成本。

在实际操作中需要注意的是，根据现行增值税有关规定，房地产企业销售不动产的销售额仅允许扣除受让土地时向政府部门支付的土地价款。支付的土地价款，是指向政府、土地管理部门或受政府委托收取土地价款的单位直接支付的款项。

如果由开发企业负责拆迁补偿安置或配建，在表现形式上，拆迁补偿、安置房和配建设施都不符合上述规定，且不少税务机关内部指引明确指出仅有土地使用权出让金予以从销售额中扣除。

另外，无论是作为安置房的商品房还是必须配建的其他设施，都无法取得政府出让土地的财政票据。

综上，开发企业需要在旧改前期与主导旧改的政府部门充分沟通，争取将拆迁补偿以土地使用权出让金的形式上交给政府，由政府补偿给被拆迁户。

对于安置房和配建设施则进行税负测算，如能够取得足够 11% 税率的专票则进行进项税额抵扣，如果难以取得专用发票则需要考虑与政府沟通是否可将配建设施视作实物支付而作为土地使用权出让金的一部分。

在具体工作中，一方面要完善有关合同文件资料，形成完整的证据链；另一方面应与当地税务机关进行沟通，满足税务机关的审核要求。

11.18.2 案例分析：安置住房的税务处理

某开发商开发A商品住房项目取得收入8 000万元。主管税务机关从其向当地政府部门出具的相关材料中确认，在商品住房等开发项目中配套建造安置住房建筑面积占总建筑面积的1/2，则该开发商开发A商品住房项目应缴纳印花税=8 000×0.5‰×1/2=2（万元）。如果开发A商品住房项目没有配套建造安置住房等免征情形，则该开发商开发A商品住房项目应全额缴纳印花税=8 000×0.5‰=4（万元）。

某企业因搬迁拟于2010年6月转让一栋2005年购买的房产，该企业购房发票注明购买金额为300万元，购买时已按税法规定缴纳契税15万元（能提供契税完税凭证）。现有一商场想在此开连锁店，一改造安置住房经营管理单位想将此房作为改造安置住房房源，他们均出价500万元，该企业转让的房子不能取得评估价格。请分析土地增值税的税务处理。

（1）如果转让给商场，则土地增值税的扣除项目包括房地产原价、转让环节税费。房地产原价包括原房地产权属登记价格，以及转让方原购入该房地产时缴纳的印花税、契税和支付的登记费、中介费。转让环节税费为转让方在本转让环节缴纳的增值税、印花税、城市维护建设税、教育费附加，以及转让房地产支付的交易服务费、中介费，假设共计345万元。

加计扣除金额=300×5%×5=75（万元）；扣除项目金额=345+75=420（万元）。

土地增值额=500−420=80（万元），增值率=80÷420×100%≈19.05%；应纳土地增值税=80×30%=24（万元）。

（2）如果转让给改造安置房经营管理单位，由于增值额未超过扣除项目金额20%，则可以免征上述24万元的土地增值税。也就是说，企事业单位、社会团体以及其他组织转让旧房，如果以市场价格分析，旧房的增值额未超过扣除项目金额20%的，在符合当地政策条件的情况下，可考虑转让旧房作为改造安置住房、廉租住房、经济适用住房房源，以便于充分享受税收优惠政策，获取更多利益。如果旧房的增值额稍微超过扣除项目金额20%的，也存在通过筹划将转让价格降低，使旧房的增值额不超过扣除项目金额 20% 的空间。

例如，某市市民张三取得价值 400 000 元的改造安置住房（假设该省确定契税征收率为 4%）。如果该改造安置住房面积在 90 平方米以下，张三能提供首次购买住房证明，则张三应缴纳契税 =400 000×1%=4 000（元）；如果该改造安置住房面积超过 90 平方米，但符合普通住房标准，则张三应缴纳契税 =400 000×2%=8 000（元）；如果该改造安置住房面积超过 90 平方米，且不符合普通住房标准，则张三应缴纳契税 =400 000×4%=16 000（元）。

11.19　房地产企业取得政府给予土地返还款的财税处理

11.19.1　财务处理：不得冲减土地购买成本

从土地使用权出让业务的实质来看，企业按照“招、拍、挂”确定金额全额缴纳的土地使用权出让金已经取得了全额票据，计入土地使用权受让成本，政府给予的土地返还款并不是原票据的折让冲回，而大多是其他名目的财政返还。根据《企业会计准则第 16 号——政府补助》的规定，政府补助，是指企业从政府无偿取得货币性资产或非货币性资产，但不包括政府作为企业所有者投入的资本。显然，房地产企业从政府取得的土地返还款的法律性质是政府补助。

所以，房地产企业取得的各种名义的土地返还款，在账务处理上应直接计入营业外收入，而不能够以实际收到的土地返还款冲减土地成本。

11.19.2　税务处理

1. 企业所得税处理：必须缴纳企业所得税

《财政部 国家税务总局关于财政性资金 行政事业性收费 政府性基金有关企业所得税政策问题的通知》（财税〔2008〕151 号）规定：“财政性资金，

是指企业取得的来源于政府及其有关部门的财政补助、补贴、贷款贴息，以及其他各类财政专项资金。”房地产企业由政府返还的土地返还款等按照财政收支规定，当然属于财政性资金。

《财政部 国家税务总局关于专项用途财政性资金有关企业所得税处理问题的通知》（财税〔2009〕87号）对此做了较为具体的规定，2008年1月1日至2010年12月31日期间，企业从县级以上各级人民政府财政部门及其他部门取得的具有专项用途的财政性资金，同时符合以下条件的，可以作为不征税收入：一是企业能够提供资金拨付文件，且文件中规定该资金的专项用途；二是财政部门或其他拨付资金的政府部门对该资金有专门的资金管理办法或具体管理要求；三是企业对该资金以及以该资金发生的支出单独进行核算。

从实际情况看，房地产企业取得的政府返还款难以满足上述要求，拨付土地返还款只是政府为招商引资或变相的协议出让的一种策略，所以，此土地返还款应当计算缴纳企业所得税。

2. 土地增值税处理：不得作为扣除项目

既然房地产企业取得的政府土地返还款不能冲减“开发成本”，那么计算土地增值税扣除项目时是否允许全额列支呢?

根据土地增值税相关法规规定，土地增值税按照转让房地产所取得的收入减去规定扣除项目金额后的增值额和规定的税率计算征收。《中华人民共和国土地增值税暂行条例实施细则》将扣除项目中“取得土地使用权所支付的金额”规定为取得土地使用权所支付的地价款和按国家统一规定交纳的有关费用。

房地产企业收到政府返还的“土地返还款”或政府给予的补偿返还款，是政府对房地产企业的一种补助，是企业的一项营业外收入，而不是地价款的折让或开发成本的冲减，因此不扣减土地成本。但是土地增值税属于地方财政收入，房地产企业需要关注地方税收政策的具体规定。

例如，《辽宁省大连市地税局关于进一步加强土地增值税清算工作的通知》（大地税函〔2008〕188号）对土地使用权价款的扣除问题做出规定，纳税人应当凭政府或政府有关部门下发的《土地批件》《土地使用权出让金缴费证明》以及财政部、土地管理部等部门出具的土地使用权出让金缴纳收据、土地使用权购置发票、政府或政府部门出具的相关证明等合法有效凭据，计算取得土地使用权所支付的金额。凡取得票据或者其他资料，但未实际支付土地使用权出让金或购置土地使用权价款或支付土地使用权出让金、购置土地使用权价款后又返还的，不允许计入扣除项目。

又如，《青岛市地税局关于印发〈青岛市地方税局房地产开发项目土地增值税税款清算管理暂行办法〉的通知》（青地税发〔2008〕100 号）规定："对于开发企业因从事拆迁安置、公共配套设施建设等原因，从政府部门取得的补偿以及财政补贴款项，抵减房地产开发成本中的土地征用及拆迁补偿费的金额。"

11.20　房地产企业其他涉税难题的税务处理

11.20.1　逾期交房的税务处理

房产商延期交房，承诺由其关联的物业公司直接减免业主若干月的物业费，物业公司直接开具发票给房地产公司，房地产公司是否可以据此税前列支，并计入土地增值税扣除项目？

会计核算方面，如果开发商直接支付业主交房违约金，依据违约赔偿协议和支付证明，一般处理为借记"营业外支出"科目。那么，这笔违约金能否税前扣除呢？

《中华人民共和国企业所得税法》第八条规定，企业实际发生的与取得收入有关的、合理的支出，包括成本、费用、税金、损失和其他支出，准予在计算应纳税所得额时扣除。《中华人民共和国企业所得税法实施条例》第三十三条规定，企业所得税法第八条所称其他支出，是指除成本、费用、税金、损失外，企业在生产经营活动中发生的与生产经营活动有关的、合理的支出。因此，开发商依据合同约定支付的经济合同违约金作为与生产经营活动有关的、合理的支出，可以在税前扣除。

对于交房违约，开发商往往会以自己控制的物业公司减免物业费的方式来化解矛盾，减少资金支出，但这种安排应考虑存在的税务风险。

第一种情况：物业公司直接减免物业费，物业公司不做收入。

此种情况下，开发商账面上未体现违约金，似乎与其无关，但根据企业所得税相关规定，视同其放弃权益，不能税前扣除违约金。另外，《中华人民共和国企业所得税法实施条例》第二十五条规定，企业发生非货币性资产交换，以及将货物、财产、劳务用于捐赠、偿债、赞助、集资、广告、样品、职工福利或者利润分配等用途的，应当视同销售货物、转让财产或者提供劳务，但国务院财政、税务主管部门另有规定的除外。所以，物业公司减免业主物业费，应做纳税调整处理。

第二种情况：开发商直接拨款给物业公司代业主缴纳物业费，并取得物业公司出具的发票入账。

此种情况下，物业公司应收取的物业费由开发商代为支付，纳税正常，但其将应开具给业主的发票转开具给开发商不符合发票相关管理规定。开发商凭发票和违约金赔偿承诺进行账务处理，将这笔费用计入营业外支出似乎没有问题，有问题的是开发商交房后承担的与本身业务无关的物业费支出，根据《中华人民共和国企业所得税法》，不属于与生产经营活动有关的、合理的支出，不能在企业所得税税前扣除。另外，土地增值税扣除项目中开发成本的扣除不包括营业外支出等项目，并且房地产开发费用的扣除是按照一定比例计算的，而不是企业实际发生额，所以此部分费用同样不能抵扣土地增值税。

针对以上情况，建议进行合并处理，开发商支付业主违约金，业主预交物业费，物业公司给业主出具发票，各自规范核算，正常纳税。对于开发商、物业公司来说，其实质并未发生资金流出，业主最终也获得了实质利益。

11.20.2 将自己开发的门面房作为售楼部的税务处理

房地产企业将自己开发的门面房作为售楼部时，售楼部是否应缴纳房产税？如果缴纳，该如何确定房产税的原值？

根据相关规定，“房地产开发企业自用、出租、出借本企业建造的商品房，自房屋使用或交付之次月起计征房产税和城镇土地使用税。”开发企业将商品房作售楼部的情况，应自开始使用售楼部的次月起缴纳房产税。作为自用的售楼部，根据《中华人民共和国房产税暂行条例》的相关规定，按照其售楼部房产原值的70% 作为房产税应纳税所得额，再按 1.2% 的税率缴纳房产税。

在房产原值的确认上，应分不同时段计算并缴纳房产税。2009 年 1 月 1 日至 2010 年 12 月 21 日应按照《财政部 国家税务总局关于房产税城镇土地使用税有关问题的通知》（财税〔2008〕152 号）的规定，对依照房产原值计税的房产，不论是否记载在会计账簿的“固定资产”科目中，均应按照房屋原价计算缴纳房产税。房屋原价应根据相关会计制度的规定进行核算。对纳税人未按国家会计制度规定核算并记载的，应按规定进行调整或重新评估房屋原价。

从 2010 年 12 月 21 日起，应按照《财政部 国家税务总局关于安置残疾人就业单位城镇土地使用税等政策的通知》（财税〔2010〕121 号）的规定，对按照房产原值计税的房产，无论会计上如何核算，房产原值均应包含地价，包括为取得土地使用权支付的价款、开发土地发生的成本费用等。

11.20.3　出租地下车位使用权的税务处理

房地产公司出租地下车位使用权，与业主签订合同约定使用年限为 20 年，使用费一次性收取。这笔收入是否应当缴纳土地增值税？

根据《中华人民共和国土地增值税暂行条例》及其实施细则规定，土地增值税是对出售或者以其他方式有偿转让国有土地使用权、地上的建筑物及其附着物的行为所征收的税。出售或转让应当以办理相应产权为标志，产权未发生转移就不构成出售或转让。只出租地下车位的行为，没有发生使用权的转移，不需要缴纳土地增值税。

11.21　“营改增”政策下房地产企业的涉税处理

11.21.1　“营改增”政策下房地产企业以房抵工程款的涉税处理

房地产企业以房屋抵付建筑商工程款（以下简称“以房抵款”），是指房地产企业将建设工程施工发包给建筑商，建筑商承包工程后，房地产企业由于某种原因不能支付工程款，而将其所有的或已建成尚未出售或将来某时建成的房屋抵付给建筑商，以房屋不动产代替货币形式支付工程款，从而履行支付工程款义务的商业行为。一般而言，以房抵款的房屋主要为房地产企业已建成未出售的商品房和在建商品房。

1. 税收政策

对于房地产企业建造房屋抵工程款，会计核算按非货币性交易处理，税收按销售处理。根据《财政部 国家税务总局关于全面推开营业税改征增值税试点的通知》（财税〔2016〕36号）附件1《营业税改征增值税试点实施办法》规定，销售服务、无形资产或者不动产，是指有偿提供服务、有偿转让无形资产或者不动产。有偿，是指取得货币、货物或者其他经济利益。房地产企业建造房屋抵工程款为有偿取得其他经济利益，税务处理按销售处理；建筑商取得的房屋系提供劳务后有偿取得的以其他经济利益抵偿的工程款。

税收实务中，以房抵款价格偏低或者偏高不具有商业目的，按照下列顺序确定销售额。（1）按照纳税人最近时期销售同类服务、无形资产或者不动产的平均价格确定。（2）按照其他纳税人最近时期销售同类服务、无形资产或者不动产的平均价格确定。（3）按照组成计税价格确定。组成计税价格的公式为：组成计税价格 = 成本 ×（1+ 成本利润率）。

2. 操作提示

一般而言，以房抵款业务可以分为两种类型，即建筑商最终取得房屋不动产权和由第三方最终取得房屋不动产权。

建筑商取得房屋不动产权的模式简单，涉税处理周期短，但这种类型发生率低，通常抵债房屋不动产权未转移到建筑商名下，建筑商即寻找第三方买家，此时建筑商实则成为了房地产企业的销售渠道之一。从涉税处理业务流程的角度理解，由第三方最终取得房屋不动产权的以房抵款模式，至少包括3笔业务：第1笔是房地产企业将房屋不动产销售给建筑商；第2笔是建筑商为房地产企业提供工程建造服务；第3笔是建筑商将抵债不动产转售给第三方。如果房地产企业的A项目公司房屋抵偿给B项目公司工程施工的建筑商，则业务流程增加一个环节：将B项目公司的工程款债务转移给A项目公司。另外，建议房地产企业与建筑商签订以房抵款协议后，应当同步与实际第三方买家签订商品房买卖销售合同，避免税务稽查风险。

11.21.2 “营改增”政策下房地产企业代建房屋及代建模式的涉税处理

随着市场经济的发展，房地产企业的代建行为细化为两种：代建房屋和房地产项目代建模式。代建房屋是指房地产企业取得土地使用权并办理施工手续后，根据其他单位的要求进行施工，并按施工进度向该单位预收房款，工程完工后，房地产企业替该单位办理产权转移等手续。

房地产项目代建模式是指基于投资和管理职能分离，土地使用权人开发能力较弱、经验较少，以委托代理合同为契约，将房地产开发全过程的管理职能，授权给其他房地产企业进行管理，房地产企业以品牌输出和管理输出方式，实现生产符合业主需要的产品目标，换取代建服务费的一种新型地产开发模式。

1. 税收政策

（1）代建房屋。“营改增”之前，《国家税务总局关于代建房屋行为应如何征收营业税问题的批复》（国税函〔1998〕554 号）规定，对代建房屋行为认定为属于销售不动产，应按“销售不动产”税目征收营业税；如房地产开发企业自备施工力量修建该房屋，还应对其自建行为，按“建筑业”税目征收营业税。“营改增”后，如果房地产企业取得土地使用权后施工，工程完工后办理产权转移手续的，按“销售不动产”税目征收增值税；如果房地产企业只自备施工力量修建房屋，不替乙方办理产权转移手续的，应按照“建筑业”税日征收增值税。

（2）房地产项目代建模式。根据国家税务总局的认定，房地产项目代建模式须同时符合下列条件：必须事先与委托方订有委托代建合同，并在合同上载明取费依据及标准；所建房屋的基建计划与立项必须是计划部门下达给土地使用权人的，不发生土地使用权转移；以委托方的名义与施工方结算；不垫付建设资金。在“营改增”前，凡同时具备上述 4 个条件的代建模式，房地产企业按实际收取的代建手续费征收营业税，而在“营改增”之后直接变更为征收增值税。

2. 操作提示

在操作中，代建房屋行为中，存在一个房地产企业，法律关系主要体现在房地产企业与潜在买方之间权利义务承担，代建房屋属于从属性的义务，该义务依附于房屋买卖关系的主义务中，故征收的税目类似于普通的房地产开发销售项目。

房地产项目代建模式中，作为被委托方的房地产企业，实质仅提供管理服务，并不参与房屋买卖，故应当将代建房屋行为和房地产项目代建模式分开来认定。同时，为了规范税务操作，建议房地产企业作为代建服务方，明确项目进展中所有建设合同均应由土地使用权人对外签订，代建服务方仅从专业公司角度出发，进行把关。

11.21.3 “营改增”政策下房地产企业出售人防地下车位的涉税处理

地下车位由非人防地下车位和人防地下车位构成。根据《中华人民共和国物权法》《中华人民共和国人民防空法》及相关法律法规规定，项目建筑工程规划许可证标识的不属于人防设施的地上或地下面积。由房地产企业投资修建的地下车位，该企业可享有占有、使用、收益和处分的权利。

项目建筑工程规划许可证标识的属于人防面积的，该人防地下面积的权属单位为政府或市、县（区）人防办公室，开发企业在和平时期有管理和使用的权利。如该人防面积规划用于停放汽车的车位、车库的，则可通过出售附赠或者租赁等方式进行约定，并未规定是否可以转让出售。

根据住房和城乡建设部令第 9 号公布的《城市地下空间开发利用管理规定》规定，地下工程应本着“谁投资、谁所有、谁受益、谁维护”的原则，允许开发企业对其投资开发建设的地下工程自营或者依法进行转让、租赁。该规定将《中华人民共和国物权法》中“出售附赠”的受益方式扩大到了“转让”。

1. 税收政策

法律、部门规章对人防面积处分权范围不统一，实务中房地产企业将人防工程建成商铺、车库、车位对外出售附赠、转让或租赁若干年的经营权的操作均被认可。“营改增”后各省出台的税收指引中，主要将房地产企业对地下面积的处分认定分为不动产经营租赁服务和出售不动产，具体如下。

（1）不动产经营租赁服务。采用《中华人民共和国物权法》严格解释规定的主要有湖北、内蒙古、海南等地方税务机关，明确将人防面积建成商铺、车库，对外一次性出售或者出租若干年经营权的，认定为提供不动产租赁服务；将开工日期在 2016 年 4 月 30 日前的人防面积对外出售或者出租的，按照提供不动产租赁服务税目，可选择简易计税方法计税。

（2）出售不动产。山东、厦门等部分省市税务机关则采纳了受益方式扩大的规定，针对出售转让人防地下车位的行为仍然认定为出售不动产。主要认定的理由是，对于出售没有独立产权的人防地下车位或储藏间，虽然购买方并未取得完全的占有权、使用权、收益权、处置权，但本着实质重于形式的原则，如果购买方取得了不动产的占有、使用、收益、分配等权力，从尊重交易双方习惯角度出发，可暂按照出售不动产进行处理。

2. 操作提示

房地产企业应当以开发项目所在地主管税务机关发布的具体税收政策为依据，进一步明确出售人防地下车位、车库、储藏室适用的税目，准确计算并征收增值税。如果主管税务机关未发布税收政策，则建议先以合同约定，确定适用税目，并积极与主管税务机关沟通，争取取得主管税务机关认可，避免税务风险。

第 12 章 房地产市场金融现状与合作模式

12.1 金融企业与房地产企业合作现状

12.1.1 大型房地产企业是参与融合实践的主体

2016 年中国房地产企业百强名单中，有过半数房地产企业通过资金融合、产品融合、组织融合、市场融合和功能融合等融合形式，展开了与金融机构的融合实践。其中，前 50 强房地产企业中有 33 家房地产企业通过各种形式展开融合实践；后 50 强房地产企业中有 19 家房地产企业通过各种形式展开融合实践。

12.1.2 涉及众多类型的金融机构

根据 2014 年 9 月 19 日中国人民银行正式发布的《金融机构编码规范》显示，参与融合实践的金融机构可以划分为以下几类：银行业存款类金融机构、银行业非存款类金融机构、证券业金融机构、保险业金融机构、交易及结算类金融机构、金融控股公司以及小额贷款公司等。

12.1.3　融合方式多样

围绕着资金融合、产品融合、组织融合、市场融合和功能融合 5 种融合形式，众多房地产企业与金融机构参与其中，具体的融合方式多样，呈现出良好的发展势头。

12.1.4　房地产市场金融现状

中国房地产金融市场仍存在以下问题：房地产信贷存在偏差；住房信贷交易费用偏高；房价上涨过快，闲置商品房数量持续增长；个人住房消费信贷存在违约风险；商业银行和其他金融机构经营行为中存在不理性、不科学、不规范等问题；地区发展不平衡；法制建设滞后，监管和调控体系不完善。

12.2　金融企业与房地产企业的主要合作模式

12.2.1　“社区金融合作”模式

以下是“社区金融合作”模式下的典型案例。

万科集团在社区金融领域以及对“社区金融合作”模式的实践、运用做了多方面的尝试。

（1）以基石投资者身份参股徽商银行。万科控股徽商银行，一方面可以降低融资成本，另一方面万科提供社区接口，鼓励社区住户将资金存到徽商银行的社区银行。

（2）与银行签订智慧社区战略合作协议。2014 年，上海万科与渣打银行（中国）有限公司签订战略合作备忘录，接受资金授信，合作建立金融数字化的智慧社区。

（3）可以办理简单的银行“存、贷、汇”业务，提供房地产抵押、移动支付、金融理财产品等个性化的金融服务等。

该模式的特点有两方面。

一方面，万科集团社区金融服务的范畴不止是社区居民的金融服务，还包括面向社区中小企业的小额贷款等相关金融服务。其涵盖了房地产抵押、金融支付、金融理财产品等相关的社区金融服务，潜在的市场空间巨大，发展前景也很广阔。

另一方面，万科早在2013年布局在全国64个城市，约1 000个社区，服务着200万户家庭，600万人口，万科布局社区金融依托了万科集团背后巨大的社区资源网络。

万科集团的做法对房地产企业的融合实践具有重大的借鉴意义。

12.2.2 “项目资本合作”模式

房地产企业对资金和金融机构的依赖性极大，资金密集，尤其是中小型房地产企业会面临巨大的融资压力。

“项目资本合作”模式是指以经济产业结构升级转型为背景，房地产企业资本与金融资本进行融合，借用基金、信托、保险等形式，改变过去重资产的运营方式，实现房地产企业开发投入资本由重到轻的转变。

“项目资本合作”模式下，房地产企业主要通过引入基金，或由基金为主进行商业投资和开发，以及通过合作投资联合拿地或进行项目投资等方式展开具体的融合实践。

此融合模式下的国内房地产企业的典型案例为龙湖地产“项目资本合作”模式：首先，龙湖地产在地产领域的发展使得其具备较大的合作伙伴的选择余地；其次，龙湖地产内部拥有专业的金融资产中心，具有与基金公司开展融合实践的专业团队；再次，龙湖地产在资金要素转型方面具有和基金、保险领域的双重融合实践，融合实践较为全面；最后，龙湖地产开始了资金要素转型方面的尝试，不断加强与基金公司的合作与融合，借力基金投资商业地产项目。

12.2.3　“金融产品投资开发”模式

房地产企业与金融机构整合金融资源和地产资源，二者优势互补，具体表现为房地产金融产品上的逐渐融合。

首先，该模式下以房地产企业与金融机构主体的“跨界”为重要前提和基础。

其次，该模式下房地产金融产品包括开发环节产品、销售环节产品、资产证券化产品以及其他类型的地产金融衍生产品，主要包括房地产信托产品、房地产项目理财产品、房地产私募基金以及房地产投资信托基金等形式的产品。

此融合模式下国内房地产企业的典型案例为金地集团与金融机构的合作。

金地集团在与金融机构主体跨界合作的基础上，将地产资源和金融资源进行整合，具体包括以下几个方面的产品融合。

（1）设立房地产信托产品。2005 年，金地集团与平安信托发起了“武汉金地格林小城信托计划”，筹资 2 亿元，资金用于武汉金地格林小城项目的建设。

（2）合作发起房地产基金产品。2008 年 2 月，金地集团与 UBS 下属的瑞银环球资产管理公司共同出资设立稳盛投资管理公司，双方按照 50% ：50% 的比例共同发起瑞银——金地中国房地产基金 1 期，该基金募集资金围绕中国住宅开发市场展开股权投资。

12.2.4　“互联网 + 金融创新产品”模式

目前，依托于互联网技术主要有两种方式：一种是房地产企业与金融机构融合产品借助于互联网平台进行运作，如保利集团与民生银行推出的互联网金融产品“利民保”；一种是以互联网技术为手段的小额贷款公司，其业务通过互联网在线上展开。

此融合模式下国内房地产企业的典型案例为保利集团与民生银行的合作。

2015 年 10 月，保利集团与民生银行签订战略合作协议，同时依托于互联网技术，保利集团与民生银行设计出将二者融合的房地产类互联网金融产品“利民保”。

“利民保”产品的主要作用是解决银行、房地产企业、不动产投资者在资金方面的压力，实现投资者、开发商、银行共赢的目标。

12.3 金融企业与房地产企业合作模式的选择

12.3.1 “社区金融合作”融合模式优缺点

“社区金融合作”融合模式创新了房地产企业与金融机构原有的融合关系，由房地产企业提供社区接口，社区银行提供金融服务。

这种融合模式的优点在于为房地产企业与金融机构的合作开辟了新的领域，也为房地产企业在非房地产开发、业主资源挖掘以及企业名誉创造方面创造了更多的价值。

但该模式对于房地产企业的要求较高，不适合中小型房地产企业的发展要求。对于中小型房地产企业来说，由于不存在社区资源的优势，其很难选择参与融合的金融机构。

12.3.2 “项目资本合作”融合模式优缺点

“项目资本合作”融合模式有两方面优点：一方面是有利于推动当前房地产企业的转型升级；另一方面是使得房地产企业借用基金、保险等的资金优势，可以避免房地产企业重资产带来的资金压力，同时通过房地产企业品牌和管理输出，为房地产企业带来多元化的收益渠道。

针对“项目资本合作”融合模式，虽然在开发环节房地产企业投入资金较少，但对于整个项目来说，开发环节仍需较大规模的资金投入，因此，资金仍是影响房地产项目开发的重要因素。

12.3.3 “金融产品投资开发”融合模式优缺点

“金融产品投资开发”融合模式有两方面的优点：一方面是融合的门槛较低，适用于住宅地产、商业地产等不同房地产项目，房地产企业可以选择投资单元，因而不同背景、规模的房地产企业均可以尝试；另一方面是金融产品融合形式多样，既有利于房地产企业拓宽融资渠道，也有利于整合金融资源，服务于地产，实现优势互补。

但该模式下的金融产品也会带来很多潜在风险，这些风险存在于二者融合不同环节的金融产品中，既可能存在影响金融产品安全性和流动性的风险因素，也有可能存在投机行为，不利于房地产市场的健康发展。

12.3.4　“互联网 + 金融创新产品”融合模式优缺点

“互联网 + 金融创新产品”融合模式依托于互联网技术的平台，是房地产企业当前阶段较为热衷的融合模式，互联网技术的发展为房地产企业与金融机构的融合提供了可能性与可行性，也为房地产企业的发展带来了机遇。同时，该模式具有高效率、低成本与普惠性的特征，受众更广，效率更高。

该模式较为典型的缺点是，该模式相当于在通过发行面向购房者的金融理财产品提前圈定意向购房者，但这并不能真正解决开发商资金问题。所以，该模式的理论意义大于实践意义。

第 13 章 金融企业与房地产企业合作过程中的税务风险与应对

13.1 金融企业与房地产企业合作过程中的税务风险

13.1.1 金融企业的税务风险

1. 接受房产抵押风险

（1）内部操作风险。

一是信贷人员风险意识不够强，认为发放房地产抵押贷款比保证贷款、信用贷款要安全许多，有看得见、摸得着的房产担保，基本不会出现风险。这说明信贷人员对房地产抵押贷款风险的认识不够，不能正确认识到抵押贷款风险的存在及其程度。忽视房地产抵押贷款风险会危及信贷资金的安全。

二是信贷人员不按操作流程要求或规章制度办理业务。例如，在贷款发放之前信贷人员未进行现场真实性调查、未认真进行事前尽职调查和贷后评价、未正确评估借款人第一还款来源和房地产合理的市场价格等因素，这些往往会导致贷款决策失误，准入不严谨，贷后管理失效。

（2）抵押物权利瑕疵风险。

一是贷款银行办理房地产抵押登记手续时，若只办理了房产抵押登记，而未办理土地使用权抵押登记，抵押的房产将无法处置变现。

二是只办理了土地使用权抵押。若抵押人购置并抵押的土地在规定期限内未建造厂房或进行项目开发，政府会无偿收回土地使用权，所抵押的土地使用权就将面临政策障碍，即使能够处置，也要付出非常高昂的成本。

（3）无效抵押行为风险。

一是按照《中华人民共和国担保法》规定，学校、幼儿园、医院等公益性事业单位、社会团体的教育设施、医疗卫生设施和其他社会公益设施（包括房地产）不得抵押，否则属无效抵押行为。可能政府有关部门的规章规定可以抵押并做出担保承诺，但按照"法律大于地方性法规的效力"原则，抵押行为仍然无效，且存在较大的法律风险。

二是共有财产抵押的风险。根据《最高人民法院关于适用〈中华人民共和国担保法〉若干问题的解释》（法释〔2000〕44 号）规定，共有财产进行抵押时，共有人以其共有财产设定抵押，未经其他共有人同意，抵押无效。借款人用共有财产办理房产抵押贷款时，若贷款人没有要求借款人和财产共有人共同签字，就会自动丧失抵押权，从而会使贷款人行使抵押权利无效。

（4）抵押物价值下跌风险。

一是受到经济环境、市场状况不景气的影响，抵押的房地产价值可能会大幅度缩水，若借款人不还款，银行在处置抵押品时将会受到较大损失。

二是中介评估机构管理不规范，抵押物在估价过程中也存在一定的人为风险。在借款人申请贷款时，评估机构存在任意性，若房地产抵押物评估值高于实际价值，在处置抵押物还贷时，就会出现不能足额收回贷款本息的损失风险。

三是贷款人违规操作，向借款人超规定抵押率发放贷款，增大了信贷资产损失风险。

（5）抵押登记不完备风险。

一是银行未及时办理抵押手续或抵押手续无效而导致抵押物悬空，抵押权力无效。在发生贷款损失需处置抵押品时，银行权利无法得到法律保障。

二是银行工作人员未亲自参与办理登记、信息查询，或在借款人续贷期间未亲自办理抵押查询，就无法确定抵押房地产是否已被查封冻结、是否已"一物多抵"，存在较大的操作风险和道德风险。

（6）抵押物处置风险。

一是基于我国法律规定及司法环境，并出于保障民生的考虑，对被执行人及其所扶养家属生活所必须的居住房屋，人民法院可以查封，但不得拍卖、变卖或者抵债，造成银行抵押权有时难于实现。

二是《中华人民共和国担保法》规定，当借款人违约时，抵押权人若将抵押物拍卖，必须先与抵押人协商一致。倘若此时抵押人不同意银行拍卖抵押物或抵押人不清空抵押的房产，抵押权人就只能通过法律途径起诉抵押人，既耗时又费财力。受经济环境不景气的影响，还会出现抵押房产低价无人竞买、流拍等情况，往往得不偿失。

三是租赁权对抗的风险。若抵押人将抵押物“先租后抵”或“先抵后租”，贷款人不按规定及时与抵押人、承租人三方签订抵押物处置补充协议，借款人即便不能按期归还贷款，由于租赁仍然有效，也很难处置抵押房地产。同时，当贷款人拍卖抵押房地产时，按照《中华人民共和国合同法》的规定，承租人基于租赁合同，具有优先购买权，将可能采取一定措施故意压低房地产的拍卖价格。

（7）抵押物灭失风险。

一旦发生如火灾、自然灾害等毁灭性的事故，将造成抵押物的价值灭失，导致贷款人对抵押物的完全失控，存在抵押物灭失的损失风险。

2. 税收筹划失败风险

商业银行纳税的研究重点在税收筹划上，往往容易忽视规范纳税基础性工作和防范纳税风险的问题。实际上，税收筹划效果受企业经营特点、相关市场环境、筹划人员能力、税收政策变动等多方面因素的影响，存在着失败的可能性，尤其对于税收政策尚不健全的银行业更是如此。

随着政策的不断完善，以前合法的行为可能变得不合法，由此带来更大的筹划失败风险，使银行不仅不能节税，反而要多缴税，甚至出现偷逃税款嫌疑的风险。

3. 银行业务风险

当下各商业银行为提高市场竞争力不断推出新产品、新业务，这些创新产品的出现使商业银行成为增值税的纳税人，如税法规定对银行业销售金银的业务应当征收增值税。

但由于商业银行纳税管理模式尚未成熟，对新出现的产品和业务的税务处理认识模糊，导致前期对创新产品的成本中纳税因素估计不正确，后期税务处理不正确，从而形成纳税风险。

13.1.2　房地产企业的税务风险

房地产项目在业务流程上主要包括土地获取、规划设计、融资、建筑施工、预售、项目清算 6 个环节。各环节存在的税务风险点归纳如下，其中包括金融企业与房地产企业合作过程中的税务风险。

1. 在土地获取环节存在 4 个风险点

（1）佣金等支出没有取得正规合法发票，导致利润虚增，税负加大。

（2）没有在签订土地、房屋权属转移合同 10 天内申报契税。

（3）虚增拆迁安置费，逃避缴纳土地增值税和企业所得税。

（4）以收购股权方式取得的土地使用权，溢价部分无法列支土地成本。

2. 在规划设计环节存在 3 个风险点

（1）总体规划设计未考虑财税因素对成本、税收和现金流的影响。

（2）虚开规划设计费，逃避缴纳土地增值税和企业所得税。

（3）境外的规划设计费没有代扣代缴税金。

3. 在融资环节存在 6 个风险点

（1）向非金融机构（包括企业和个人）融入的高息资金利息支出无法取得正规发票，从而导致利息支出无法入账。

（2）从信托或基金公司“名股实债”形式下支付的利息，往往无法取得合法入账的凭据。

（3）小金库现金往往不够支付利息或其他费用。

（4）支付的利息可能涉及代扣代缴税金义务而未履行。

（5）与股东及其他关联方资金往来未支付利息，存在偷逃税金问题。

（6）借给自然人股东超过 1 年以上的借款，存在被认定为股息、红利分配需要缴纳 20% 的个人所得税风险。

4. 在建筑施工环节存在 4 个风险点

（1）虚开建安发票，加大建安支出，偷逃土地增值税和企业所得税。

（2）为少缴税，实际发生工程支出但不索要发票。

（3）签订建安合同后未足额缴纳印花税。

（4）不缴纳或者不足额、不按规定时间缴纳城镇土地使用税。

5. 在预售环节存在 9 个风险点

（1）取得预售收入（包括定金、诚意金），没有按规定及时申报纳税。

（2）没有按照规定的预征率预缴土地增值税和企业所得税。

（3）预售合同没有足额及时缴纳印花税。

（4）销售合同（发票）为“阴阳合同（或发票）”，未如实申报收入。

（5）售后返租时，按返租后的金额确认收入纳税，对小业主的返租收入未代扣代缴税金。

（6）返迁房未申报纳税，或未按市场公允价值申报纳税。

（7）以房抵工程款、分房给股东等情况未按规定申报纳税。

（8）装修收入没有申报纳税。

（9）卖给股东或关联方的房屋价格明显偏低。

6. 在项目清算环节存在 4 个风险点

（1）取得的发票不合规，如发票出具方与合同的收款方不相符。

（2）购买虚假发票虚增成本。

（3）企业高管的个人收入没有全额缴纳个人所得税。

（4）关联方交易定价不合理等。

13.2 金融企业与房地产企业合作过程中税务风险的应对措施

13.2.1 房地产抵押贷款风险控制措施

（1）重视实地调查。

在贷前对借款申请人提供的抵押房地产，房产管理部门和土地管理部门要深入现场进行彻底的调查，对抵押物的市场变现价格进行必要的分析和风险评估，确保抵押物的真实性、合法性。

同时，要详细调查抵押人的房地产在贷前和贷后的租赁情况，及时补充协议内容，确保抵押物处置的安全性。

（2）合理评估房地产的价格。

多方面评估抵押物的抵押价值变动和变现能力，掌握贷款发放的主动权，根据风险程度合理确定抵押率；同时要避免使用评估价值与市场价值偏离度较大的中介机构资产评估报告，对估价偏高的贷款提前进行回收，并在合理评估基础上重新发放贷款。

（3）重视抵押登记手续的合规性。

发放房地产抵押贷款前或续贷期间，信贷人员必须亲自参与抵押登记手续的办理和抵押物登记信息的查询，并及时对抵押房地产办理足额保险和续保手续，确保银行抵押权利的有效性和安全性。

13.2.2　加强税企沟通交流

商业银行应主动、定期与税务机关进行沟通和互动，在税务机关的帮助下更加深入理解相关法律法规和征管程序，同时使税务机关深入理解银行行为决策的路径及理由。

为避免出现与税务机关的争议，商业银行要主动向税务机关申报和协调相关事务，如签订预约定价协议等，在事前防范纳税风险。在与税务机关发生争议后，要积极协调，解决争议，同时有理有据，维护自己的合法权益。

13.2.3　提高涉税人员业务处理能力

商业银行总行及各级分、支行应加强银行税务管理专业队伍的建设，通过培训、进修等方法提高财务会计和税务管理人员的会计核算能力和涉税事务处理能力。要招聘具有相关执业资格和丰富实务处理及管理经验的人员担任纳税管理和筹划的重要职务，并在考评上引入专业化标准和程序。

同时，商业银行要主动收集、学习与本行业有关的税收新规定，及时把握税收政策变动，一方面避免新知识更新不及时、采用过时旧政策而产生纳税风险，另一方面防范没有及时采用新的税收优惠政策而对企业造成损失。

13.2.4 案例分析：问题与解决

2016 年 8 月，地产集团碧桂园旗下社区金融平台“碧有信”宣布正式上线运营。凭借碧桂园强大的资源优势及专业的资产管理及平台运营能力，结合金融创新与互联网手段，利用大数据、云平台、移动互联网等技术，碧有信将为碧桂园 300 多万高品质业主及超 7 万名内部员工提供集投资理财、资产优化配置、金融社交等功能于一体的综合性社区金融服务。碧有信旨在构建场景丰富、有关怀的房地产互联网金融生态圈，打造透明、规范、安全、便捷的社区金融服务第一平台，与行业及社会分享资源，共享财富增值红利。

第 14 章 房地产企业投资过程中的税务风险及应对

14.1 房地产企业相关税收政策解读

2018 年 12 月 5 日，国家税务总局针对政协提出的《关于盘活低效用地支持实体经济发展的提案》，答复政协提案指出，在推进房地产相关税收制度立法与改革过程中，统筹研究房地产交易环节与保有环节的税收政策，发挥税收职能作用，为减少工业用地闲置、服务实体经济转型升级创造良好的税收环境。

14.1.1 国家税务总局：统筹研究房地产交易环节与保有环节的税收政策

国家税务总局指出，土地与劳动力、资本、技术等一样，都是重要的生产要素，土地资源短缺是制约我国经济发展的一个重要因素，促进低效工业用地盘活、支持实体经济发展具有很强的现实意义。

目前，工业用地转让环节主要涉及增值税、企业所得税、土地增值税、契税、印花税等多个税种。各税种的开征目的、税率设计、征税对象和计税依据等都有所不同，聚焦不动产交易行为构成了一个完整的税收体系。无论是工业用地转让还是其他房地产转让，都须按照国家统一的税收政策缴纳相关税收，在转让交易中税收政策的适用并不区分用地类型，不存在按“房地产税收标准”征税的情况。

出于规范房地产市场交易秩序、合理调节土地增值收益、维护国家权益等方面的考虑，国家对有偿转让国有土地使用权、地上建筑物及其他附着物的单位和个人征收土地增值税，并根据土地增值额超过扣除项目金额的多少确定适用税率，增值多则多缴税，增值少则少缴税。

另外，土地增值税是按照纳税人转让房地产所取得的增值额和规定的税率计算征收的，而纳税人转让房地产所取得的收入减除项目金额后的余额，才是增值额。因此土地增值税实行的四级超率累进税率仅为名义税率，纳税人的实际土地增值税税负远低于名义税率。

14.1.2　专家建议应构建“重保有、轻流转”的房地产税制模式

专家表示，可以从以下几个方面改进房地产交易环节的税收政策。

（1）实施差别化契税。例如，对于正常的住房需求妥善保障，对高档住宅征收更高的契税，而对普通住宅征收相对较低的契税。对居民的消费性购买给予减免税优惠，对商业地产实行差别化的优惠政策，同时降低租赁业税负等。

（2）保障基本的住房需求。对经济适用房给予增值税税率优惠，以土地划拨形式取得土地所有权的，免征契税。对于开发商在开发过程中配套建设经济适用房和廉租房的，免征印花税和城镇土地使用税。在契税优惠方面，建议取消以“家庭”为优惠单位，改由个人名下住房情况结合面积，或者直接依据住房面积作为税率分档标准，这样让高房价购买者承担高税负，低房价购买者承担低税负，符合量能负担原则。

（3）加强银税合作，提高遵从度。税务机关需与金融部门合作，获取购房者的抵押交易数据，目前中国人民银行的个人征信系统信息较完善，且直接与个人贷款相关联，自然人如有逃税、骗税、漏税行为，将被纳入征信系统。

（4）完善土地增值税制度。建议将土地增值部分的全部收入计征土地增值税，取消目前房地产交易环节的个人所得税，而用土地增值税取代，以有效抑制房地产的炒买炒卖行为。

将税收的重心由交易环节转移到保有环节，构建“重保有、轻流转”的房地产税制模式。

14.2　注册地点选择与税务筹划

14.2.1　国际注册地点的筹划

国际注册地点分为 3 类：一类是没有直接税的地方，这类地区没有个人所得税和法人所得税，也没有净财富税、财产税和赠与税。二类则是对外国经营者给予特别税收优惠的地方，如新加坡、牙买加等。三类是对经营投资提供某些税收优惠的国家和地区，如英国、加拿大等。

14.2.2　国内注册地点的筹划

首先要把握区域间税收的差别待遇。

我国以下 7 类区域都具有税收优惠政策：①经济特区；②经济技术开发区；③高新技术产业开发区；④保税区；⑤沿海经济开发区；⑥“老、少、边、穷”地区；⑦旅游度假区。

14.3　投资时间决策与税务风险

14.3.1　房地产投资风险与生命周期

由于房地产投资具有周期长、投资额大、涉及因素多等特点，导致风险贯穿房地产开发的整个生命周期——投资前期、开发建设期、经营期和管理期。

14.3.2　不同阶段的房地产企业税务风险

不同阶段的税务风险内容不同，表现形式各异。其中任何一个环节出现漏洞，都可能影响到全局。税务风险出现的原因有以下 5 类：一是经济体制改革带来的税务风险；二是税务政策改革带来的税务风险；三是金融政策改革带来的税务风险；四是城市规划改革带来的税务风险；五是企业经营管理带来的税务风险。

14.4 投资方式与税务筹划

企业可以采取货币、实物、知识产权、土地使用权等投资方式。根据税法对不同投资方式的规定，合理选择投资方式，可以达到减轻税收负担的目的。

14.4.1 有形资产投资方式

按中外合资经营企业中外双方所签合同中的规定，外方出资的机械设备、零部件及其他物件，以及经审批，合营企业以增加资本新出口的国内不能保证供应的机械设备、零部件及其他物件，可以免征关税和进口环节的增值税。

14.4.2 无形资产投资方式

无形资产包括专利权、商标权、著作权、非专利技术、土地使用权等。采用无形资产投资方式，不仅可以获得一定的超额利润，还能达到节税的目的。例如，在筹划过程中决定将该技术转由乙方作为无形资产投资，则一笔数额较大的预提所得税便可省去。

14.4.3 分期投资方式

按投资期限将投资方式分为分期投资方式和一次性投资方式，一般选取前者。

我国现行税法规定：合营合同中规定一次缴清出资的，合营各方应当从营业执照签发之日起 6 个月内缴清；合同中规定分期缴付出资的，合营各方第一期出资不得低于各自认缴出资额的15%，且应自营业执照签发之日起3个月内缴清。据此可知，分期出资可获得资金的时间价值。

14.5　投资资产决策与税务处理

14.5.1　直接购买固定资产

直接购买固定资产的投资方式，既可以享受企业所得税税前一次性扣除，又可以将按企业会计准则计算的每年折旧加计扣除。以贷款利率作为投资报酬率进行测算：享受税收优惠（一次性抵扣），以价格 100 万元的固定资产为例，产生的现金净流量现值 =100 × 15%=15（万元）。无税收优惠（按 10 年折旧），产生的现金净流量净值 =100 ÷ 10 × 15% × 7.721 7 ≈ 11.58（万元）（注：系数 7.721 7 为 1 元年金现值系数）。因一次性扣除而产生的货币时间价值 =15-11.58=3.42（万元），即为企业创造的价值为 3.42 万元。企业固定资产投资实际现金净流量 =100-3.42=96.58（万元）。

14.5.2　股东直接用固定资产投资

股东直接用固定资产进行投资时，股东自身的税务成本 = 增值税 + 附加税 + 企业所得税。按规定，企业不符合固定资产加速折旧的条件，应至少按 10 年计提折旧，分 10 年税前扣除，不能产生货币时间价值利润。这样，上例中企业固定资产投资实际现金净流出量为 100 万元。

14.5.3　企业重组、合并方式取得的资产

假定重组涉及的固定资产账面净值与市场公允价值相等，没有计提减值准备。如果采用一般重组方式，企业按双方约定的固定资产的公允价值作为入账价值，不符合固定资产加速折旧的条件，不能在企业所得税前一次性扣除。按规定，应至少按 10 年计提折旧，分 10 年进行税前扣除，不能产生货币时间价值利润。

14.5.4　股东无偿调拨

企业接受股东无偿调拨的资产，不论作为股东的投资还是捐赠，入账价值都按公允价值作为计税基础。

在此种情况下，固定资产不符合加速折旧的条件，不能享受税前一次性扣除，

而必须按税法规定的年限分期计提折旧扣除，不能产生货币时间价值利润。

以上 4 种方式中，直接购买固定资产不仅手续简单，交易过程证据充足，企业账务处理简单明了，还可以享受最大限度的税收优惠，获取由此产生的货币时间价值利润，使企业所需的投资资金量最小，并且在企业投资报酬率越高时对企业越有利。

14.5.5 项目投资决策方法的应用

举一个例子，大华公司准备购入一设备以扩充生产能力。现有甲、乙两个方案可供选择，折现率为 10%，企业所得税的税率为 25%，有关各年的现金流量情况如表 14-1 所示。

表 14-1 各年的现金流量情况

单位：万元

		第 0 年	第 1 年	第 2 年	第 3 年	第 4 年	第 5 年
甲方案	固定资产投资	−10 000					
	营业现金流量		3 200	3 200	3 200	3 200	3 200
	现金流量合计	−10 000	3 200	3 200	3 200	3 200	3 200
乙方案	固定资产投资	−12 000					
	流动资产垫支	−3 000					
	营业现金流量		3 800	3 560	3 320	3 080	2 840
	固定资产残值						2 000
	流动资产回收						3 000
	现金流量合计	−15 000	3 800	3 560	3 320	3 080	7 840
	未回收额		−11 200	−7 640	−4 320	−1 240	

要求：计算两种方案的回收期、年均投资报酬率、净现值、现值指数及内含报酬率，并且评价两种方案的优劣。

投资回收期（甲）=10 000 ÷ 3 200=3.125（年）。

投资回收期（乙）=4+ ｜ −1 240 ｜ ÷ 7 840 ≈ 4.16（年）。

年均投资报酬率（甲）=3 200÷10 000×100%=32%。

年均投资报酬率（乙）=（3 800+3 560+3 320+3 080+2 840）÷5÷15 000×100% ≈ 22.13%。

净现值（甲）=3 200×（P/F，10%，1）+3 200×（P/F，10%，2）+3 200×（P/F，10%，3）+3 200×（P/F，10%，4）+3 200×（P/F，10%，5）-10 000

=3 200×0.909 1+3 200×0.826 4+3 200×0.751 3+3 200×0.683 0+3 200×0.620 9-10 000

=（2 909.12+2 644.48+2 404.16+2 185.6+1 986.88）-10 000

=12 130.24-10 000

=2 130.24（万元）。

净现值（乙）=3 800×（P/F，10%，1）+3 560×（P/F，10%，2）+3 320×（P/F，10%，3）+3 080×（P/F，10%，4）+7 840×（P/F，10%，5）-15 000

=3 800×0.909 1+3 560×0.826 4+3 320×0.751 3+3 080×0.683 0+7 840×0.620 9-15 000

=（3 454.58+2 941.984+2 494.316+2 103.64+4 867.856）-15 000

=15 862.376-15 000

=862.376（万元）。

现值指数（甲）=12 130.24÷10 000 ≈ 1.213 0。

现值指数（乙）=15 862.376÷15 000 ≈ 1.057 5。

内含报酬率（甲）的计算如下。

（P/A，IRR，5）=10 000÷3 200=3.125。

当 i=18% 时，（P/A，18%，5）=3.127 2；当 i=20% 时，（P/A，20%，5）=2.990 6。

则，IRR=18%+（3.127 2-3.125）×（20%-18%）÷（3.127 2-2.990 6）

=0.18+0.002 2×0.02÷0.136 6

=0.18+0.000 322。

≈ 18.03%。

内含报酬率（乙）的计算如下。

（P/A，IRR，5）=15 000÷4 320 ≈ 3.472。

当 i=12% 时，（P/A，12%，5）=3.604 8；当 i=14% 时，（P/A，14%，5）=3.433 1。

则，IRR=12%+（3.604 8−3.472）×（14%−12%）÷（3.604 8−3.433 1）

=0.12+0.132 8×0.02÷0.171 7

=0.12+0.015 469

≈ 13.55%。

甲、乙两方案现值指数均大于 1，说明收益超过其成本，即投资报酬率超过预定的贴现率。两方案均可行，但甲方案更优。

第 15 章 房地产企业融资过程中的税务风险及应对

15.1 融资资本来源

15.1.1 企业自有资金

企业自有资金包括企业设立时各出资方投入的资金、经营一段时间后从税后利润中提取的盈余公积金、资本公积金（主要由接受股东捐赠、资本汇率折算差额、股本溢价等形成）等资本。这些资金由企业自由支配、长期持有。

15.1.2 预收账款

预收账款是指房地产企业按照合同规定预先收取购房者的定金，以及委托开发单位开发建设项目，按双方合同规定预收委托单位的开发建设资金。对房地产企业而言，通过这种方式可以提前筹集到必需的开发资金。

其中，预购房款主要指购房者的个人按揭贷款，是我国房地产企业开发资金的重要来源。

15.1.3 房地产投资信托

房地产投资信托机构，是指采取公司或商业信托的形式，集合多个投资者的资金，收购并持有房地产（一般为收益性房地产）或者为房地产进行融资，并享有税收优惠的投资机构。

房地产投资信托实质上是一种证券化的产业投资基金，通过发行股份或收益单位，吸收社会大众投资者的资金，并委托专门管理机构进行经营管理。它通过多元化的投资，选择各种不同的房地产证券、项目和业务进行组合投资。

15.1.4 商业抵押担保证券

商业抵押担保证券是一种商业证券化的融资方式，即将不动产贷款中的商用房产抵押贷款汇集到一个组合抵押贷款中，通过证券化过程以债券形式向投资者发行。

15.1.5 其他融资方式

其他融资方式包括利用外资、回租融资、回买融资、租赁融资、夹层融资等。房地产企业融资方式包括了内部融资和外部融资这两种方式。

在实践中，这两种融资方式在企业融资过程中都是必不可少的，特别是外部融资，它的渠道较多，吸收的资金也更多。融资可以为企业带来充足的资金，但同时也存在一定的风险，这是企业在融资时应注意的。

15.2 房地产企业所面临的税务风险

15.2.1 房地产开发初期的税务风险

房地产企业在开发阶段，需要支付数额较大的地价款，而地价款在税务检查中是一个被重点关注的项目，因此，企业所面临的风险很大。在开发阶段涉及的税种有印花税、耕地占用税、契税等，在核算土地成本中还涉及土地增值税、企业所得税等。

在房地产企业开发阶段，房地产企业如果没有取得真实的发票，税务机关会对此进行处罚。因为没有根据规定取得发票的行为，可能导致企业偷税、漏税。

因此，在购置土地使用权时，需要在合同中明确说明提供真实有效的发票，以减少税务风险。

15.2.2　房地产开发中期的税务风险

建造成本是房地产企业一项较大的支出，其税务风险较高。除了自主开发的房地产企业外，大部分的房地产企业采取的是出包开发的方式。纳税人应当按照相关规定，承担代扣代缴的责任和义务。

在房地产开发中期涉及的税费主要有城市维护建设税、增值税、教育费附加、个人所得税等。房地产企业要特别注意与这些税费相关的条款，以规避税务风险。

15.2.3　房地产销售时期的税务风险

在房地产的销售过程中，涉及的税费非常多，具体包括印花税、城市维护建设税、企业所得税、教育费附加、增值税、土地增值税等。因此，销售环节是税务机关检查税务的重要环节之一。

税务部门依据房地产企业的预收账款来计算房地产企业应当缴纳的增值税及其他税费。在房地产企业预收账款项目账务处理不及时或者账款项目归集时，很容易发生税务风险。

15.2.4　其他税务风险

除了上述 3 个时期面临的税务风险之外，房地产企业还会面对一些相对较小的税务风险。例如，注册登记时，由于注册地点或是征管分局的不同，房地产企业有漏税风险；在发票管理方面，发票开具的时间与账款发生时间不一致，也可能导致税务风险。

房地产企业应当学习相关法律法规，以避免企业利益的损失和税务风险的增加。

15.3 房地产企业税务风险的应对策略

15.3.1 健全企业税务管理制度

首先，房地产企业应当制定合理的税务管理制度，明确部门职责和员工职责，形成完善的监督体系。

其次，房地产企业对企业涉税合同要严格审核，避免在合同上因不确定性条款而产生税务风险。合同双方要在税务方面明确对应的权利和义务，并严格按照国家法规来申报纳税。

再次，房地产企业必须规范发票管理行为，对发票的购买、发放及核实都由财务部门统一负责。

最后，房地产企业应当对纳税申报表及企业内部税务报表周期性地装订成册，并妥善保管，以便于日后翻查。

15.3.2 增强税务风险控制意识

房地产企业首先要提升企业员工自身的素质，在发生税务问题时，不能只追责于财务部门，上自企业领导下至各个部门和关键环节的负责人也要承担相应责任。

企业需要增强员工的涉税风险控制意识，在日常经营中，要注意避免税务风险的产生。要树立正确的依法纳税观念，正确开展税收筹划，从而达到控制税务风险的目的。

房地产企业要提升会计核算的水平，保全相应的会计核算资料，以提供充足的依据来控制税务风险。最后，在控制税务风险的同时也要顾及企业利益，要正确合理地制定税收筹划方案。

15.3.3 建立启动企业税务风险预警体系

税务风险预警体系是企业内部组建的组织，与风险预警行为的内部联系构成一个体系。

首先，定期检查税务，对房地产企业税务风险评分评级。确定企业中关键部门、税务风险高的部门和关键人员，并结合企业的实际状况，得出企业的税务风险分数，从而再对企业税务风险进行整体评价。

其次，加强企业的税务监督，科学预测企业纳税情况。纳税的预测在房地产企业中有着普遍而广泛的应用。根据企业涉税行为的历史资料，参考现有的条件和要求，对企业的税务进行科学的测算和预计。

15.4　商业地产运营模式选择与税务风险

15.4.1　商业地产的概念

商业地产是指用于各种零售、餐饮、娱乐、健身服务、休闲等经营用途的房地产形式，从经营模式、功能和用途上区别于普通住宅、公寓、写字楼、别墅等房地产形式。

商业地产是一个具有地产、商业与投资三重特性的综合性行业，既区别于单纯的投资和商业，又区别于传统意义上的房地产行业。

商业地产开发项目按照商业形态进行分类，大体可以分为以下类目：商业广场、商业街、大型商铺、购物中心、休闲广场、步行街、专业市场、社区商业中心等。

15.4.2　商业地产运营常用模式

（1）只售不租，出让产权。商业地产采用这种模式可以很快收回投资，很多房地产企业都采取降低置业门槛的措施，来化解大卖场面积消化的难题。大部分企业都用“出售后返租”方式，并打出“高回报租金”“若干年后回购”等吸引力十足的口号，以营造气氛。

（2）只租不售。只租不售的好处是房地产企业拥有产权，可以将房地产抵押再贷款，还可以待房地产增值后出售，甚至可以将商业、物业进行资本运作。

房地产企业通过对招商权的完全控制，来达到控制进场业态种类，形成自己经营特色的目的。

（3）又租又售。部分租，部分卖，出租部分起示范作用；或者以租代售，又租又售；可不租不售，自己做商业经营，同时赚到投资开发利润和商业经营利润；以物业为股本，成立专业商业经营公司，与商家合作或合伙经营；以物业为股本与其他人共同建立商业经营公司，专门经营其开发的商业、物业。

（4）商家与地产商结成战略联盟。现在比较吸引人们眼球的是“万达模式”。大连万达集团与沃尔玛、欧倍德等国际著名商业连锁企业建立了紧密的战略联盟关系，其所建的商业项目在开工之前，便已确定大部分面积要租与国际商业大鳄，故被称为“订单地产”。

例如，2×17 年 12 月 12 日甲公司（经中国人民银行批准从事融资租赁业务）与乙公司签订了一份 h 不动产的融资租赁合同。合同主要条款如下。

①租赁标的物：h 不动产。该地产坐落于某区 x 大道与 y 大道交界处，属于丙公司建成拥有的自持型房地产。按乙公司的要求，由甲公司从丙公司处购买，缴纳相关税费后交付乙公司使用。

②起租日：2×18 年 1 月 1 日。

③租赁期：2×18 年 1 月 1 日至 2×20 年 12 月 31 日。

④租金支付方式：每年年末支付租金 600 万元。

⑤租赁期满乙公司再支付 1 000 万元，就可获得 h 不动产所有权。

乙公司取得房屋使用权后，将 h 不动产以经营租赁的方式出租给部分商户，以赚取租金。

15.4.3 房地产融资租赁的税务风险

1. 注意融资租赁交易中是否存在价外费用

就增值税而言，其计税依据为销售额，应包括全部的价款与价外费用。

在房地产售后回租交易中，税务机关会根据此业务的相关交易文件，评估房地产企业是否以低于市场公允价值的售价吸引商铺购买者。如果经审查确实存在这种状况，那么税务机关就会认为房地产企业在销售商铺时无偿或以低于市价取得了购房者日后一段期间不动产的使用权，即税法规定的“其他经济利益”。在这种情况下，税务机关有权重新核定该企业增值税的计税依据。

2. 谨防税法规定与会计核算间的差异

由于会计制度和税法存在差异，会产生一系列的税务风险。就房地产售后回租业务来说，会计处理是把与资产账面价值相关的收益递延到以后各期，但税法的处理是于当期确认全部的销售收入。因此，每一纳税年度进行企业所得税汇算清缴时应做相应的纳税调整。

从税法有关融资租赁计税基础的规定可以看出，其并未规定计算最低租赁付款额的现值，这与会计准则的规定是有差异的。

由此可见，税法规定融资租入的固定资产的计税基础与会计核算上该资产的入账价值是存在差异的，需进行纳税调整。由于不涉及损益类科目，不会产生递延所得税。

3. 产权发生变动的情况下需缴纳契税

《中华人民共和国契税暂行条例》第二条规定，转移土地、房屋权属是指下列行为：国有土地使用权出让；土地使用权转让，包括出售、赠与和交换；房屋买卖；房屋赠与；房屋交换。

房地产的融资租赁，实质上是出租人转移了与其房地产所有权有关的全部风险和报酬的租赁行为。由于在融资租赁期间，房地产的所有权仍属于出租方，还没有发生转移变动，融资租赁期间的房地产不缴纳契税。但是如果在融资租赁期过后，租赁双方的房屋所有权发生转移，则承租方应按照规定缴纳契税。

15.5　股权融资形式与税务处理

15.5.1　股权转让融资

股权转让融资，是指融资公司的控股股东将其持有的股权，向股东外第三人转让，达到间接给企业融资的目的。

实缴注册资本0元转让股权的也要缴税。净资产就是资产负债表中的所有者权益，而所有者权益包括实收资本、未分配利润、盈余公积以及资本公积。公司认缴注册资本时，会计科目“实收资本”为0元，不等于“未分配利润”“盈余公积”以及“资本公积”科目也是0元。虽然“实收资本”科目为0元，但可能存在未分配利润、盈余公积或资本公积，转让股权也可能要缴税。

15.5.2 股权的转让与担保

债务人为保证清偿债务而与债权人做出“债务人将股权转让至债权人名下，待债务人履行清偿义务后，债权人应将股权返还”的约定，并据此签订股权转让协议。

纳税人解除原股权转让合同并收回转让的股权，对前次转让行为征收的个人所得税不予退回。

根据《国家税务总局关于纳税人收回转让的股权征收个人所得税问题的批复》（国税函〔2005〕130号）的规定，股权转让合同履行完毕，股权已做变更登记，且所得已经实现的，转让人取得的股权转让收入应当依法缴纳个人所得税。转让行为结束后，当事人双方签订并执行解除原股权转让合同、退回股权的协议，是另一次股权转让行为，对前次转让行为征收的个人所得税款不予退回。

15.5.3 股权质押融资

股权质押属于权利质押，是指出质人与质权人协议约定，出质人以其所持有的股份作为质押物，当债务人到期不能履行债务时，债权人可以依照约定就股份折价受偿，或将该股份出售而就其所得价金优先受偿的一种担保方式。

15.5.4 明股实债

明股实债是指投资回报不与被投资企业的经营业绩挂钩，不是根据企业的投资收益或亏损进行分配，而是向投资者提供保本保收益承诺，根据约定定期向投资者支付固定收益，并在满足特定条件后由被投资企业赎回股权或者偿还本息的投资方式。

“明股实债”又称“假股权真债权”，其形式上是股权投资，实质上是债权投资。根据实质重于形式原则，国家税务总局出台了《国家税务总局关于企业混合性投资业务企业所得税处理问题的公告》（国家税务总局公告 2013 年第 41 号，以下简称“41 号公告”），规定了符合条件的“明股实债”投资为“混合性投资”。

联系 41 号公告有关企业所得税规定的前后条款，就可看出筹划的思路：在实际操作中，在投资合同或协议约定利率时，比照金融企业同期同类贷款利率标准计算并支付利息支出；在满足被投资企业资金回流需求的情况下，可通过股权赎回溢价实现投资方收益。

对于被投资企业赎回的投资，投资双方应于赎回时将赎价与投资成本之间的差额确认为债务重组损益，分别计入当期应纳税所得额。

明股实债投资无法完全按照债权投资缴税。

明股实债的操作难点在于，41 号公告第一条第二款规定，在投资期满或满足特定投资条件后，被投资企业需要赎回投资或偿还本金。但在现实操作中，通常是由被投资企业的大股东赎回信托融资的股权，这与 41 号公告的规定是不符的。

由于被投资企业无法直接收购自己的股权，投资方投资形式不能采取股权投资的模式，通常可采取增资方式进行投资；退出路径应当是由被投资企业赎回投资方持有的股权，再做减资处理，以满足 41 号公告的条件。

第 16 章
房地产企业融资过程中的税务筹划

16.1 集资的税务筹划

16.1.1 集资税务筹划

企业在筹资时，眼光往往从外部转向内部，发动企业员工进行集资。企业可以通过两种支付方式的转化来进行集资活动中的税务筹划。

16.1.2 税务筹划方案

举一个例子，某企业刚投产的项目市场销售形势良好，目前急需流动资金 100 万元。该企业有职工 1 000 人，每人集资 1 000 元可以满足企业的资金需要。对集资款规定的利息率为 20%，应支付给职工利息 20 万元。目前市场上金融机构的同类同期贷款利率为 8%。该企业年会计利润为 100 万元。

方案一，如果支付给职工的利息 20 万元全部以利息的名义支付，高于金融机构的同类同期贷款利率 12%（20%-8%），高出的利息 =100 × 12%=12（万元），则企业应纳所得税 =（100+12）× 25%=28（万元）。

方案二，将 8 万元以利息的名义支付给职工，12 万元以奖金的名义发放给职工。企业应纳所得税 =100 × 25%=25（万元）。

通过税务筹划，方案二比方案一可节税 3 万元。

16.2　租赁业务的税务筹划

按照租赁资产所有权相关的风险和报酬是否转移分类，租赁分为融资租赁与经营租赁两种形式。

16.2.1　经营租赁涉税处理

如果一项租赁实质上并没有转移与资产有关的全部风险和报酬，那么该项租赁应归类为经营租赁。所以，一项租赁归类为融资租赁还是经营租赁取决于租赁的实质而不是合同的形式。

对于经营租赁，其涉税处理如下。

（1）增值税。企业出租房屋取得的收入按“现代服务 - 租赁服务”缴纳增值税。一般纳税人适用税率为 11%。一般纳税人适用简易计税方法和小规模纳税人按 5% 征收率计算缴纳增值税。

（2）房产税。出租、出借房产，自交付出租、出借房产之次月起计征房产税和城镇土地使用税。企业出租房屋，以房产租金收入为房产税的计税依据，税率为 12%。无租金使用其他单位房产的应税单位和个人，依照房产余值代缴纳房产税。

（3）印花税。企业出租房屋签订的租赁合同属于财产租赁合同，需按规定缴纳印花税，税率为 0.1%。税额不足 1 元的，按 1 元贴花。

（4）企业所得税。企业出租房屋取得的收入需按规定计算缴纳企业所得税。租金收入，按照合同约定的承租人应付租金的日期确认收入的实现。如果交易合同或协议中规定租赁期限跨年度，且租金提前一次性支付的，根据《中华人民共和国企业所得税法实施条例》第九条规定的收入与费用配比原则，出租人可对上述已确认的收入，在租赁期内，分期均匀计入相关年度收入。

16.2.2　融资租赁税务处理

对于融资租赁，其税务处理如下。

（1）融资租赁发生的租赁费不得直接扣除，承租方支付的手续费，以及安装交付使用后支付的利息等可在支付时直接扣除。

（2）融资租赁设备可以计提折旧并在税前扣除，而租赁费高于折旧的差额也可以税前扣除。

（3）如果租赁费通过举债支付，其利息可以在税前列支。

综上，结合企业的实际需要，可以变“买（或卖）”为“租”，通过双方合作，既满足资产需要方的现实需要，减少购进新设备巨大的现金流支出，也可使租赁方从租赁业务中获得租赁收益，同时又能进行税收筹划的安排，获取税收利益。

此外，当出租人与承租人同属一个企业集团时，在不违反税法规定的前提下，通过租赁可直接、公开地将资产从一个企业租给另一个企业，实现利润、费用等的转移，最终达到减轻整个集团税负的目的。

16.3 信贷的税务筹划

举一个例子，某公司根据年度财务收支计划，计算出当年资金缺口为 4 000 万元，拟通过 1 年期银行借款弥补资金缺口。

该公司拟请某软件公司为其开发应用软件，软件开发期预计为 1 年，当年末即可投入使用，须支付软件费用 2 000 万元（软件摊销期限为 2 年）。

假定公司当年及以后两年的息税前利润为 4 000 万元；银行 1 年期的正常贷款利息率为 10%；公司处于正常的纳税期，没有享受企业所得税减免优惠的政策。

试比较以下两种融资方案的税收利益。

方案一：以流动资金名义借款 4 000 万元。

方案二：以流动资金与软件开发组合贷款。流动资金为 2 000 万元，软件开发为 2 000 万元。

1. 方案一的税收利益

（1）第 1 年，利息属于经营性支出，均在第 1 年全部支付。

应纳税所得额 = 息税前利润 - 利息支出 =4 000-4 000×10%=3 600（万元）。

应纳所得税额 =3 600×25%=900（万元）。

税后利润复利现值 =（4 000-400-900）×0.909 1=2 454.57（万元）。

（2）第 2 年，应纳税所得额 =4 000（万元）。

应纳所得税额 =4 000×25%=1 000（万元）。

税后利润复利现值 =（4 000-1 000）×0.826 4=2 479.2（万元）。

（3）第 3 年，应纳税所得额 =4 000（万元）。

应纳所得税额 =4 000×25%=1 000（万元）。

税后利润复利现值 =（4 000-1 000）×0.751 3=2 253.9（万元）。

3 年净现值合计 =2 454.57+2 479.2+2 253.9=7 187.67（万元）。

2. 方案二的税收利益

开发软件借款利息费用不能于当期进行税前扣除，而需要计入软件成本，于摊销期分期扣除，利息费用总额 =2 000×10%=200（万元），第 2 年摊销费用 100 万元，第 3 年摊销费用 100 万元，计算收益净现值时需在第 1 年将该利息支出全部支付。软件开发借款利息抵税作用发生在第 2 年、第 3 年。

（1）第 1 年，应纳税所得额 =4 000-2 000×10%-3 800（万元）。

应纳所得税额 =3 800×25%=950（万元）。

收益净现值 =（4 000-400-950）×0.909 1 ≈ 2 409.12（万元）。

（2）第 2 年，应纳税所得额 =4 000-2 000×10%÷2=3 900（万元）。

应纳税所得税额 =3 900×25%=975（万元）。

收益净现值 =（4 000-975）×0.826 4=2 499.86（万元）。

（3）第 3 年，应纳税所得额 =4 000-2 000×10%÷2=3 900（万元）。

应纳所得税额 =3 900×25%=975（万元）。

收益净现值 =（4 000-975）×0.751 3 ≈ 2 272.68（万元）。

3 年净现值 =2 409.12+2 499.86+2 272.68=7 181.66（万元）。

16.3.1 贷款业务增值税筹划

贷款业务增值税等于贷款利息收入乘以增值税税率。贷款利息是指用自有资金或吸收存款及发放贷款取得的利息收入。通过降低利息率和隐匿贷款规模，或其他形式取得被贷款企业补偿的方式，企业可以减少利息收入，达到税收筹划的目的。

16.3.2 案例分析：贷款业务增值税筹划

某银行一季度取得人民币贷款利息收入为 500 000 元，取得美元贷款利息收入为 300 000 美元（1 美元 = 8.309 元人民币）。则该季度应纳增值税 =（500 000+300 000×8.309）×6%=179 562（元）。

假定该银行将贷款的一部分转为对企业的投资从而减少利息收入 1 000 000 元，则可以节省增值税 6 万元。

16.4 发行债券的税务筹划

16.4.1 企业债券溢价发行——直线摊销法

企业债券溢价发行的直线摊销法，是指将债券的溢价按债券年限平均分摊到各年冲减利息费用。

例如，某公司 2015 年 1 月 1 日发行债券 100 000 元，期限 5 年，票面利率为 10%，每年支付一次利息。公司按溢价 108 030 元发行债券，市场利率为 8%。表 16-1 是债券溢价发行在直线摊销法下的数据。

表 16-1　债券溢价发行（直线摊销法）

单位：元

付息日期	实付利息	利息费用	溢价摊销	未摊销溢价	账面价值
1993-1-1				8 030	108 030
1993-12-31	10 000	8 394	1 606	6 424	106 424
1994-12-31	10 000	8 394	1 606	4 818	104 818
1995-12-31	10 000	8 394	1 606	3 212	103 212
1996-12-31	10 000	8 394	1 606	1 606	101 606
1997-12-31	10 000	8 394	1 606	0	100 000
合计	50 000	41 970	8 030	—	—

计算公式如下：

实付利息 = 债券面值 × 票面利率；

利息费用 = 实付利息 - 溢价摊销；

溢价摊销 = 溢价总额 ÷5（年）；

未摊销溢价 = 期初未摊销溢价 - 本期溢价摊销；

账面价值 = 期初账面价值 - 本期溢价摊销。

16.4.2　企业债券溢价发行——实际利率法

企业债券溢价发行的实际利率法，是指通过以应付债券的现值乘以实际利率计算出来的利息与名义利息进行比较，将其差额作为溢价摊销额。其特点是负债递减，利息也随之递减，溢价摊销额则相应逐年递增。表 16-2 是债券溢价发行在实际利率法下的数据。

表 16-2　企业债券溢价发行（实际利率法）

单位：元

付息日期	实付利息	利息费用	溢价摊销	未摊销溢价	账面价值
1993-1-1				8 030	108 030

续表

付息日期	实付利息	利息费用	溢价摊销	未摊销溢价	账面价值
1993-12-31	10 000	8 642.4	1 357.6	6 672.4	106 672.4
1994-12-31	10 000	8 533.8	1 466.2	5 206.2	105 206.2
1995-12-31	10 000	8 416.5	1 583.5	3 622.7	103 622.7
1996-12-31	10 000	8 289.8	1 710.2	1 912.5	101 912.5
1997-12-31	10 000	8 087.5	1 912.5	0	100 000
合计	50 000	41 970	8 030	—	—

注：7 792.9=6 000+1 792.9

债券溢价摊销方法不同，虽然不会影响利息费用总和，但要影响各年度的利息费用摊销额。如果采用实际利率法，前几年的折价摊销额少于直线摊销法下的摊销额，前几年的利息费用大于直线摊销法下的利息费用。实际利率法下，公司前期缴纳税费较少，后期缴纳税费较多。

16.5 权益筹资的税务筹划

16.5.1 加权平均成本计算

加权平均资本成本的计算公式为：$\mathrm{WACC}=\sum_i W_i \times K_i$。

其中，WACC 表示企业加权平均资本成本，K_i 是第 i 种资本的资本成本，W_i 为第 i 种资本的权重，$\sum W_i=1$。

计算步骤为 3 步：第一，计算每项融资来源的资本要素成本；第二，确定各种融资来源的权重；第三，加总得出结果。

表 16-3 为权重的计算。

表 16-3　权重计算

	数额（万元）	资本成本（%）	比例（%）	加权成本（%）
债务	3 000	8	30	2.4
优先股	1 000	10	10	1.0
普通股	6 000	14	60	8.4
总计	10 000	32	100	11.8

调整结构：从银行借 500 万元向股东派发现金红利。

表 16-4 为结构调整后的公司价值与股东利益。

表 16-4　公司价值与股东利益

单位：万元

	没有负债	重组之后（500 万元负债）		
		好	一般	差
负债	0	500	500	500
自有资本	1 000	750	500	300
公司价值	1 000	1 250	1 000	800
资本收益 / 损失	—	-250	-500	-700
分红	—	500	500	500
股东的收益 / 损失	—	250	0	-200

结论如下。

（1）无论公司资本结构如何调整，如果公司的价值不变，股东的利益也不变。

（2）如果公司的价值下降，股东也将会因此受损。

（3）只有公司的价值增长，股东拥有的价值才会增长。

（4）最佳的资本结构就是能够最大限度地增加公司价值的资本结构。

16.5.2　案例分析：加权平均资本成本

假设包子铺的“权益资本”占比 30%，而“债务资本”占比 70%，进行简单计算。但需要注意的是，此时计算的“加权平均资本成本”是企业的“税后成本”，受企业所得税影响。

如果支付 100 元股息，要使用税后利润支付，假设企业所得税税率为 25%，那么支付 100 元股息，就需要产生营业利润约为 133.33［100÷（1-25%）］元。

由于债务利息可以按规定在税前扣除，包子铺如果需要支付 100 元的债务利息，只需要产生 100 元的营业利润即可，也就是说，营业利润是在支付了债务利息之后，才会被拿去交税。举债实质上是减少了企业的纳税额，这就是所谓的“税盾效应”。

可见，在相同的利息支付额度下，“权益资本”的资本成本要高过“债务资本”的资本成本。换句话说，在这种情况下，举债经营形成的“财务杠杆”，可以降低资本成本，让所有者获得更高的收益。

1. 债务资本部分

假设银行借款年利率为 6%，企业所得税税率为 25%。在计算这部分资本成本的时候，要把债务资本的“税盾效应”考虑进去。

首先，银行借款利率 6% 就是包子铺债务资本的“税前成本”。之后，为了求“税后成本”，要把税前成本乘以“（1- 企业所得税税率）”，即税后成本 =6%×（1-25%）=4.5%。

2. 权益资本部分

简单说，至少要分成“优先股”和“普通股”两部分来做，这里用机会成本的思路来确定权益资本成本，认为这部分的资本成本是拿来投资其他领域的收益率，也就是 A 股市场的平均个股年化收益率，9%。

3. 得出答案

WACC=9%×25%+4.2%×75%=5.625%。

16.5.3 税盾与税盾效应

税盾是指可以避免产生或减少企业税负作用的工具或方法。税盾效应，即债务成本（利息）在税前支付，而股权成本（利润）在税后支付，因此企业如果要向债权人和股东支付相同的回报，实际需要生产更多的利润。

例如，假设企业所得税税率为 25%，银行借款年利率为 10%，企业需向债权人支付 100 元利息，由于利息在税前支付，则企业只需产生 100 元税前利润即可（企业完全是贷款投资）；但如果要向股东支付 100 元的股利，则需产生税前利润约为 133.33 [100 ÷（1−25%）] 元（企业完全为股权投资）。因此“税盾效应”可使企业贷款融资比股权融资的成本低。

16.6　项目融资的税务筹划

图 16-1 为项目融资运行各阶段与纳税筹划的关系。

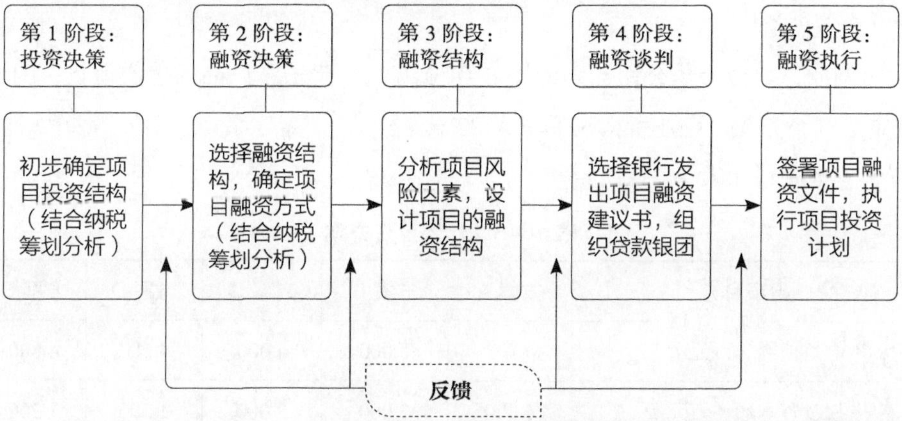

图 16-1　项目融资运行各阶段与纳税筹划关系

16.6.1　项目融资税务筹划在投资决策阶段的应用

在项目融资的投资决策阶段，主要进行项目可行性研究，资源、技术市场分析，并做出投资决策，初步确定项目的投资结构。税务筹划在这一阶段的应用主要在项目的投资结构上，具体表现在构成法人实体和不构成法人实体的组织形式的选择。

从征税环节来看，对于构成法人实体的组织形式，项目的营业利润在企业分配环节征收企业所得税。当税后利润作为股息分配给投资者时，投资者还要缴纳个人所得税。因此，公司实质上须负担两个层次的税收，即公司层次的所得税和个人层次的所得税，从而造成双重征税。而不构成法人实体的组织形式，营业利润不征企业所得税，只在各个合伙人分得收益时缴纳个人所得税。

16.6.2 项目融资税务筹划在融资决策阶段的应用

1. 企业负债规模的税务筹划

负债的税务筹划原则：确定负债总规模，将其控制在一定范围之内，使负债融资带来的利益抵销由于负债融资比重增大带来的财务风险及因融资增加的风险成本。

筹资的税务筹划应以合理的资本结构为前提，充分考虑纳税成本与企业的财务风险和经营风险之间的关系，寻求企业最优负债量，最大限度降低纳税成本，提升企业价值。

例如，烟台大华公司计划筹资 6 000 万元，用于新产品的生产项目，为此制定了 5 个方案，企业所得税税率为 25%。

其他资料如表 16-5 所示。

表 16-5 计划筹资方案

项目	方案 A	方案 B	方案 C	方案 D	方案 E
负债额（万元）	0	3 000	4 000	4 500	4 800
权益资本额（万元）	6 000	3 000	2 000	1 500	1 200
负债比率	0:6	1:1	4:2	3:1	4:1
负债成本率		6	7	9	10.5
息税前投资收益率（%）	10	10	10	10	10
普通股股数（股）	60	30	20	15	12
息税前利润（万元）	600	600	600	600	600
利息成本（万元）	0	180	280	405	504
税前利润（万元）	600	420	320	195	96

续表

项目	方案 A	方案 B	方案 C	方案 D	方案 E
应纳所得税（万元）	150	105	80	48.75	24
税后利润（万元）	450	315	240	146.25	72
税前权益资本收益率（%）	10	14	16	13	8
税后权益资本收益率（%）	7.5	10.5	12	9.75	6

分析如下。

（1）方案 B、C、D 的税前权益资本收益率、税后权益资本收益率均超过未使用负债的方案 A 的权益资本收益率。

（2）负债比例超出一定范围，权益资本收益率下降，表现为反向杠杆效应，如方案 E 的权益资本收益率低于未使用负债的方案 A 的权益资本收益率。

（3）随着负债总额的增加，负债比率的提高，利息成本呈上升趋势。

（4）负债成本具有税盾效应，从方案 A 到方案 E，随着负债比率与利息成本升高，纳税负担逐渐降低，节税效果显著。

（5）方案 E 节税最多，但企业权益资本收益率水平最低，导致企业最终利益的损失。

2. 企业间资金拆借的税务筹划

企业之间的资金拆借利息计算和资金回收期限方面，均具有较大的弹性和回旋余地，这种弹性和回旋余地常常表现为提高利息支付、冲减企业利润、抵销纳税金额。

例如，甲公司（母公司）和乙公司（全资子公司）是关联公司，乙公司拟于 2015 年 1 月 1 日向甲公司借款 500 万元，双方协议规定，借款期限一年，年利率为 10%，乙公司于 2015 年 12 月 31 日到期时一次性还本付息 550 万元。乙公司实收资本总额为 600 万元。已知同期同类银行贷款利率为 8%。假设金融保险业增值税税率为 6%，城市维护建设税税率为 7%，教育费附加征收率为 3%。

乙公司当年在“财务费用”科目列支甲公司利息 50 万元，允许税前扣除利息 =600 × 50% × 8%=24（万元），调增应纳税所得额 26 万元。假设乙公司 2015 年利润总额为 200 万元，企业所得税税率为 25%，不考虑其他纳税调整因素，乙公司当年应纳企业所得税额 =（200+26）×25%=56.5（万元）。

综上，乙公司支付利息 50 万元，甲公司得到利息 50 万元，由于是内部交易，对甲、乙公司整体利益来说既无收益也无损失。但是，由于甲、乙公司均是独立的企业所得税纳税人，税法对关联企业利息费用的限制，使乙公司额外支付了 6.5（26×25%）万元的税款，而甲公司收取的 50 万元利息还须按照“金融保险业”税目缴纳增值税 3 万元、城市维护建设税 0.21 万元、教育费附加 0.09 万元，合计 3.3 万元。

对整个企业来说，合计多纳税费 7.325（3.3×25%+6.5）万元。

企业可以采取如下 3 种税务筹划方案。

方案一：将甲公司的借款 500 万元给乙公司，变为甲公司向乙公司增加投资 500 万元。这样，乙公司就无须向甲公司支付利息，如果甲公司适用企业所得税税率与乙公司的相同，从乙公司分回的利息就无须补缴税款。如果甲公司企业所得税税率高于乙公司的，乙公司可以保留盈余不分配，这样甲公司也就无须缴纳企业所得税。

方案二，如果甲、乙公司存在购销关系，乙公司生产的产品作为甲公司的原材料，那么，当乙公司需要借款时，甲公司可以支付预付账款 500 万元给乙公司，让乙公司获得一笔“无息”贷款，从而排除了关联企业借款利息扣除的限制。

方案三，如果甲公司生产的产品作为乙公司的原材料，那么，甲公司可以采取赊销方式销售产品，将乙公司需要支付的应付账款由甲公司作为“应收账款”挂账，这样乙公司也可以获得一笔“无息”贷款。

方案二和方案三属于商业信用筹资。这是因为，关联企业双方按正常售价销售产品，对“应收账款”或“预付账款”是否加收利息，可以由企业双方自主确定，税法对此并无特别规定。由于乙公司是甲公司的全资子公司，甲公司对应收账款或预付账款不收利息，对于投资者来说，并无任何损失。

第 17 章
房地产企业并购重组中的税务风险及应对

17.1 房地产企业并购重组中的税务风险

17.1.1 历史遗留税务问题

在股权收购的情形下，被收购公司的所有历史遗留税务问题都将被新股东承继。实务中，可能存在的历史遗留税务问题通常包括：假发票、纳税申报不合规、偷税、欠缴税款等。

例如，2012 年北京某文化公司以股权收购方式收购了一家传媒公司 55% 的股份，2014 年初该传媒公司被税务稽查机关发现其 2011 年至 2012 年经营年度存在偷税问题，需要补缴税款及滞纳金高达 2 600 万元，同时处以偷税数额 1 倍的行政罚款。由于收购方与原股东收购合同中并未涉及历史遗留税务问题处理的事项，税务稽查带来的经济损失只能由新股东承担。

17.1.2 税务架构不合理引起的风险

对于跨境并购而言，公司架构税务筹划非常重要。由于不同国家（地区）适用的税收政策不同，税务架构会引发极大的税负差异。

17.1.3 交易方式缺少税务规划引起的风险

并购重组交易方式，可归纳为股权收购和资产收购，其中，股权收购中，被收购公司的税务风险将会由新股东承继，资产收购方式则不会。同时，选择资产收购方式将承担动产及不动产产权变动带来的增值税以及土地增值税等税负。相比较而言，股权收购一般不需要缴纳流转税以及土地增值税。

17.1.4 未按规定申报纳税引起的风险

2011 年以来，资产收购一直是国家税务总局稽查的重点，包括对收入项目和扣除项目的检查。与此同时，针对间接股权转让引发的反避税调查也越来越频繁，涉案金额巨大的案件层出不穷。

国家税务总局下发的《国家税务总局关于加强股权转让企业所得税征管工作的通知》（税总函〔2014〕318 号）中提出了“对股权转让实施链条式动态管理”“实行专家团队集中式管理”“加强信息化建设”等做法，因此，企业在并购重组中，股权转让税务合规性风险会继续提高。

17.1.5 特殊性税务处理不合规引起的风险

特殊性税务处理可以实现递延纳税的效果，节约现金流。按规定，企业并购重组适用特殊性税务处理要满足“没有避税的目的”“收购资产或股权要大于75%”“股权支付额不低于整个交易额的 85%”等方面的条件，同时，符合条件的企业需要到税务机关进行备案。

实务中，有的企业符合上述条件，但没有备案，后续也未做纳税申报，这种情况被税务机关发现会被认定为偷税。

17.2　房地产企业并购重组中税务风险的应对策略

17.2.1　并购重组中的税务风险应对策略

通过以下三大步骤可以控制并化解潜在的税务风险。

步骤一，在并购重组前积极进行税务尽职调查。通过税务尽职调查，可以准确判断交易是否要继续下去、是否需要重新评估交易价格。同时，税务尽职调查也有利于收购方全面了解被收购方的真实营运情况，发现未来税务优化的机遇等。

步骤二，规划并购重组税务架构与交易方式。企业在并购重组中应结合企业战略、经营情况，选择最优并购重组税务架构及交易方式，如通过事前规划争取进行特殊性税务处理，可以节约一笔现金流，保证并购重组的顺利进行。

步骤三，提升并购重组税务风险管理水平。资本交易项目是目前税务稽查的重点，按照相关文件要求，及时申报纳税，也是企业需要切实做好的一项基本税务管理工作。

17.2.2　案例分析：并购重组问题与解决

新设合并，指一个企业与另一个或一个以上的企业合并以组建成立一个新企业，原合并各企业解散且取消原企业的法人资格。

吸收合并，指以一个企业，接纳吸收另一个或一个以上的企业加入本企业，加入方解散且被取消原法人资格，而接纳方仍然存续，这又被称为企业兼并。

在吸收合并企业的纳税筹划活动中，主要应考察以下两个方面的问题：一是合并后整体税负的增减，二是合并行为中产权支付方式的选择。

高利润企业吸收合并高亏损企业，会冲减盈利企业的利润，这样就会减轻企业的所得税税负。

例如，振邦集团是生产型的企业集团，由于近期生产经营效益不错，集团预测今后几年的市场需求还有进一步扩大的趋势，于是准备扩展生产能力。

离振邦集团不远的 A 公司生产的产品正好是其生产所需的原料之一，A 公司由于经营管理不善正处于严重的资不抵债状态，已经无力经营。经评估确认 A

公司资产总额为 4 000 万元，负债总额为 6 000 万元，但 A 公司的一条生产线性能良好，正是振邦集团生产原料所需的生产线，其原值为 1 400 万元（不动产 800 万元、生产线设备 600 万元），评估值为 2 000 万元（不动产作价 1 200 万元，生产线设备作价 800 万元）。

请为振邦集团进行税务筹划，使振邦集团的税负最小化。

方案一：产权交易行为——承债式整体并购。

根据《国家税务总局关于纳税人资产重组有关增值税问题的公告》（国家税务总局公告 2011 年第 13 号）的规定，企业的产权交易行为（产权交易是指企业的整体资产、负债和劳动力全部转移到购买方的经济行为）不缴纳增值税。A 公司资产总额为 4 000 万元，负债总额为 6 000 万元，已严重资不抵债。A 公司通过清算程序无须缴纳企业所得税。

该方案对于振邦集团而言，需要购买 A 公司的全部资产，这从经济核算的角度讲，是没有必要的，同时振邦集团还要承担大量的不必要的债务，这会对集团以后的运作不利。

方案二：产权交易行为——先分后并。

A 公司先将原料生产线重新包装成一个全资子公司，资产为生产线，其评估价值为 2 000 万元，负债为 2 000 万元，净资产为 0。先分后并，即先分设出一个独立的 B 公司，然后再实现振邦集团对 B 公司的并购，将资产买卖行为转变为企业产权交易行为。同方案二，A 公司产权交易行为不缴纳增值税。

对于企业所得税，当从 A 公司分设出 B 公司时，被分设企业应视为按公允价值转让其被分离出去的部分或全部资产，计算被分设资产的财产转让所得，依法缴纳企业所得税。A 公司分设 B 公司后，A 公司应按公允价值 2 000 万元确认生产线的财产转让所得 600（2 000-1 400）万元，缴纳企业所得税 150（600×25%）万元。

B 公司被振邦集团合并，根据企业合并有关税收政策，被合并企业应视为按公允价值转让、处置全部资产，计算资产转让所得，缴纳企业所得税。由于 B 公司转让所得为 0，所以不缴纳企业所得税。

第 18 章 房地产企业上市过程中涉及的税务风险及应对策略

18.1 上市利润要求与税务管理的矛盾

18.1.1 上市公司利润操纵方法

1. 变更会计核算和会计估计方法

（1）改变折旧政策。利用政策规定的模糊性，延长固定资产折旧年限，使本期折旧费用减少，相应减少本期的营业成本，从而增加本期利润；同时，还可以通过高估资产价值达到同样的目的。对于固定资产占总资产比重大的企业，由于折旧政策的调整对当期的利润影响重大，改变折旧政策成为某些上市公司操纵利润的重要手段。

（2）利用计提四项准备金的人为因素。由于坏账损失、存货跌价损失、短期投资跌价损失、长期投资减值损失的确定由“董事会认为”就可以了，很多上市公司根据需要将其认为的坏账、跌价损失、减值损失计提各类准备金，如果来年认为不是坏账、不是损失，那么就可以确认为来年的收益了。

2. 收益性支出资本化

利用权责发生制、收入和成本配比等会计原则，对已经实际发生的费用或损失，本应确认为收益性支出，但通过“长期待摊费用”“在建工程”“待处理流动资产损失”“待处理固定资产损失”等科目予以资本化，形成大量虚拟资产。

其中最为突出的便是利息费用资本化。上市公司通过利息费用资本化来操纵利润的表现有以下两种。

（1）以某项资产还处于试生产阶段为借口，将利息费用资本化，虚增资产价值和利润。

（2）在建工程中利息费用资本化数额和利润表中反映的财务费用，远远小于企业平均借款余额应承担的利息费用。

利息费用还通过其他方式被消化利用，最终都被资本化并形成资产。

18.1.2　对上市公司利润操纵的税务管理

1. 缩小“公允价值”的使用范围，压缩利润操纵空间

在债务重组和非货币性资产交易处理中，尽量减少公允价值的运用，以重组债务或换出资产的账面价值作为计价基础。例如，对企业首次发行股票而接受投资者的无形资产，根据企业会计准则不再以公允价值为计价基础，而是按资产在投资方的账面价值入账。

2. 在存货管理办法上，一律采用“先进先出法”

对于生产周期较长的企业，如果原材料价格一直下降，则一律采用“先进先出法”，这将大幅度提高成本，降低当期利润。相反，如果原材料价格一直处于上升趋势，采用“先进先出法”，则会导致当期利润上升。

3. 重新确认“债务重组收益”，抑制利用债务重组“扭亏增效”的做法

按照企业会计准则规定，即使企业重组成功，重组收益也要计入营业外收入，避免其影响利润和弥补亏损。

由此可见，“债务重组收益”的重新确认，抑制了上市公司利用豁免债务、债转股等形式迅速“扭亏增效”的做法。

4. 规范“利息资本化”

针对上市公司利用借款费用夸大业绩的行为，企业会计准则对利息资本化的确认条件、确认时间、计算金额、暂停资本化、停止资本化，以及披露细节都

有具体、详细的规范说明。从而，约束了上市公司利用借款利息资本化操纵利润的行为。

5. 调整“资产减值”的准则

企业因滥用会计估计而多提的资产减值准备，在转回当期应当遵循原渠道冲回的原则，不得作为增加当期的利润处理。企业会计准则的这些具体规定使通过“资产减值准备”科目操纵利润的企图落空，有效地约束了利用资产减值准备作为“秘密储备”调节利润的行为。

在企业会计准则的约束下，利用资产减值准备调节利润的空间将变得越来越小，利用计提手法调节利润将越来越难。

总之，要充分利用国家相关法律法规和企业会计政策，既满足上市公司盈利水平的要求，又不违反现行税收、会计等相关法律法规。

18.2　如何通过补税将利润“阳光化”

18.2.1　权责发生制账务调整

以权责发生制进行衡量，对于本期应计未计的营业收入、营业成本、期间费用等，进行账务调整。其中，属于上年度的记入“以前年度损益调整”科目，并进行相应的应交企业所得税调整；属于本年度的直接调整利润和应交企业所得税。调整后，及时向当地税务部门申报纳税。

18.2.2　案例分析：补税问题与解决

某税务机关于 2014 年对某内资企业 2013 年企业所得税进行检查时，发现以下问题。

（1）2012 年 12 月，该企业以经营租赁方式租入管理部门用的计算机两台，

2013 年按每台原值 10 000 元，预计使用年限 5 年，计提折旧 4 000 元。

（2）2013 年初，“坏账准备”科目贷方余额为 5 500 元，2013 年未发生坏账损失。2013 年末，“应收账款”科目借方余额为 1 950 000 元，坏账准备计提比例为 4‰。于是，该企业计提的坏账准备 =1 950 000×4‰ =7 800（元）。

（3）2013 年 7 月 1 日，向某机构借入期限为半年的借款 150 000 元，年利率为 9%。已将利息费用记入“财务费用”科目。而金融机构同类、同期贷款利率为 6%，年终未进行纳税调整。

（4）本年国债利息收入 54 000 元，全部用以冲减“财务费用”科目，年终未进行纳税调整。

（5）由于未及时纳税，被税务机关加收滞纳金及罚款共 30 000 元，全部记入“营业外支出”科目，年终未进行纳税调整。

要求：根据以上账务，编制调账分录；核算应补缴的企业所得税税额。

调整处理的会计分录如下。

（1）①调整经营性租入固定资产多计提的固定资产折旧。

借：累计折旧　　4 000

　　贷：以前年度损益调整　　4 000

②应补缴企业所得税 =4 000×25% =1 000（元）。

借：以前年度损益调整　　1 000

　　贷：应交税费——应交企业所得税　　1 000

（2）①调整多计提的坏账准备。

借：坏账准备　　2 300

　　贷：以前年度损益调整　　2 300

②应补缴企业所得税 =2 300×25% =575（元）。

借：以前年度损益调整　　575

　　贷：应交税费——应交企业所得税　　575

（3）①调整高于金融机构的利息 =150 000×（9% − 6%）×1÷2= 2 250（元）。

②应补缴企业所得税 =2 250×25% =562.5（元）。

借：以前年度损益调整　　562.5

　　贷：应交税费——应交企业所得税　　562.5

（4）将国债利息收入用以冲减“财务费用”科目并无不当（按企业会计制度规定，应记入“投资收益”科目贷方），但不应该计入当期应纳税所得额。因此多缴纳企业所得税 =54 000×25% =13 500（元）。

调整分录如下。

借：应交税费——应交企业所得税　　13 500

　　贷：以前年度损益调整　　13 500

（5）记入“营业外支出”科目并无不当，但少计应纳税所得额 30 000 元，应补缴企业所得税 =30 000×25% =7 500（元）。

调整分录如下。

借：以前年度损益调整　　7 500

　　贷：应交税费——应交企业所得税　　7 500

18.3　股权结构安排中的税务风险及应对策略

18.3.1　股权转让中的税务风险

股权结构主要因股权转让产生变动，因此应重点把握股权转让中的税务风险。我国现行税法规定：个人股权转让应当按照“财产转让所得”税目计征 20% 的个人所得税和“产权转移数据”税目计征 0.05% 的印花税等。

个人股东转让持有目标公司股权事项的，股权受让方应当到目标公司所在地主管税务机关办理申报纳税和解缴税款的相关手续，主要履行代扣代缴个人所得税和印花税的义务。

通常按照股权转让包干费总价，减去股权准予扣除成本以及转让过程中的相关税费后的余额作为计税依据，然后以应纳税所得额的 20% 计算缴纳代扣代缴的个人所得税。其中股权准予扣除成本是原个人股东持有目标公司的注册资本份额，和承担的债务份额之和扣除享有的债权份额之后的余额。

股权受让方应当根据“产权转移数据”税目以股权转让包干费总价的 0.05% 履行代扣代缴印花税的义务，同时股权受让方也应当按此标准申报缴纳自己承担的印花税。

18.3.2 案例分析：扣缴义务人未依法扣缴税款承担的法律责任

（1）涉税情况。

2016 年 10 月 10 日，自然人乙与丙公司签订股权转让协议。

协议约定丙公司收购自然人乙（原出资 3 200 万元）持有的目标公司甲的 100% 股权，约定股权转让包干费为 10 400 万元。本次交易经当地商务厅和工商局等相关部门批准后，于 2016 年 11 月 10 日办理了股权过户等工商变更登记手续。

丙公司一直未代扣代缴自然人乙的个人所得税和印花税，自然人乙也未在收到股权转让款后到主管税务机关申报缴纳税款。

（2）涉税风险。

税务机关责令自然人乙限期补缴股权转让的个人所得税和印花税 =（10 400-3 200）×20%+10 400×0.05%=1 445.20（万元）。同时税务机关依照《中华人民共和国税收征收管理法》的有关规定对股权受让方丙公司未履行代扣代缴税款义务进行了相应的税务处罚。

（3）应对措施。

通过此案例可知，根据尽职调查的结果，对于公司收购投资者所持目标公司股权的，特别需要向对方明确告知代扣代缴税款的相关事项，并在股权收购协议中明确约定由本公司从应付股权转让包干费总价中代扣代缴，防止因对方不缴或迟延缴纳税款带来涉税风险并受到税务处罚等。

18.4　多重组织结构安排的税务好处

18.4.1　案例分析：多重组织结构安排

马蒙集团是一家私人拥有的公司，下设 60 多个不同行业的企业，雇员达 28 000 多名，年收入超过 53 亿美元。

普里兹柯先生认为管理层的经理们在管理集团的不同业务时，应当参与直接的业务运作。他们的首要职能是通过财务控制系统，承担监督、评估的职能。设在芝加哥的公司总部只有 55 名管理层的经理，但他们要管理集团的 60 余家企业，其中有 30 名经理的工作仅是整理、解决税务和其他财政事务。

18.4.2　多重组织结构的税务好处

这 60 多家企业的经理们向集团的 9 名高级经理中的一位汇报工作。另外，这 60 多家企业的财务总监向芝加哥公司总部的由 3 人组成的财务小组汇报工作。这种双重汇报制度确保管理层的经理们可以收到关于各自企业的财务状况的精确说明。

由此可见，多重组织结构不仅能合理利用税务政策，还能通过有效管理降低税负。

18.5　上市地点选择与税务风险

18.5.1　企业在选择上市地点时应考虑的因素

企业在选择上市地点时应考虑以下因素。

（1）建立和维护上市的实际支出成本。

（2）对估值和流动性的影响。

（3）非财务利益。

18.5.2 企业在选择上市时应考虑的税务风险

1. 有限责任公司改制为股份公司时应考虑的税务风险

（1）个人所得税风险。

盈余公积、未分配利润转增股本，涉及缴纳个人所得税（股息、红利所得）风险。对于资本公积转增股本，各地税务部门理解不一：按非股票发行溢价部分或全额转增股本缴纳个人所得税；或按上市后自然人股东转让股份时一并缴纳等。政策适用方面存在一定风险。

相关税法规定，仅非资本公积溢价部分及留存收益转增股本，有个人所得税纳税义务。为此，针对上述风险，有以下解决方案。

①实收资本、资本公积溢价依次折股，盈余公积、未分配利润转入资本公积。

②争取主管税务机关认可，资本公积溢价部分折股不缴纳个人所得税；或征得其同意上市后股权转让时一并缴纳，发起人承诺履行纳税义务等。

（2）土地增值税风险。

根据《财政部 国家税务总局关于企业改制重组有关土地增值税政策的通知》（财税〔2015〕5号）规定，有限责任公司整体改建为股份有限公司，不改变原企业的投资主体，并承继原企业权利、义务。对改建前的企业将国有土地、房屋权属转移、变更到改建后的企业，暂不征土地增值税。若改制时，部分原投资者退出，则存在不能免征土地增值税的风险。

（3）契税风险。

根据《财政部 国家税务总局关于进一步支持企业事业单位改制重组有关契税政策的通知》（财税〔2015〕37号）规定，有限责任公司变更为股份有限公司，原企业投资主体存续并在改制（变更）后的公司中所持股权（股份）比例超过75%，且改制（变更）后公司承继原企业权利、义务的，对改制（变更）后公司承受原企业土地、房屋权属，免征契税。

若改制时，原股东股份公司中所持股权（股份）比例未超过 75%，则存在不能免征契税的风险。

（4）印花税风险。

根据《中华人民共和国印花税暂行条例》及相关规定，整体改制为股份有限公司，折股过程中“股本”“资本公积”账户增加金额，需要按照万分之五的税率缴纳印花税。

2. 主办券商及相关中介尽职调查时应考虑的税务风险

根据尽职调查工作指引及相关规定，主办券商及相关中介会通过询问相关人员、查阅相关资料等方式，了解拟上市公司纳税情况是否符合法律、法规和规范性文件的要求，是否存在拖欠税款的情形，是否受过税务部门的处罚，判断公司享受的优惠政策、财政补贴是否合法、合规、真实、有效。

（1）非货币性资产出资视同销售风险。

如以货物、货物类固定资产或专利技术、非专利技术、商标、商誉、著作权等无形资产及不动产出资，根据《中华人民共和国增值税暂行条例》及“营改增”相关文件规定，属于视同销售的，存在缴纳增值税的风险；根据《中华人民共和国土地增值税暂行条例》及相关规定，以不动产出资还会涉及缴纳土地增值税风险；根据《中华人民共和国企业所得税法》及相关规定，非货币性资产出资视同销售的，涉及缴纳企业所得税的风险。

（2）不公允增资所得税风险。

在股份制改造完成前，一般都已经或计划进行多轮增资活动。如果溢价增资，即按高于有限公司每股净资产公允价值增资，会导致增资人向原股东输送利益；如果是折价增资，即按低于有限公司每股净资产公允价值增资，会导致原股东向增资人输送利益。对于不公允增资，税务机关的观点至关重要。

当前税务机关对于不公允增资是否视同股权转让征税，观点不一。对于溢价增资，大部分税务机关持对原股东不征收个人所得税的观点；对于折价增资，部分税务机关持征收增资人个人所得税观点。因此，应特别注意类似风险。

（3）持股平台税务风险。

员工持股包括个人持股、通过中间公司持股、通过合伙企业持股等 3 种方式。但大多通过合伙企业持股来控制未来上市主体。

根据《中华人民共和国合伙企业法》的相关规定，合伙企业分为普通合伙企业和有限合伙企业两种，其中有限合伙企业由普通合伙人执行合伙事务，且对外代表有限合伙企业，而有限合伙人不执行合伙事务。因为普通合伙人可以通过较少的出资控制合伙企业，所以成为国内股权投资基金和员工持股企业常见的组织形式。

在员工持股合伙企业中，通常由拟上市公司高管或其他人担任普通合伙人，公司其他员工担任有限合伙人。

（4）不合规发票风险。

企业开具或取得不合规的发票，轻则被税务机关要求重新开具或取得；重则依据《中华人民共和国发票管理办法》规定进行罚款；甚至可能触犯《中华人民共和国刑法》，企业面临被判罚金，相关责任人员被判刑的严重后果。

2015 年 1 月起的升级版的增值税发票管理系统及 2016 年全国上线的金税三期工程，对虚开增值税发票的监控更加精确，不合规发票被发现的概率成倍增加。

如果在申请挂牌过程中被追究类似发票违法责任，或会因此挂牌失败。因此，应特别注意做好员工的发票风险防范教育工作，加强内部控制，降低取得或开具不合规发票的风险。

（5）股权代持税务风险。

股权代持又称委托持股、隐名投资或假名出资，是指实际出资人与他人约定，以他人名义代实际出资人履行股东权利义务的一种股权或股份处置方式。如果股东存在代持股情况，则存在如下税务风险。

①股权代持的所得税风险。

与股权代持有关的税收政策，仅有《国家税务总局关于企业转让上市公司限售股有关所得税问题的公告》（国家税务总局公告 2011 年第 39 号），但该公告仅适用于企业转让上市公司限售股的情形。在实践中，对于股权代持主要有两种处理观点：形式重于实质原则，即考虑名义股东（显名股东），不考虑其背后的实际出资人（隐名股东）；实质重于形式原则，即依照经济实质考虑实际出资人（隐名股东）。

但基本上，税务机关的处理思路都是按照形式重于实质的原则进行的。为此，若有股权代持情形的，可能存在被双重征税（对名义股东和隐名股东分别征税）的风险。

②股权代持的增值税风险。

实践中，名义股东或隐名股东之间，一般通过往来款项进行账务处理，若出现借方余额时，税务机关可能会按照借款利息征收增值税。

18.5.3　案例分析：上市地点选择问题与解决

（1）涉税案情。

2016 年 12 月 9 日，中国境内 E 公司与中国境内 F 公司在成都签订股权债权收购协议，协议约定 E 公司受让 F 公司持有目标公司 D 公司的 100% 股权，其股权债权包干费总价为 13 500 万元。

随后 E 公司组织财务人员到目标公司进行尽职调查，核对账目发现目标公司和股东 F 公司完善相关手续后仍存在遗留未核销清理的债务 500 万元（应偿还 F 公司的债务），E 公司财务人员认为此债务事项与股权转让协议约定不相符，会给目标公司后期带来企业所得税的涉税风险。

E 公司随即告知 F 公司就目标公司的债务事项需签订补充协议，应重新约定包干费总价中股权转让金 13 000 万元和债权转让金 500 万元。

F 公司书面回复“股权包干费总价保持不变，承诺放弃应收目标公司的债务清偿款 500 万元，并将该债权随股权一并无偿转让给 E 公司”。

（2）涉税风险。

就目标公司的债务清偿事项，E 公司随即向税务中介机构和目标公司所在地主管税务机关咨询，均得到相似回复，即按照《中华人民共和国企业所得税法实施条例》的相关规定，“债务重组收入”应计入企业应纳税所得额缴纳企业所得税。

F 公司虽承诺给予目标公司的债务全部豁免，但依据税法规定，目标公司应当将支付 F 公司的债务清偿额 500 万元确认债务重组所得，其涉税金额 = 500 × 25%=125（万元）。

因涉税金额应视同股权受让方 E 公司额外承担的纳税义务，为了股权收购协议的顺利实施，F 公司最终回复同意按照 E 公司之前尽职调查的意见签订了补充协议，明确约定了包干费总价中股权转让金和债权转让金的数额。

（3）应对措施。

对于目标公司存在未清理和核销的债权债务，应当特别分析关注其债权债务剥离之后，是否还会给目标公司和股权受让方带来潜在的涉税风险，同时应当在股权转让协议中约定，若产生纳税影响，将由股权转让方承担并应当从其包干费总价中予以扣除。

第 19 章 房地产企业上市后的税务风险及应对策略

19.1 上市公司税务筹划受到的局限

19.1.1 战略发展与决策制定

企业制定决策时要符合其战略发展的要求，企业进行税务筹划也要站在战略的高度加以考虑，以企业的全局战略为指导。

如果只从税务筹划的角度去考虑，有可能在局部获得了收益，而在整体上损害了企业利益，这样企业就得不偿失了。

《国家税务总局关于企业所得税若干优惠政策的通知》(财税〔2008〕1号)规定，国务院批准的高新区技术产业开发区的高新技术企业，减按 15% 的税率征收所得税；新办的高新技术企业自投产年度起免征所得税 2 年。如果企业现在从事的行业与高新技术产业关联性低，不具备进入高新技术产业的能力，就无法进行这方面的税务筹划。

国家为了鼓励企业参与“西部大开发”制定了很多的税收优惠政策，企业要从市场因素、成本因素、地理因素等多方面进行考虑，才能决定是否到西部建厂投资，而不能只考虑税负高低这一个因素。

19.1.2 税务筹划风险方面存在的问题

从当前我国税务筹划的实际情况看，纳税人在进行税务筹划时都普遍认为，只要进行税务筹划就可以减轻纳税负担，增加自身收益，很少甚至根本不考虑税务筹划的风险。

其实，税务筹划作为一种计划决策方法，其本身也是有风险的。

首先，税务筹划具有主观性。主观性判断直接关系到税务筹划方案的选择与实施，失败的税务筹划对于纳税人来说就意味着风险。

其次，税务筹划存在着征纳双方的认定差异。税务筹划应当是合法的，符合立法者的意图，但这种合法性还需要税务行政部门的确认。也就是说，即使是合法的税务筹划行为，也可能因税务行政执法偏差而导致税务筹划方案在实务中行不通，从而使方案成为一纸空文，或者被视为偷税或恶意避税而被查处。

19.2 上市房地产公司常用税务筹划方法

19.2.1 以房地产出资

1. 第一步：设立环节

由目前持有房地产的目标公司以现金出资设立项目公司。公司需申请成为增值税一般纳税人，以获取后续房地产作价投资时的增值税专用发票的进项税额抵扣。

2. 第二步：投资环节

目标公司将土地使用权作价对项目公司增资，大于实收资本的作价款计入资本公积。需缴纳税种主要包括：增值税及附加、印花税、契税、企业所得税。

根据《财政部 国家税务总局关于企业改制重组有关土地增值税政策的通知》

（财税〔2015〕5 号）的规定，单位、个人在改制重组时以国有土地、房屋进行投资，对其将国有土地、房屋权属转移、变更到被投资的企业，暂不征土地增值税（房地产开发企业除外）。

3. 第三步：转让环节

目标公司将其持有的项目公司 100% 的股权转让给受让方，需出具评估报告。通常而言，因评估报告的使用年限为 1 年，投资后转让环节的房地产评估价格并未产生增值。因此目标公司在股权转让环节仅需缴纳印花税（产权转移书据贴花）。

19.2.2　企业分立

也可以要求交易对手所属公司通过企业分立的方式将目标地块分立到项目公司，之后收购方再通过收购项目公司股权的方式达成并购交易。相比较以房地产出资的筹划方案，企业分立的方式无法完全做到风险隔离，因为分立公司和被分立公司在法律上就负债（或有负债）而言仍然需要承担连带责任。

1. 第一步：分立环节

基于现行的税收优惠政策，该环节不涉及契税、增值税、印花税、土地增值税，仅需按照一般重组业务计算缴纳企业所得税。

根据《财政部 国家税务总局关于企业改制重组有关土地增值税政策的通知》（财税〔2015〕5 号）的相关规定，按照法律规定或者合同约定，企业分设为两个或两个以上与原企业投资主体相同的企业，对原企业将国有土地、房屋权属转移、变更到分立后的企业，暂不征土地增值税。

根据《财政部 国家税务总局关于企业改制过程中有关印花税政策的通知》（财税〔2003〕183 号）的相关规定，以合并或分立方式成立的新企业，其新启用的资金账簿记载的资金，凡原已贴花的部分可不再贴花，未贴花的部分和以后新增加的资金按规定贴花。分立包括存续分立和新设分立两种方式。

根据《财政部 国家税务总局关于企业事业单位改制重组契税政策的通知》（财税〔2012〕4 号）的相关规定，公司依照法律规定、合同约定分设为两个或两个以上与原公司投资主体相同的公司，对派生方、新设方承受原企业土地、房屋权属，免征契税。

2. 第二步：转让环节

转让环节同以房地产出资方式。

值得一提的是，在实施上述筹划方案时需注意以下问题。

（1）法规中对于“房地产开发企业”的认定一般以房地产企业以自己开发的房地产产品进行投资为限，对于非房地产企业用房地产进行投资设立项目公司的情况，实践中一般可以享受上述优惠。

（2）土地增值税的暂免征收仅是递延纳税的概念，即意味着对于评估报告所记载的评估金额并不能成为后续发生房地产转让交易时计算应交土地增值税时的扣除项目基础。

（3）需关注资产出资（或企业分立）和之后的股权转让，税务局是否会将其打包视为“一揽子交易”并否定之前的免征土地增值税，以避免被认定为纯粹出于避税目的的税务安排而缺乏商业实质。

19.2.3 案例分析：上市房地产公司税务问题与解决

某公司的某普通标准住宅房产销售收入为 24 853.2 万元，土地增值税的扣除成本为 20 965.16 万元，销售面积为 41 392 平方米，单价为 6 000 元／平方米，则增值率为 18%，土地增值税为零，税后收益为 24 835.2 万元。

如果单价提升到 6 100 元／平方米，则增值率为 20%，土地增值税为 1 285.19 万元，税后收益为 23 963.93 万元。

筹划思路：在增值率高于免税临界点 20% 时，可以通过适当的降价来降低增值率，进而控制增值率在 20% 以内，以获得免税待遇，进而增加收益。

第 20 章 新税收政策应用要点与案例分析

20.1　享受加计抵减优惠的 30 个要点与案例分析

《财政部 税务总局 海关总署关于深化增值税改革有关政策的公告》（财政部 税务总局 海关总署公告 2019 年第 39 号，以下简称“39 号公告”）规定，自 2019 年 4 月 1 日至 2021 年 12 月 31 日，允许生产、生活性服务业纳税人按照当期可抵扣进项税额加计 10%，抵减应纳税额（以下统称“加计抵减政策”）。

20.1.1　基本政策规定

39 号公告的基本政策规定有以下要点。

（1）本次深化增值税改革新出台了增值税加计抵减政策，其具体内容是什么？

具体内容是：符合条件的从事生产、生活服务业一般纳税人按照当期可抵扣进项税额加计 10%，用于抵减应纳税额。

（2）增值税加计抵减政策所称的生产、生活性服务业纳税人是指哪些纳税人？

增值税加计抵减政策中所称的生产、生活性服务业纳税人，是指提供邮政服务、电信服务、现代服务、生活服务（以下统称“四项服务”）取得的销售额占全部销售额的比重超过 50% 的纳税人。

（3）增值税加计抵减政策所称的邮政服务、电信服务、现代服务、生活服务具体范围是指什么？

邮政服务、电信服务、现代服务、生活服务具体范围，按照《销售服务、无形资产、不动产注释》（财税〔2016〕36 号印发）执行。

邮政服务，是指中国邮政集团公司及其所属邮政企业提供邮件寄递、邮政汇兑和机要通信等邮政基本服务的业务活动，包括邮政普遍服务、邮政特殊服务和其他邮政服务。

电信服务，是指利用有线、无线的电磁系统或者光电系统等各种通信网络资源，提供语音通话服务，传送、发射、接收或者应用图像、短信等电子数据和信息的业务活动，包括基础电信服务和增值电信服务。

现代服务，是指围绕制造业、文化产业、现代物流产业等提供技术性、知识性服务的业务活动，包括研发和技术服务、信息技术服务、文化创意服务、物流辅助服务、租赁服务、鉴证咨询服务、广播影视服务、商务辅助服务和其他现代服务。

生活服务，是指为满足城乡居民日常生活需求提供的各类服务活动，包括文化体育服务、教育医疗服务、旅游娱乐服务、餐饮住宿服务、居民日常服务和其他生活服务。

20.1.2 政策适用范围

39 号公告中关于政策适用范围的要点如下。

某公司是小规模纳税人，提供四项服务的销售额占全部销售额的比重超过 50%，可以适用加计抵减政策吗？

不可以。39 号公告中所称生产、生活性服务业纳税人，是指提供邮政服务、电信服务、现代服务、生活服务取得的销售额占全部销售额的比重超过 50% 的纳税人。39 号公告中的纳税人指增值税一般纳税人，加计抵减政策是按照一般纳税人当期可抵扣的进项税额的 10% 计算加计抵减额，只有增值税一般纳税人才可以适用加计抵减政策。

20.1.3　销售额的确定

39 号公告中关于销售额的确定有以下要点。

（1）生产、生活性服务业纳税人是指提供四项服务取得的销售额占全部销售额的比重超过 50% 的纳税人，这里的“50%”含不含本数？

这里的“50%”不含本数。也就是说，四项服务取得的销售额占全部销售额的比重小于或者正好等于 50% 的纳税人，不能享受加计抵减政策。

（2）A 公司是 2018 年 1 月设立的纳税人，2018 年 9 月登记为一般纳税人。A 公司应以什么期间的销售额来判断是否适用加计抵减政策？是仅计算登记为一般纳税人以后的销售额吗？

39 号公告第七条规定，提供邮政服务、电信服务、现代服务、生活服务取得的销售额占全部销售额的比重超过 50% 的一般纳税人，自 2019 年 4 月 1 日至 2021 年 12 月 31 日，允许按照当期可抵扣进项税额加计 10%，抵减应纳税额。2019 年 3 月 31 日前设立的纳税人，以 2018 年 4 月至 2019 年 3 月期间的销售额判断是否适用加计抵减政策。

按照上述规定，在计算四项服务销售额占比时，一般纳税人在属于小规模纳税人期间的销售额也需要参与计算。因此，A 公司应按照自 2018 年 4 月至 2019 年 3 月期间的销售额来计算四项服务销售额占比。

（3）生产、生活性服务业纳税人，是指提供邮政服务、电信服务、现代服务、生活服务取得的销售额占全部销售额的比重超过 50% 的纳税人。纳税人在计算销售额占比时，是否应剔除免税销售额？

在计算销售占比时，不需要剔除免税销售额。一般纳税人四项服务销售额占全部销售额的比重超过 50%，按照 39 号公告规定，可以享受加计抵减政策。

（4）2019 年 4 月 1 日后，纳税人为享受加计抵减政策，在生产、生活性服务业计算四项服务销售额占全部销售额的比重时，是否应包括稽查查补销售额或纳税评估调整销售额？

39 号公告规定，一般纳税人四项服务销售额占全部销售额的比重超过 50% 的，可以享受加计抵减政策。在计算四项服务销售占比时，销售额中包括申报销售额、稽查查补销售额、纳税评估调整销售额。

（5）适用加计抵减政策的纳税人，是否只有四项服务对应的进项税额允许加计抵减？

39号公告第七条规定，自2019年4月1日至2021年12月31日，允许生产、生活性服务业纳税人按照当期可抵扣进项税额加计10%，抵减应纳税额。生产、生活性服务业纳税人，是指提供邮政服务、电信服务、现代服务、生活服务取得的销售额占全部销售额的比重超过50%的纳税人。

根据上述规定，适用加计抵减政策的纳税人，当期可抵扣进项税额均可以加计10%抵减应纳税额，不仅限于提供四项服务对应的进项税额。需要注意的是，根据39号公告第七条第（四）项规定，纳税人出口货物劳务、发生跨境应税行为不适用加计抵减政策，其对应的进项税额不得计提加计抵减额。

（6）既从事国内贸易也兼营出口劳务的公司，其他条件均符合适用加计抵减政策的要求，但无法划分国内业务和出口业务的进项税额，能否适用加计抵减政策？

39号公告第七条第（四）项规定，纳税人兼营出口货物劳务、发生跨境应税行为且无法划分不得计提加计抵减额的进项税额，按照以下公式计算不得计提加计抵减额的进项税额：不得计提加计抵减额的进项税额＝当期无法划分的全部进项税额×当期出口货物劳务和发生跨境应税行为的销售额÷当期全部销售额。

因此，若公司符合适用加计抵减政策的条件，但无法划分国内业务和出口业务的进项税额，仍适用加计抵减政策，但应按上述规定计算不得计提加计抵减额的进项税额。

（7）生产、生活性服务业纳税人是指提供四项服务取得的销售额占全部销售额的比重超过50%的纳税人。如果纳税人享受差额计税政策，纳税人应该以差额前的全部价款和价外费用参与计算，还是以差额后的销售额参与计算？

应按照差额后的销售额参与计算。例如，某纳税人提供服务，按照规定可以享受差额计税政策，以差额后的销售额计算缴纳增值税。该纳税人在计算销售额占比时，货物销售额为2万元，提供四项服务差额前的全部价款和价外费用共20万元，差额后的销售额为4万元。则应按照“4÷（2+4）”来计算占比。因该纳税人四项服务销售额占全部销售额的比重超过50%，按照规定，可以享受加计抵减政策。

（8）某纳税人在2019年3月31日前设立，但该纳税人一直到3月31日均无销售收入，如何判断该纳税人能否享受加计抵减政策？

对 2019 年 3 月 31 日前设立，但尚未取得销售收入的纳税人，以其今后首次取得销售收入起连续 3 个月的销售情况进行判断。

例如，某纳税人 2019 年 1 月设立，但在 2019 年 5 月才取得第一笔收入，其 5 月取得货物销售额 30 万元，6 月销售额为零，7 月提供四项服务销售额 100 万元。在该例中，应按纳税人 5 月、6 月、7 月的销售额情况进行判断，即以“100÷（100+30）”计算。因该纳税人四项服务销售额占全部销售额的比重超过 50%，按照规定，可以享受加计抵减政策。

（9）某纳税人在 2019 年 4 月 1 日以后设立，但设立后 3 个月内，仅其中 1 个月有销售收入，如何判断该纳税人能否享受加计抵减政策？

按照现行规定，2019 年 4 月 1 日后设立的纳税人，按照自设立之日起 3 个月的销售额计算判断销售额占比。假设某纳税人 2019 年 5 月设立，但其 5 月、7 月均无销售额，其 6 月四项服务销售额为 100 万元，货物销售额为 30 万元。

在该例中，应按照 5 月、6 月、7 月累计销售情况进行判断，即以“100÷（100+30）”计算。因该纳税人四项服务销售额占全部销售额的比重超过 50%，按照规定，可以享受加计抵减政策。

（10）某纳税人在 2019 年 4 月 1 日以后设立，但设立后 3 个月内均无销售收入。如何判断该纳税人能否享受加计抵减政策？

2019 年 4 月 1 日后设立的纳税人，自设立之日起 3 个月的销售额全部为零的，以其取得销售额起 3 个月的销售情况进行判断。假设某纳税人 2019 年 5 月设立，但其 5 月、6 月、7 月均无销售额，其 8 月四项服务销售额为 100 万元，9 月销售额为零，10 月货物销售额为 30 万元。在该例中，应按照 8 月、9 月、10 月累计销售情况进行判断，即以“100÷（100+30）”计算。因该纳税人四项服务销售额占全部销售额的比重超过 50%，按照规定，可以享受加计抵减政策。

（11）加计抵减政策规定的“纳税人确定适用加计抵减政策后，当年内不再调整”，是指自然年度不再调整，还是 12 个月内不再调整？

按照 39 号公告规定，“当年内不再调整”是指一般纳税人确定适用加计抵减政策后，一个自然年度内不再调整，而不是 12 个月内不再调整。

判断纳税人下一个自然年度是否适用加计抵减政策，根据上一年度的销售额计算确定。

20.1.4　如何适用政策优惠

39 号公告中关于适用优惠政策的要点如下。

（1）公司符合加计抵减政策规定的条件，是否需要到税务机关办理备案手续，才可享受加计抵减政策？

不需要办理备案手续。按照《国家税务总局关于深化增值税改革有关事项的公告》（国家税务总局公告 2019 年第 14 号，以下简称“14 号公告”）规定，适用加计抵减政策的生产、生活性服务业纳税人，在年度首次确认适用加计抵减政策时，通过电子税务局（或前往办税服务厅）提交《适用加计抵减政策的声明》，当年度内即可适用加计抵减政策。

（2）若公司符合适用加计抵减政策的条件，怎么提交《适用加计抵减政策的声明》？

14 号公告规定，适用加计抵减政策的生产、生活性服务业纳税人，应在年度首次确认适用加计抵减政策时，通过电子税务局（或前往办税服务厅）提交《适用加计抵减政策的声明》。

纳税人通过电子税务局提交声明时，系统将自动显示《适用加计抵减政策的声明》，纳税人选择政策适用年度和所属行业，录入计算期内四项服务的销售额和总销售额后，信息系统将帮助纳税人自动填写其他内容。纳税人在确认相关信息准确无误后，即可提交声明。

纳税人到办税服务厅提交声明时，税务部门会提供免填单服务，纳税人只要将上述 4 项信息告知窗口工作人员，工作人员便会预填好声明内容，交由纳税人确认，如果信息准确无误，纳税人盖章后即可提交。

（3）为提醒网上申报的纳税人及时提交《适用加计抵减政策的声明》，税务机关对信息系统做了哪些设置？

适用加计抵减政策的生产、生活性服务业纳税人，应在年度首次确认适用加计抵减政策时提交《适用加计抵减政策的声明》。

为提醒纳税人及时提交声明，当纳税人进入增值税申报界面时，系统将提示纳税人加计抵减政策具体规定，并告知纳税人如果符合政策规定条件，可以通过填写《适用加计抵减政策的声明》来确认适用加计抵减政策。该提示功能每年至少提示一次，即 2019 年 5 月、2020 年 2 月和 2021 年 2 月征期。纳税人首次进入申报模块时，系统自动弹出提示信息。在其他征期月份，纳税人可以通过勾选“不再提示”标识，屏蔽该提示信息。

（4）按规定可以享受加计抵减政策的纳税人，2019 年 4 月 1 日后认证增值税专用发票的操作流程是否发生了改变？

没有改变。享受加计抵减政策的一般纳税人，可以按照现有流程在增值税发票选择确认平台进行勾选确认或者扫描认证纸质发票。

20.1.5　如何进行纳税填报

39 号公告中关于纳税填报的要点如下。

（1）某纳税人适用加计抵减政策，已提交《适用加计抵减政策的声明》。该纳税人 2019 年 6 月加计抵减额的期初余额为 10 000 元，一般项目可计提加计抵减额 50 000 元，由于 4 月已计提加计抵减额的进项税额发生转出，当期需要调减一般项目加计抵减额 70 000 元。纳税人在办理 2019 年 6 月税款所属期纳税申报时，应当如何填写《增值税纳税申报表附列资料（四）》？

纳税人在办理 2019 年 6 月税款所属期纳税申报时，应根据当期加计抵减情况，填写《增值税纳税申报表附列资料（四）》第 6 行“一般项目加计抵减额计算”相关列次。

其中，“期初余额”列填写 10 000 元，当期计提的加计抵减额 50 000 元应填入“本期发生额”列中，当期调减的加计抵减额 70 000 元应填入“本期调减额”列中。本行其他列次按照计算规则填写，即“本期可抵减额”列应填入 -10 000 元，“本期实际抵减额”列应填入 0 元，“期末余额”列应填入 -10 000 元。

（2）如果某公司在 2019 年 4 月确认适用加计抵减政策，当月销售咨询服务，涉及销项税额 30 万元（税率 6%），当月可抵扣的进项税额为 25 万元，那么 4 月加计抵减额和应纳税额应当如何计算？

按照《国家税务总局关于调整增值税纳税申报有关事项的公告》（国家税务总局公告 2019 年第 15 号）规定，依据加计抵减额计算公式和一般纳税人申报表填写说明，纳税人在 4 月的加计抵减额和应纳税额计算如下。

《增值税纳税申报表附列资料（四）》（以下称《附列资料（四）》）“二、加计抵减情况”下的“本期发生额”= 当期可抵扣进项税额 ×10%=25×10%=2.5（万元）。

《附列资料（四）》“二、加计抵减情况”下的“本期可抵减额”=“期初余额”+“本期发生额”-“本期调减额”=0+2.5-0=2.5（万元）。

由于主表第11栏“销项税额”-第18栏“实际抵扣税额”=30-25=5（万元）大于《附列资料（四）》“二、加计抵减情况”下的“本期可抵减额”，所以《附列资料（四）》“二、加计抵减情况”下的“本期实际抵减额”=“本期可抵减额”=2.5（万元）。

主表第19栏“应纳税额”=第11栏“销项税额”-第18栏“实际抵扣税额”-《附列资料（四）》“二、加计抵减情况”下的“本期实际抵减额”=30-25-2.5=2.5（万元）。

以上各栏次均为“一般项目”列“本月数”。

（3）适用加计抵减政策的纳税人，如何在增值税纳税申报表的主表上体现加计抵减额?

为落实加计抵减政策，一般纳税人加计抵减额体现在主表第19栏“应纳税额”中。对适用加计抵减政策的纳税人，主表第19栏“应纳税额”栏按以下公式填写。

本栏“一般项目”列“本月数”=第11栏“销项税额”“一般项目”列“本月数”-第18栏“实际抵扣税额”“一般项目”列“本月数”-“实际抵减额”。

本栏“即征即退项目”列“本月数”=第11栏“销项税额”“即征即退项目”列“本月数”-第18栏“实际抵扣税额”“即征即退项目”列“本月数”-“实际抵减额”。

“实际抵减额”是指按照规定可从本期适用一般计税方法计算的应纳税额中抵减的加计抵减额，分别对应《附列资料（四）》第6行“一般项目加计抵减额计算”、第7行“即征即退项目加计抵减额计算”的“本期实际抵减额”列。

20.1.6　加计抵减额的变动调整

39号公告中关于加计抵减额的变动调整的要点如下。

（1）假设某公司2019年已适用加计抵减政策，但由于2019年四项服务销售额占比未达标，2020年不再享受加计抵减政策。那么该公司2019年已计提加计抵减额的进项税额在2020年发生进项税额转出时，需要纳税人在2020年继续核算加计抵减额的变动情况吗?

39 号公告第七条规定，加计抵减政策执行到期后，纳税人不再计提加计抵减额，结余的加计抵减额停止抵减。因此在政策到期前，纳税人应核算加计抵减额的变动情况。

如果纳税人 2019 年有结余的加计抵减额，可以在 2020 年继续抵减；已计提加计抵减额的进项税额在 2020 年发生进项税额转出时，应相应调减加计抵减额。

（2）加计抵减政策执行至 2021 年 12 月 31 日，请问该政策到期前纳税人注销时，结余的加计抵减额如何处理？

39 号公告第七条第（六）项规定，加计抵减政策执行到期后，纳税人不再计提加计抵减额，结余的加计抵减额停止抵减。加计抵减政策执行到期前纳税人注销，结余的加计抵减额同样适用上述规定，不再进行相应处理。需要说明的是，此处加计抵减额的结余，既包括正数也包括负数。

（3）前期计提加计抵减额的进项税额，发生进项税额转出的，应在什么时间调整加计抵减额？

按照 39 号公告第七条第（二）项规定，已计提加计抵减额的进项税额，如果发生了进项税额转出，纳税人应在进项税额转出当期，相应调减加计抵减额。

（4）请问适用加计抵减政策的纳税人，其 2019 年 4 月的期末留抵税额，能否在 5 月税款所属期按照 10% 的比率计算加计抵减额？

按照 39 号公告第七条第（二）项规定，纳税人应按照当期可抵扣进项税额的 10% 计提当期加计抵减额。在 2019 年 5 月税款所属期计算加计抵减额时，4 月的增值税期末留抵税额，不属于当期可抵扣进项税额，不能加计 10% 计算加计抵减额。

（5）公司如果有未抵减完的加计抵减额，能否申请留抵退税？

不可以。加计抵减政策属于税收优惠，按照一般纳税人当期可抵扣进项税额的 10%，虚拟计算出一个额度，用于抵减一般计税方法下的应纳税额。加计抵减额并不是纳税人的进项税额，不计入留抵税额。未抵减完的当期可抵减加计抵减额，可结转下期继续抵减，不能申请留抵退税。

（6）纳税人因前期购买不动产尚未抵扣完毕的待抵扣进项税额，在 2019 年 4 月 1 日以后转入抵扣时，是否可以计算加计抵减额？

按照 39 号公告规定，纳税人取得不动产尚未抵扣完毕的待抵扣进项税额，可自 2019 年 4 月税款所属期起从销项税额中抵扣。对于该部分进项税额，适用加计抵减政策的纳税人，可在转入抵扣的当期，计算加计抵减额。

（7）适用加计抵减政策的纳税人，抵减前的应纳税额等于零的，当期可抵减加计抵减额会不会影响期末留抵税额？

39 号公告第七条第（三）项规定，适用加计抵减政策的纳税人，抵减前的应纳税额等于零的，当期可抵减的加计抵减额全部结转下期抵减。因此，加计抵减额不会对期末留抵税额造成影响。

（8）39 号公告中提到，纳税人可计提但未计提的加计抵减额，可在确定适用加计抵减政策当期一并计提，补提时是逐月调整申报表，还是一次性在当期计提？

39 号公告第七条规定，纳税人可计提但未计提的加计抵减额，可在确定适用加计抵减政策当期一并计提。为简化核算，纳税人应在确定适用加计抵减政策的当期一次性将可计提但未计提的加计抵减额一并计提，不再调整以前的申报表。

20.2 “六税一费”优惠政策要点与案例分析

20.2.1 税务优惠政策要点

“六税一费”具体指城镇土地使用税、房产税、耕地占用税、车船税、印花税、城市维护建设税、教育费附加。

根据《国家税务总局关于城镇土地使用税等“六税一费”优惠事项资料留存备查的公告》（国家税务总局公告 2019 年第 21 号）文件规定，纳税人享受“六税一费”优惠实行“自行判别、申报享受、有关资料留存备查”办理方式，申报时无须再向税务机关提供有关资料。纳税人根据具体政策规定自行判断是否符合优惠条件，符合条件的，纳税人申报享受税收优惠，并将有关资料留存备查。

20.2.2　税务优惠政策问题解读

问题 1：某公司是一家饮水工程运营管理单位，2019 年 5 月，该公司为建设饮水工程而取得土地使用权，签订产权转移书据，并且与施工单位签订了建设工程承包合同。那么，针对上述业务该公司是否需要缴纳契税与印花税？

根据《财政部 税务总局关于继续实行农村饮水安全工程税收优惠政策的公告》（财政部 税务总局公告 2019 年第 67 号）第一条、第二条规定：饮水工程运营管理单位为建设饮水工程而承受土地使用权，免征契税；饮水工程运营管理单位为建设饮水工程取得土地使用权而签订的产权转移书据，以及与施工单位签订的建设工程承包合同，免征印花税。

此外，根据第三条规定，饮水工程运营管理单位自用的生产、办公用房产、土地，免征房产税、城镇土地使用税。

问题 2：作为公租房经营管理单位，其可享受哪些“六税一费”优惠？

根据《财政部 税务总局关于公共租赁住房税收优惠政策的公告》（财政部 税务总局公告 2019 年第 61 号）第一条、第二条、第三条规定：公租房建设期间用地及公租房建成后占地，免征城镇土地使用税；公租房经营管理单位免征建设、管理公租房涉及的印花税；公租房经营管理单位购买住房作为公租房，免征契税、印花税；对公租房租赁双方免征签订租赁协议涉及的印花税。

问题 3：我公司是一家供热企业，针对我们供热企业涉及的房产税、城镇土地使用税优惠政策还继续延续吗？

根据《财政部 税务总局关于延续供热企业增值税 房产税 城镇土地使用税优惠政策的通知》（财税〔2019〕38 号）第二条规定：自 2019 年 1 月 1 日至 2020 年 12 月 31 日，对向居民供热收取采暖费的供热企业，为居民供热所使用的厂房及土地免征房产税、城镇土地使用税；对供热企业其他厂房及土地，应当按照规定征收房产税、城镇土地使用税。

问题 4：某公司是一家经营性文化事业单位转制企业，可享受哪些“六税一费”税收优惠？

根据《财政部 税务总局 中央宣传部关于继续实施文化体制改革中经营性文化事业单位转制为企业若干税收政策的通知》（财税〔2019〕16 号）第一条规定：由财政部门拨付事业经费的文化单位转制为企业，自转制注册之日起五年内对其自用房产免征房产税。2018 年 12 月 31 日之前已完成转制的企业，自 2019 年 1 月 1 日起对其自用房产可继续免征五年房产税。对经营性文化事业单位转制中资产评估增值、资产转让或划转涉及的企业所得税、增值税、城市维护建设税、契税、印花税等，符合现行规定的享受相应税收优惠政策。

问题 5：某自主就业退役士兵想从事个体经营，针对“六税一费”可享受哪些税收优惠？

根据《财政部 税务总局 退役军人部关于进一步扶持自主就业退役士兵创业就业有关税收政策的通知》（财税〔2019〕21 号）第一条规定：自主就业退役士兵从事个体经营的，自办理个体工商户登记当月起，在 3 年（36 个月，下同）内按每户每年 12 000 元为限额依次扣减其当年实际应缴纳的增值税、城市维护建设税、教育费附加、地方教育附加和个人所得税。限额标准最高可上浮 20%，各省、自治区、直辖市人民政府可根据本地区实际情况在此幅度内确定具体限额标准。

问题 6：高校学生公寓是否征收房产税？与高校学生签订的高校学生公寓租赁合同是否需要缴纳印花税？

根据《财政部 税务总局关于高校学生公寓房产税 印花税政策的通知》（财税〔2019〕14 号）第一条、第二条、第三条规定：高校学生公寓，是指为高校学生提供住宿服务，按照国家规定的收费标准收取住宿费的学生公寓。对高校学生公寓免征房产税；对与高校学生签订的高校学生公寓租赁合同，免征印花税。

问题 7：农产品批发市场和农贸市场活跃了市场经济、满足了人们的日常需求，那么，农产品批发市场和农贸市场在“六税一费”方面享受哪些优惠呢？

根据《财政部 税务总局关于继续实行农产品批发市场 农贸市场房产税 城镇土地使用税优惠政策的通知》（财税〔2019〕12 号）第一条规定：自 2019 年 1 月 1 日至 2021 年 12 月 31 日，对农产品批发市场、农贸市场（包括自有和承租）专门用于经营农产品的房产、土地，暂免征收房产税和城镇土地使用税。对同时经营其他产品的农产品批发市场和农贸市场使用的房产、土地，按其他产品与农产品交易场地面积的比例确定征免房产税和城镇土地使用税。

20.3　火车票、飞机票、汽车票、轮船票抵扣增值税案例分析

20.3.1　政策要点

《财政部 税务总局 海关总署关于深化增值税改革政策的公告》（财政部 税务总局 海关总署公告 2019 年第 39 号）规定，2019 年 4 月 1 日起火车票、飞机票、汽车票、轮船票抵扣增值税。表 20-1 为增值税抵扣凭证种类及进项税额抵扣的计算。

表 20-1　增值税抵扣凭证及进项税额计算

抵扣凭证种类	进项税额抵扣计算
增值税专用发票	发票上注明的税额
增值税电子普通发票	发票上注明的税额
注明旅客身份信息的航空运输电子客票行程单	（票价 + 燃油附加费）÷（1+9%）×9%
注明旅客身份信息的铁路车票	票面金额 ÷（1+9%）×9%
注明旅客身份信息的公路、水路等其他客票	票面金额 ÷（1+3%）×3%

20.3.2　政策解读与应用

1. 航空运输电子客票行程单（飞机票）

（1）开票日期是 2019 年 4 月 1 日及以后。

（2）登机牌不可作为凭证。

（3）可在中国民用航空局网站中查询航空运输电子客票行程单。

（4）客票上的字母含义：CNY 代表“人民币”、CN 代表“民航发展基金”、YQ 代表“燃油附加费”。

（5）不需要勾选认证，也就是没有 360 日限制。

（6）单独复印一张客票行程单，和增值税抵扣凭证一起装订，原件作为报销凭证装订在相关凭证后面。

取得注明旅客身份信息的航空运输电子客票行程单后，按照下列公式计算进项税额：航空旅客运输进项税额 =（票价 + 燃油附加费）÷（1+9%）×9%。

2. 铁路车票

（1）开票日期是 2019 年 4 月 1 日及以后。

（2）不含退票费。

（3）不需要勾选认证，也就是没有 360 日限制。

（4）单独复印一张铁路车票，和增值税抵扣凭证一起装订，原件作为报销凭证装订在相关凭证后面。

取得注明旅客身份信息的铁路车票后，按照下列公式计算进项税额：铁路旅客运输进项税额 = 票面金额 ÷（1+9%）×9%。

3. 增值税电子普通发票

（1）开票日期是 2019 年 4 月 1 日及以后，可抵扣进项税额为发票上注明的税额。

（2）如果取得的是充值的“不征税”增值税电子普通发票，发票上没有税额，那就不能抵扣进项税额。

（3）一般纳税人取得符合规定的通行费电子发票后，应当自开具之日起 360 日内登录本省（区、市）增值税发票选择确认平台，查询、选择用于申报抵扣的通行费电子发票信息。

（4）发票抬头必须是单位的抬头。

（5）从旅行社或网上订的飞机票，取得电子发票后，如果发票税收编码属于“旅客运输”，同时税率栏是 9% 或 3%，可以抵扣发票上注明的税额；如果发票税收编码属于“旅游服务”或税率栏是 6%，不属于合规的抵扣凭证，不能抵扣进项税额。

4. 公路、水路等其他客票

（1）开票日期是 2019 年 4 月 1 日及以后。

（2）客票上必须要“注明旅客身份信息”，否则不能抵扣。

（3）不需要勾选认证，也就是没有 360 日限制。

（4）单独复印一张客票，和增值税抵扣凭证一起装订，原件作为报销凭证装订在相关凭证后面。

取得注明旅客身份信息的公路、水路等其他客票后，按照下列公式计算进项税额：公路、水路等其他旅客运输进项税额 = 票面金额 ÷（1+3%）×3%。

5. 申报表填报要求

（1）申报专项。

①纳税人购进国内旅客运输服务，取得增值税专用发票的，按规定可抵扣的进项税额在申报时填写在申报表《附列资料（二）》第 1 栏“认证相符的增值税专用发票”相应栏次中。

②纳税人购进国内旅客运输服务，未取得增值税专用发票的，以增值税电子普通发票注明的税额，或注明旅客身份信息的航空、铁路、公路、水路等票据，按政策规定计算的可抵扣进项税额，填写在申报表《附列资料（二）》第 8b 栏“其他”中申报抵扣。

（2）案例介绍。

某增值税一般纳税人，不考虑其他情况，发生的都是国内旅客运输服务。

① 2019 年 4 月取得客运增值税专用发票，发票上注明不含税金额 1 000 元，增值税税额 90 元，抵扣进项税额 90 元。

② 2019 年 4 月取得旅客运输增值税电子普通发票，发票上注明不含税金额 2 000 元，增值税税额 180 元，抵扣进项税额 180 元。

③ 2019 年 4 月取得旅客运输增值税电子普通发票（公交卡充值发票），发票上注明不含税金额 2 000 元，税率栏“不征税”，增值税税额 0 元，抵扣进项税额 0 元。

④ 2019 年 4 月取得航空客票行程单，行程单上注明票价 5 000 元，燃油附加费 0 元，机场建设费 20 元，合计金额 5 020 元，抵扣进项税额 =5 000÷（1+9%）×9% ≈ 412.84（元）（注意：机场建设费不可以计算抵扣进项税）。

⑤ 2019 年 4 月取得高铁票，票上注明金额 3 000 元，抵扣进项税额 = 3 000÷（1+9%）×9% ≈ 247.71（元）。

⑥ 2019 年 4 月取得客运大巴的发票，发票上注明金额 2 000 元，其中有 800 元的客运大巴的发票没有旅客身份信息，抵扣进项税额 =（2 000−800）÷（1+3%）×3% ≈ 34.95（元）。

可抵扣的客运服务进项税按照申报表填报要求分类，可分为以下两类。

一是取得增值税专用发票：客运增值税专用发票。

二是取得其他扣税凭证：增值税电子普通发票、航空客票行程单、高铁票、客运大巴的发票。

不含税金额 =2 000+5 000÷（1+9%）+3 000÷（1+9%）+（2 000-800）÷（1+3%）≈ 10 504.50（元）。

可抵扣进项税 =180+412.84+247.71+34.95=875.50（元）。

表 20-2 为申报抵扣的进项税额。

表 20-2　申报抵扣的进项税额

单位：元

项目	栏次	份数	金额	税额
（一）认证相符的增值税专用发票	1=2+3		1 000.00	90.00
其中：本期认证相符且本期申报抵扣	2		1 000.00	90.00
前期认证相符且本期申报抵扣	3			
（二）其他扣税凭证	4=5+6+7+8a+8b			
其中：海关进口增值税专用缴款书	5			
农产品收购发票或者销售发票	6			
代扣代缴税收缴款凭证	7		—	
加计扣除农产品进项税额	8a	—	—	
其他	8b		10 504.50	875.50
（三）本期用于购建不动产的扣税凭证	9			
（四）本期用于抵扣的旅客运输服务扣税凭证	10		11 504.50	965.50
（五）外贸企业进项税额抵扣证明	11	—	—	
当期申报抵扣进项税额合计	12=1+4+11		11 504.50	965.50

6. 旅客运输服务不能抵扣的情形

（1）购进国内旅客运输服务用于简易计税方法计税项目、免征增值税项目、集体福利或者个人消费，其进项税额不得从销项税额中抵扣。

（2）购进非国内旅客运输服务，其进项税额不得从销项税额中抵扣。

7. 国家税务总局关于旅客运输服务抵扣进项税额的答疑

（1）增值税一般纳税人购进国内旅客运输服务，能否抵扣进项税额？

答：可以。自 2019 年 4 月 1 日起，增值税一般纳税人购进国内旅客运输服务，其进项税额允许从销项税额中抵扣。

（2）增值税一般纳税人购进国际旅客运输服务，能否抵扣进项税额？

答：不能。纳税人提供国际旅客运输服务，适用增值税零税率或免税政策。相应地，购买国际旅客运输服务不能抵扣进项税额。

（3）是否只有注明旅客身份信息的客票，才能作为进项税额抵扣凭证？

答：是的。按照《财政部 税务总局 海关总署关于深化增值税改革有关政策的公告》（财政部 税务总局 海关总署公告 2019 年第 39 号）的规定，目前暂允许注明旅客身份信息的航空运输电子客票行程单、铁路车票、公路和水路等其他客票，作为进项税额抵扣凭证。

（4）增值税一般纳税人购进国内旅客运输服务，可以作为进项税额抵扣的凭证有哪些种类？

答：增值税一般纳税人购进国内旅客运输服务，可以作为进项税额抵扣的凭证有增值税专用发票、增值税电子普通发票、注明旅客身份信息的航空运输电子客票行程单、铁路车票以及公路、水路等其他客票。

（5）增值税一般纳税人购进国内旅客运输服务取得增值税电子普通发票的，如何计算进项税额？

答：增值税一般纳税人购进国内旅客运输服务取得增值税电子普通发票的，进项税额为发票上注明的税额。

（6）增值税一般纳税人购进国内旅客运输服务取得航空运输电子客票行程单的，如何计算进项税额？

答：取得注明旅客身份信息的航空运输电子客票行程单的，按照下列公式计算进项税额：航空旅客运输进项税额 =（票价 + 燃油附加费）÷（1+9%）×9%。

（7）增值税一般纳税人购进国内旅客运输服务取得铁路车票的，如何计算进项税额？

答：取得注明旅客身份信息的铁路车票的，按照下列公式计算进项税额：铁路旅客运输进项税额 = 票面金额 ÷（1+9%）×9%。

（8）增值税一般纳税人购进国内旅客运输服务取得公路、水路等客票的，如何计算进项税额？

答：取得注明旅客身份信息的公路、水路等客票的，按照下列公式计算进项税额：公路、水路旅客运输进项税额 = 票面金额 ÷（1+3%）× 3%。

20.4 债转股重组税务要点与案例分析

20.4.1 债转股重组税务要点

债转股的税务处理方式可以分为一般性税务处理和特殊性税务处理。同一重组业务的当事各方应遵循一致性税务处理原则，即统一按一般性或特殊性税务处理，债务人如果不想确认债务重组所得，则债权人就不能确认债务重组损失。

基于此，在实操过程中，债务重组双方，应从自身情况出发进行协商，尽可能选择共赢的税务处理方式。

20.4.2 案例分析：债转股的税务处理

甲上市公司破产重整时，应付乙公司 5 000 万元。重整计划明确，甲公司增发 1 000 万股股票（每股面值 1 元），偿还乙公司的欠款。甲公司做出发行股票的决定时，股票市价为每股 2 元，同时，增发价也为每股 2 元。

假设一年后，甲公司股价为每股 6 元，乙公司全部减持，减持所得为 6 000 万元（假设乙公司未计提坏账准备或公允价值变动损益）。

根据《企业会计准则第 12 号——债务重组》规定，对债转股，债权人放弃债权的公允价值与账面价值之间的差额，应当计入当期损益；债务人所清偿债务账面价值与权益工具确认金额之间的差额，应当计入当期损益。在债务重组时，甲公司要确认股本 1 000 万元，资本公积 1 000 万元，确认债务重组所得

3 000 万元；相应地，乙公司要确认债务重组损失 3 000 万元。

根据《财政部 国家税务总局关于企业重组业务企业所得税处理若干问题的通知》（财税〔2009〕59 号，以下简称“59 号文件”）规定，发生债权转股权的，应当分解为债务清偿和股权投资两项业务，确认有关债务清偿所得或损失。

在税法上可以将债权转股权视为两个步骤：一是甲公司用 2 000 万元现金偿还乙公司 5 000 万元的债务，差额 3 000 万元由乙公司予以豁免；二是乙公司以 2 000 万元现金的形式投资甲公司，购买甲公司面值 1 000 万元、公允价值 2 000 万元的股票。

1. 一般性税务处理

根据 59 号文件规定，一般性税务处理时，债务人应当按照支付的债务清偿额低于债务计税基础的差额，确认债务重组所得；债权人应当按照收到的债务清偿额低于债权计税基础的差额，确认债务重组损失。

因此，在一般性税务处理时，重整企业甲公司应确认 3 000 万元的债务重组所得，债权人乙公司应确认 3 000 万元的债务重组损失，乙公司取得甲公司股票的计税基础为 2 000 万元。

乙公司在年终企业所得税汇算清缴时，需要按照《国家税务总局关于发布〈企业资产损失所得税税前扣除管理办法〉的公告》（国家税务总局公告 2011 年第 25 号），应依据投资的原始凭证、合同或协议、会计核算资料等相关证据材料确认债权投资损失，证明资金确实无法收回。

同时，依据《国家税务总局关于企业所得税资产损失资料留存备查有关事项的公告》（国家税务总局公告 2018 年第 15 号），填报企业所得税年度纳税申报表《资产损失税前扣除及纳税调整明细表》，专项申报扣除资产损失，相关资料由企业留存备查。

2. 特殊性税务处理

根据 59 号文件规定，企业发生债权转股权业务，选择特殊性税务处理时，对债务清偿和股权投资两项业务暂不确认有关债务清偿所得或损失，股权投资的计税基础以原债权的计税基础确定。

如果此次债转股具有合理商业目的，且乙公司在债转股后 12 个月内，不出售所取得的甲公司股票，双方可以选择特殊性税务处理。此时，重整企业甲公司暂不确认债务重组所得，债权人乙公司也不确认债务重组损失，乙公司取得甲公司股票的计税基础为 5 000 万元。

在选择特殊性税务处理时，由于存在税会差异，乙公司在当年度企业所得税汇算清缴过程中，通过《企业重组及递延纳税事项纳税调整明细表》进行纳税调整。

根据《国家税务总局关于企业重组业务企业所得税征收管理若干问题的公告》（国家税务总局公告 2015 年第 48 号），重组各方应在该重组业务完成当年，办理企业所得税年度申报时，分别向各自主管税务机关报送《企业重组所得税特殊性税务处理报告表及附表》和申报资料。

3. 处理结果

采取一般性税务处理时，乙公司减持股票后应确认所得 4 000 万元，由于乙公司前期已经确认债务重组损失 3 000 万元，该债转股及股票处置最终实现所得 1 000 万元。

在特殊性税务处理中，由于乙公司取得甲公司股票的计税基础为 5 000 万元，股票减持后应确认所得 1 000 万元，该债转股及股票处置最终实现的所得也为 1 000 万元，只是乙公司的债务重组损失在股票处置环节才得以确认。

20.5 企业所得税新政策解读与应用问答

20.5.1 企业扶贫捐赠所得税税前扣除政策

（1）企业在 2019 年度同时发生扶贫捐赠和其他公益性捐赠，如何进行税前扣除处理？

答：《中华人民共和国企业所得税法》规定，企业发生的公益性捐赠支出准予按年度利润总额的 12% 在税前扣除，超过部分准予结转以后三年内扣除。

《财政部 税务总局 国务院扶贫办关于企业扶贫捐赠所得税税前扣除政策的公告》（财政部 税务总局 国务院扶贫办公告 2019 年第 49 号）明确规定企业发生的符合条件的扶贫捐赠支出准予据实扣除。企业同时发生扶贫捐赠支出和其他公益性捐赠支出时，符合条件的扶贫捐赠支出不计算在公益性捐赠支出的年度扣除限额内。

例如，企业 2019 年度的利润总额为 100 万元，当年度发生符合条件的扶贫方面的公益性捐赠 15 万元，发生符合条件的教育方面的公益性捐赠 12 万元。则 2019 年度该企业的公益性捐赠支出税前扣除限额为 12（100×12%）万元，教育捐赠支出 12 万元在扣除限额内，可以全额扣除；扶贫捐赠无须考虑税前扣除限额，准予全额税前据实扣除。2019 年度，该企业的公益性捐赠支出共计 27 万元，均可在税前全额扣除。

（2）企业进行扶贫捐赠后在取得捐赠票据方面应注意哪些事项？

答：根据《财政部关于印发〈公益事业捐赠票据使用管理暂行办法〉的通知》（财综〔2010〕112 号）规定，各级人民政府及其部门、公益性事业单位、公益性社会团体及其他公益性组织，依法接受并用于公益性事业的捐赠财物时，应当向提供捐赠的法人和其他组织开具凭证。

企业发生对“目标脱贫地区”的捐赠支出时，应及时要求开具方在公益事业捐赠票据中注明目标脱贫地区的具体名称，并妥善保管该票据。

20.5.2　小型微利企业普惠性企业所得税减免政策

（1）视同独立纳税人缴税的二级分支机构是否可以享受小型微利企业所得税减免政策？

答：现行企业所得税实行法人税制，企业应以法人为主体，计算并缴纳企业所得税。《中华人民共和国企业所得税法》第五十条第二款规定：“居民企业在中国境内设立不具有法人资格的营业机构的，应当汇总计算并缴纳企业所得税。”

由于分支机构不具有法人资格，其经营情况应并入企业总机构，由企业总机构汇总计算应纳税款，并享受相关优惠政策。

（2）企业从事公共污水处理，享受“三免三减半”政策，同时符合小型微利企业条件，能否享受《财政部 税务总局关于实施小微企业普惠性税收减免政策的通知》(财税〔2019〕13号,以下简称"13号文件")中的企业所得税优惠?

具体描述:公司运营一个污水治理项目,从2016年开始享受节能环保项目所得"三免三减半"的优惠,2019年进入项目所得减半期。请问2019年是否可以享受小型微利企业所得税优惠政策?

答:就企业运营的项目而言,如该项目同时符合项目所得减免和小型微利企业所得税优惠政策条件,可以选择享受其中最优惠的一项政策。该公司2019年可以选择享受小型微利企业所得税优惠政策,同时放弃该项目可享受的节能环保项目所得减半征税优惠。

(3)企业预缴企业所得税,是按什么时点的资产总额、从业人数和应纳税所得额情况判断享受小型微利企业所得税优惠政策?

答:根据《国家税务总局关于实施小型微利企业普惠性所得税减免政策有关问题的公告》(国家税务总局2019年第2号)第三条规定,暂按当年度截至本期申报所属期末累计情况进行判断,计算享受小型微利企业所得税减免政策。

(4)高新技术企业符合小型微利企业条件的,是否可以同时享受小型微利企业所得税优惠?

答:企业既符合高新技术企业所得税优惠条件,又符合小型微利企业所得税优惠条件,可按照自身实际情况由纳税人从优选择适用优惠税率,但不得叠加享受。

(5)小型微利企业普惠性所得税减免政策涉及哪些文件?

答:小型微利企业普惠性所得税减免政策主要涉及以下3个文件。

①《财政部税务总局关于实施小微企业普惠性税收减免政策的通知》(财税〔2019〕13号)。

②《国家税务总局关于实施小型微利企业普惠性所得税减免政策有关问题的公告》(国家税务总局公告2019年第2号)。

③《国家税务总局关于修订〈中华人民共和国企业所得税月(季)度预缴纳税申报表(A类2018年版)〉等部分表单样式及填报说明的公告》(国家税务总局公告2019年第3号)。

(6)小型微利企业的应纳税所得额是否包括查补以前年度的应纳税所得额?

答:小型微利企业的应纳税所得针对的是本年度,不包括以前年度的收入。

查补以前年度的应纳税所得额，应相应调整对应年度的所得税申报，如不涉及弥补亏损等事项，对当年的申报不产生影响。

（7）企业所得税申报资产总额、从业人员指标如何计算？

答：13 号文件规定，从业人数和资产总额指标，应按企业全年的季度平均值确定。

季度平均值 =（季初值 + 季末值）÷ 2。

全年季度平均值 = 全年各季度平均值之和 ÷ 4。

年度中间开业或者终止经营活动的，以其实际经营期作为一个纳税年度确定上述相关指标。

（8）“实际经营期”的起始时间如何计算？

具体描述：年中设立的公司，8 月取得营业执照，11 月开始有营业外收入。小型微利企业按规定计算资产总额和从业人数时，13 号文件规定的“年度中间开业或者终止经营活动的，以其实际经营期作为一个纳税年度确定上述相关指标”中的“实际经营期”应该从何时起算？是 8 ~ 12 月，还是 11 ~ 12 月？

答：企业实际经营期的起始时间应为营业执照上注明的成立日期。

（9）小型微利企业享受普惠性所得税减免政策，需要准备哪些留存备查资料？

答：小型微利企业享受优惠政策，需准备以下资料留存备查：所从事行业不属于限制和禁止行业的说明；从业人数的情况；资产总额的情况。

（10）小型微利企业，可以按月预缴企业所得税吗？

答：不能。小型微利企业所得税统一实行按季度预缴。

（11）小型微利企业在预缴时可以享受优惠政策吗？

答：符合条件的小型微利企业，在预缴时可以享受税收优惠政策，年度结束后，再统一汇算清缴，多退少补。

20.5.3　创业投资企业税收优惠政策

（1）初创科技型企业享受优惠政策需满足什么条件？

答：根据《财政部 税务总局关于创业投资企业和天使投资个人有关税收政策的通知》（财税〔2018〕55 号，以下简称“55 号文件”）、13 号文件规定，初创科技型企业，应同时符合以下条件。

①在中国境内（不包括港、澳、台地区）注册成立、实行查账征收的居民企业。

②接受投资时，从业人数不超过300人，其中具有大学本科以上学历的从业人数不低于30%；资产总额和年销售收入均不超过5 000万元。

③接受投资时设立时间不超过5年（60个月）。

④接受投资时以及接受投资后2年内未在境内外证券交易所上市。

⑤接受投资当年及下一纳税年度，研发费用总额占成本费用支出的比例不低于20%。

（2）符合条件的合伙创投企业个人合伙人，能否用投资于初创科技型企业投资额抵扣来源于非初创科技型企业的项目收入？

答：根据55号文件规定，个人合伙人可以按照对初创科技型企业投资额的70%抵扣个人合伙人从合伙创投企业分得的经营所得；当年不足抵扣的，可以在以后纳税年度结转抵扣。其中经营所得未区分是否来源于初创科技型企业的项目收入。

（3）天使投资个人采取股权投资方式直接投资于初创科技型企业满2年的，可按投资额的70%抵扣转让该初创科技型企业股权取得的应纳税所得额，享受优惠政策的天使投资个人还需同时满足什么条件？

答：享受优惠政策的天使投资个人，应同时符合以下条件。

①不属于被投资的初创科技型企业的发起人、雇员或其亲属（包括配偶、父母、子女、祖父母、外祖父母、孙子女、外孙子女、兄弟姐妹，下同），且与被投资初创科技型企业不存在劳务派遣等关系。

②投资后2年内，本人及其亲属持有被投资初创科技型企业股权比例合计应低于50%。

（4）天使投资个人同时投资于多个符合条件的初创科技型企业，不同投资项目之间是否可以互抵，有何限制？

答：天使投资个人投资多个初创科技型企业的，对其中办理注销清算的初创科技型企业，天使投资个人对其投资额的70%尚未抵扣完的，可自注销清算之日起36个月内抵扣天使投资个人转让其他初创科技型企业股权取得的应纳税所得额。

（5）初创科技型企业的研发费用总额占成本费用支出的比例如何把握？

答：研发费用总额占成本费用支出的比例，指企业接受投资当年及下一个纳税年度的研发费用总额合计占同期成本费用总额合计的比例。

此口径参考了高新技术企业研发费用占比的计算方法，一定程度上降低了享受优惠的门槛，使更多的企业可以享受到政策红利。

例如，某公司制创投企业于 2018 年 5 月投资初创科技型企业，假设其他条件均符合文件规定，初创科技型企业 2018 年发生研发费用 100 万元，成本费用 1 000 万元，2018 年研发费用占比 10%，低于 20%；2019 年发生研发费用 500 万元，成本费用 1 000 万元，2019 年研发费用占比 50%，高于 20%。

按照《国家税务总局关于创业投资企业和天使投资个人税收政策有关问题的公告》（国家税务总局公告 2018 年第 43 号）明确的口径，投资当年及下一年初创科技型企业研发费用平均占比为 30%［（100+500）÷（1 000+1 000）×100%］，因符合接受投资当年及下一个纳税年度的研发费用总额合计占同期成本费用总额合计的比例不低于 20% 的条件，该公司制创投企业可以享受税收优惠政策。

20.5.4　其他企业所得税政策

1. 政策依据

《财政部 税务总局关于设备　器具扣除有关企业所得税政策的通知》（财税〔2018〕54 号）。

2. 政策要点

（1）企业在 2018 年 1 月 1 日至 2020 年 12 月 31 日期间新购进的设备、器具，单位价值不超过 500 万元的，允许一次性计入当期成本费用在计算应纳税所得额时扣除，不再分年度计算折旧；单位价值超过 500 万元的，仍按《中华人民共和国企业所得税法实施条例》《财政部 国家税务总局关于完善固定资产加速折旧企业所得税政策的通知》（财税〔2014〕75 号）、《财政部 国家税务总局关于进一步完善固定资产加速折旧企业所得税政策的通知》（财税〔2015〕106 号）等相关规定执行。

（2）该通知所称设备、器具，是指除房屋、建筑物以外的固定资产。

3. 案例解析

A制造企业2018年6月购进一台价值为300万元的机器设备用于生产经营，会计上采用直线折旧法，折旧年限10年，预计残值为0。该企业在2018年度汇算清缴时无其他纳税调整事项，未享受其他税收优惠。

若2018年度利润总额为500万元，则该企业2018年度会计上计提折旧额=300÷10÷12×6=15（万元），因该机器设备可以一次性税前扣除，则应调减应纳税所得额=300-15=285（万元），节约的税额=285×25%=71.25（万元）。

附录：税收政策汇编

增值税

《财政部 国家税务总局关于调整铁路和航空运输企业汇总缴纳增值税总分机构名单的通知》（财税〔2019〕1号）

《国家税务总局关于小规模纳税人免征增值税政策有关征管问题的公告》（国家税务总局公告2019年第4号）

《财政部 国家税务总局关于冬奥会和冬残奥会企业赞助有关增值税政策的通知》（财税〔2019〕6号）

《财政部 国家税务总局关于明确养老机构免征增值税等政策的通知》（财税〔2019〕20号）

《国家税务总局关于发布出口退税率文库2019A版的通知》（税总函〔2019〕53号）

《国家税务总局关于调整增值税专用发票防伪措施有关事项的公告》（国家税务总局公告2019年第9号）

《财政部 国家税务总局关于继续实施支持文化企业发展增值税政策的通知》（财税〔2019〕17号）

《财政部 海关总署 国家税务总局 药监局关于罕见病药品增值税政策的通知》（财税〔2019〕24号）

《国家税务总局关于进一步做好纳税人增值税发票领用等工作的通知》（税总函〔2019〕64号）

《国家税务总局关于做好2019年深化增值税改革工作的通知》（税总发〔2019〕32号）

《国家税务总局关于稀土企业等汉字防伪项目企业开具增值税发票有关问题的公告》（国家税务总局公告 2019 年第 13 号）

《国家税务总局公告关于异常增值税扣税凭证管理等有关事项的公告》（国家税务总局公告 2019 年第 38 号）

《财政部 国家税务总局 海关总署关于深化增值税改革有关政策的公告》（财政部 税务总局 海关总署公告 2019 年第 39 号）

《国家税务总局关于深化增值税改革有关事项的公告》（国家税务总局公告 2019 年第 14 号）

《国家税务总局办公厅关于印发〈2019 年深化增值税改革纳税服务工作方案〉的通知》（税总办发〔2019〕34 号）

《国家税务总局关于做好 2019 年深化增值税改革第一阶段“开好票”相关工作的通知》（税总函〔2019〕81 号）

《国家税务总局关于发布出口退税率文库 2019B 版的通知》（税总函〔2019〕82 号）

《国家税务总局关于调整增值税纳税申报有关事项的公告》（国家税务总局公告 2019 年第 15 号）

《财政部 国家税务总局 国务院扶贫办关于扶贫货物捐赠免征增值税政策的公告》（财政部 税务总局 国务院扶贫办公告 2019 年第 55 号）

《国家税务总局关于做好 2019 年深化增值税改革第二阶段“报好税”相关工作的通知》（税总函〔2019〕108 号）

《国家税务总局关于办理增值税期末留抵税额退税有关事项的公告》（国家税务总局公告 2019 年第 20 号）

《财政部 国家税务总局关于延续免征国产抗艾滋病病毒药品增值税政策的公告》（财政部 税务总局公告 2019 年第 73 号）

《国家税务总局 财政部 海关总署关于在综合保税区推广增值税一般纳税人资格试点的公告》（国家税务总局公告 2019 年第 29 号）

《财政部 国家税务总局关于继续执行边销茶增值税政策的公告》（财政部 税务总局公告 2019 年第 83 号）

《财政部 国家税务总局关于明确部分先进制造业增值税期末留抵退税政策的公告》（财政部 税务总局公告 2019 年第 84 号）

《国家税务总局关于国内旅客运输服务进项税抵扣等增值税征管问题的公告》（国家税务总局公告 2019 年第 31 号）

《财政部 国家税务总局关于明确生活性服务业增值税加计抵减政策的公告》（财政部 税务总局公告 2019 年第 87 号）

《国家税务总局关于增值税发票管理等有关事项的公告》（国家税务总局公告 2019 年第 33 号）

《财政部 国家税务总局关于资源综合利用增值税政策的公告》（财政部 税务总局公告 2019 年第 90 号）

《财政部 商务部 国家税务总局关于继续执行研发机构采购设备增值税政策的公告》（财政部 商务部 税务总局公告 2019 年第 91 号）

《国家税务总局关于异常增值税扣税凭证管理等有关事项的公告》（国家税务总局公告 2019 年第 38 号）

《国家税务总局关于取消增值税扣税凭证认证确认期限等增值税征管问题的公告》（国家税务总局公告 2019 年第 45 号）

《国家税务总局关于开展网络平台道路货物运输企业代开增值税专用发票试点工作的通知》（税总函〔2019〕405 号）

企业所得税

《国家税务总局关于哈萨克斯坦超额利润税税收抵免有关问题的公告》（国家税务总局公告 2019 年第 1 号）

《国家税务总局 财政部 中国人民银行关于非居民企业机构场所汇总缴纳企业所得税有关问题的公告》（国家税务总局公告 2019 年第 12 号）

《财政部 税务总局关于实施小微企业普惠性税收减免政策的通知》（财税〔2019〕13 号）

《财政部 国家税务总局关于 2017 年度 2018 年度中国红十字会总会等公益性群众团体捐赠税前扣除资格名单的公告》（财政部 税务总局公告 2019 年第 37 号）

《国家税务总局关于发布〈中华人民共和国非居民企业所得税预缴申报表（2019 年版）〉等报表的公告》（国家税务总局公告 2019 年第 16 号）

《财政部 国家税务总局关于上海国际能源交易中心有关风险准备金和期货投资者保障基金支出企业所得税税前扣除政策问题的通知》(财税〔2019〕32号)

《财政部 国家税务总局 国务院扶贫办关于企业扶贫捐赠所得税税前扣除政策的公告》(财政部 税务总局 国务院扶贫办公告2019年第49号)

《财政部 国家税务总局关于铁路债券利息收入所得税政策的公告》(财政部 税务总局公告2019年第57号)

《财政部 国家税务总局 国家发展改革委 生态环境部关于从事污染防治的第三方企业所得税政策问题的公告》(财政部 税务总局 国家发展改革委 生态环境部公告2019年第60号)

《财政部 国家税务总局关于永续债企业所得税政策问题的公告》(财政部 税务总局公告2019年第64号)

《财政部 国家税务总局关于扩大固定资产加速折旧优惠政策适用范围的公告》(财政部 税务总局公告2019年第66号)

《财政部 国家税务总局关于集成电路设计和软件产业企业所得税政策的公告》(财政部 税务总局公告2019年第68号)

《财政部 国家税务总局 民政部关于2017年度第二批和2018年度第一批公益性社会团体捐赠税前扣除资格名单的公告》(财政部 税务总局 民政部公告2019年第69号)

《财政部 国家税务总局关于保险企业手续费及佣金支出税前扣除政策的公告》(财政部 税务总局公告2019年第72号)

《财政部 国家税务总局关于石油石化企业办社会支出有关企业所得税政策的通知》(财税〔2019〕59号)

《国家税务总局关于修订2018年版企业所得税预缴纳税申报表部分表单及填报说明的公告》(国家税务总局公告2019年第23号)

《国家税务总局关于修订〈中华人民共和国政府和印度共和国政府关于对所得避免双重征税和防止偷漏税的协定〉的议定书生效执行的公告》(国家税务总局公告2019年第28号)

《财政部 国家税务总局关于横琴新区企业所得税优惠目录增列旅游产业项目的通知》(财税〔2019〕63号)

《财政部 国家税务总局关于企业改制上市资产评估增值企业所得税处理政策的通知》（财税〔2019〕62号）

《财政部 国家税务总局关于金融企业涉农贷款和中小企业贷款损失准备金税前扣除有关政策的公告》（财政部 税务总局公告2019年第85号）

《财政部 国家税务总局关于金融企业贷款损失准备金企业所得税税前扣除有关政策的公告》（财政部 税务总局公告2019年第86号）

《财政部 国家税务总局 民政部关于2017年度第二批和2018年度第一批公益性社会团体捐赠税前扣除资格名单的公告》（财政部 税务总局 民政部公告2019年第69号）

《工业和信息化部关于公布2019年国家技术创新示范企业名单的通知》（工信部科〔2019〕204号）

《国家税务总局关于发布〈非居民纳税人享受协定待遇管理办法〉的公告》（国家税务总局公告2019年第35号）

《财政部 税务总局关于确认中国红十字会总会等群众团体2019年度公益性捐赠税前扣除资格的公告》（财政部 税务总局公告2019年第89号）

《国家税务总局关于跨境电子商务综合试验区零售出口企业所得税核定征收有关问题的公告》（国家税务总局公告2019年第36号）

《国家税务总局关于〈中华人民共和国政府和博茨瓦纳共和国政府对所得避免双重征税和防止偷漏税的协定〉生效执行的公告》（国家税务总局公告2019年第40号）

《国家税务总局关于修订企业所得税年度纳税申报表有关问题的公告》（国家税务总局公告2019年第41号）

《国家税务总局关于〈中华人民共和国政府和新西兰政府对所得消除双重征税和防止逃避税的协定〉及议定书生效执行的公告》（国家税务总局公告2019年第50号）

《国家税务总局关于〈内地和香港特别行政区关于对所得避免双重征税和防止偷漏税的安排〉第五议定书生效执行的公告》（国家税务总局公告2019年第51号）

个人所得税

《中国银行保险监督管理委员会关于经营个人税收递延型商业养老保险业务保险公司名单（第四批）的公示》

《国家税务总局关于修订个人所得税申报表的公告》（国家税务总局公告2019年第7号）

《财政部 国家税务总局 发展改革委 证监会关于创业投资企业个人合伙人所得税政策问题的通知》（财税〔2019〕8号）

《财政部 国家税务总局关于在中国境内无住所的个人居住时间判定标准的公告》（财政部 税务总局公告2019年第34号）

《财政部 国家税务总局关于粤港澳大湾区个人所得税优惠政策的通知》（财税〔2019〕31号）

《财政部 国家税务总局关于非居民个人和无住所居民个人有关个人所得税政策的公告》（财政部 税务总局公告2019年第35号）

《中国人民银行办公厅 财政部办公厅 税务总局办公厅关于做好个人所得税住房贷款利息专项附加扣除相关信息归集工作的通知》（银办发〔2019〕71号）

《国家税务总局关于调整〈中国税收居民身份证明〉有关事项的公告》（国家税务总局公告2019年第17号）

《财政部 国家税务总局关于个人取得有关收入适用个人所得税应税所得项目的公告》（财政部 税务总局公告2019年第74号）

《财政部 国家税务总局 证监会关于继续实施全国中小企业股份转让系统挂牌公司股息红利差别化个人所得税政策的公告》（财政部 税务总局 证监会公告2019年第78号）

《财政部 国家税务总局 证监会关于继续执行沪港、深港股票市场交易互联互通机制和内地与香港基金互认有关个人所得税政策的公告》（财政部 税务总局 证监会公告2019年第93号）

《财政部 国家税务总局关于个人所得税综合所得汇算清缴涉及有关政策问题的公告》（财政部 税务总局公告2019年第94号）

《财政部 国家税务总局关于远洋船员个人所得税政策的公告》（财政部 税务总局公告2019年第97号）

《国家税务总局关于办理2019年度个人所得税综合所得汇算清缴事项的公

告》（国家税务总局公告 2019 年第 44 号）

《财政部 国家税务总局关于公益慈善事业捐赠个人所得税政策的公告》（财政部 税务总局公告 2019 年第 99 号）

《国家税务总局关于修订部分个人所得税申报表的公告》（国家税务总局公告 2019 年第 46 号）

城镇土地使用税

《财政部 税务总局关于中国兵器工业集团公司和中国兵器装备集团公司所属企业城镇土地使用税政策的通知》（财税〔2019〕10 号）

《国家税务总局关于修订城镇土地使用税和房产税申报表单的公告》（国家税务总局公告 2019 年第 32 号）

车船税

《财政部 国家税务总局关于国家综合性消防救援车辆车船税政策的通知》（财税〔2019〕18 号）

《享受车船税减免优惠的节约能源 使用新能源汽车车型目录（第七批）》（工业和信息化部 国家税务总局公告 2019 第 9 号）附件

《享受车船税减免优惠的节约能源 使用新能源汽车车型目录（第八批）》（工业和信息化部 国家税务总局公告 2019 年第 18 号）附件

《享受车船税减免优惠的节约能源 使用新能源汽车车型目录（第九批）》（工业和信息化部 国家税务总局公告 2019 年第 25 号）附件

《享受车船税减免优惠的节约能源 使用新能源汽车车型目录（第十批）》（工业和信息化部 国家税务总局公告 2019 年第 31 号）附件

《享受车船税减免优惠的节约能源 使用新能源汽车车型目录（第十一批）》（工业和信息化部 国家税务总局公告 2019 年第 47 号）附件

《享受车船税减免优惠的节约能源 使用新能源汽车车型目录（第十二批）》（工业和信息化部 国家税务总局公告 2019 年第 60 号）附件

车辆购置税

《免征车辆购置税的新能源汽车车型目录（第二十三批）》（工业和信息化部 国家税务总局公告 2019 第 10 号）附件

《国家税务总局 公安部关于应用车辆购置税电子完税信息办理车辆注册登记业务的公告》（国家税务总局 公安部公告 2019 年第 18 号）

《免征车辆购置税的新能源汽车车型目录（第二十四批）》（工业和信息化部 国家税务总局公告 2019 年第 15 号）附件

《财政部 工业和信息化部 交通运输部 发展改革委关于支持新能源公交车推广应用的通知》（财建〔2019〕213 号）

《财政部 国家税务总局关于车辆购置税有关具体政策的公告》（财政部 税务总局公告 2019 年第 71 号）

《免征车辆购置税的新能源汽车车型目录（第二十五批）》（工业和信息化部 国家税务总局公告 2019 年第 21 号）附件

《国家税务总局 交通运输部关于城市公交企业购置公共汽电车辆免征车辆购置税有关事项的公告》（国家税务总局 交通运输部公告 2019 年第 22 号）

《国家税务总局 工业和信息化部关于加强车辆配置序列号管理有关事项的公告》（国家税务总局 工业和信息化部公告 2019 年第 25 号）

《国家税务总局关于车辆购置税征收管理有关事项的公告》（国家税务总局公告 2019 年第 26 号）

《财政部 国家税务总局关于继续执行的车辆购置税优惠政策的公告》（财政部 税务总局公告 2019 年第 75 号）

《国家税务总局关于废止〈车辆购置税征收管理办法〉的决定》（国家税务总局令第 47 号）

《免征车辆购置税的新能源汽车车型目录（第二十六批）》（工业和信息化部 国家税务总局公告 2019 年第 32 号）附件

《免征车辆购置税的新能源汽车车型目录（第二十七批）》（工业和信息化部 国家税务总局公告 2019 年第 45 号）附件

《免征车辆购置税的新能源汽车车型目录（第二十八批）》（工业和信息化部 国家税务总局公告 2019 年第 57 号）附件

《免征车辆购置税的新能源汽车车型目录（第二十九批）》（工业和信息

化部 国家税务总局公告2019年第62号）附件

耕地占用税

《财政部 国家税务总局 自然资源部 农业农村部 生态环境部关于发布〈中华人民共和国耕地占用税法实施办法〉的公告》（财政部 税务总局 自然资源部 农业农村部 生态环境部公告2019年第81号）

《国家税务总局关于耕地占用税征收管理有关事项的公告》（国家税务总局公告2019年第30号）

印花税

《国家知识产权局关于恢复代征代缴印花税业务的公告》（国家知识产权局公告第326号）

《国家税务总局关于发行2019年印花税票的公告》（国家税务总局公告2019年第42号）

资源税

《中华人民共和国资源税法》（中华人民共和国主席令第三十三号）

海关相关政策

《财政部关于利比里亚共和国籍的应税船舶适用船舶吨税优惠税率的通知》（财关税〔2019〕1号）

《发展改革委 科技部 财政部 海关总署 国家税务总局关于发布2018年（第25批）新认定及全部国家企业技术中心名单的通知》（发改高技〔2019〕36号）

《海关总署 国家市场监督管理总局关于〈报关单位注册登记证书〉（进出口货物收发货人）纳入"多证合一"改革的公告》（海关总署 国家市场监督管理总局公告2019年第14号）

《海关总署关于修订〈中华人民共和国海关进出口货物报关单填制规范〉的公告》（海关总署公告2019年第18号）

《海关总署关于增列海关监管方式的公告》（海关总署公告2019年第

20号）

《海关总署关于实施综合保税区“四自一简”监管创新措施有关事项的公告》（海关总署公告2019年第26号）

《海关总署关于支持综合保税区开展保税研发业务的公告》（海关总署公告2019年第27号）

《海关总署关于支持综合保税区内企业承接境内（区外）企业委托加工业务的公告》（海关总署公告2019年第28号）

《海关总署关于境外进入综合保税区食品检验放行有关事项的公告》（海关总署公告2019年第29号）

《财政部 海关总署 国家税务总局关于2019年度种子种源免税进口计划的通知》（财关税〔2019〕7号）

《国务院关税税则委员会关于中国－智利自由贸易协定项下部分进口货物适用协定税率的通知》（税委会〔2019〕8号）

《海关总署关于公布〈海关认证企业标准〉财务状况类指标认定标准的公告》（海关总署公告2019年第46号）

《海关总署关于简化综合保税区进出区管理的公告》（海关总署公告2019年第50号）

《海关总署关于启用出境加工电子账册的公告》（海关总署公告2019年第57号）

《海关总署关于特许权使用费申报纳税手续有关问题的公告》（海关总署公告2019年第58号）

《国务院关税税则委员会关于对原产于美国的汽车及零部件继续暂停加征关税的公告》（税委会公告〔2019〕1号）

《财政部 海关总署 国家税务总局关于调整部分项目可享受返税政策进口天然气数量的通知》（财关税〔2019〕12号）

《国务院关税税则委员会关于调整进境物品进口税有关问题的通知》（税委会〔2019〕17号）

《国务院关税税则委员会关于试行开展对美加征关税商品排除工作的公告》（税委会公告〔2019〕2号）

《国务院关税税则委员会关于对原产于美国的部分进口商品提高加征关税

税率的公告》（税委会公告〔2019〕3号）

《海关总署 国家外汇管理局关于取消报关单收、付汇证明联和海关核销联的公告》（海关总署 国家外汇管理局公告2019年93号）

《海关总署关于海关行政审批网上办理平台启用电子印章的公告》（海关总署公告2019年第106号）

《财政部 商务部 文化和旅游部 海关总署 国家税务总局关于印发〈口岸出境免税店管理暂行办法〉的通知》（财关税〔2019〕15号）

《财政部 海关总署 国家税务总局关于享受国有公益性收藏单位进口藏品免税政策的第三批国有公益性收藏单位名单的公告》（财政部 海关总署 税务总局公告2019年第79号）

《财政部 海关总署 国家税务总局关于第四批享受进口税收优惠政策的中资"方便旗"船舶清单的通知》（财关税〔2019〕24号）

《海关总署关于执行〈鼓励外商投资产业目录（2019年版）〉有关问题的公告》（海关总署公告2019年第125号）

《国务院关税税则委员会关于对原产于美国的部分进口商品（第三批）加征关税的公告》（税委会公告〔2019〕4号）

《国务院关税税则委员会关于对原产于美国的汽车及零部件恢复加征关税的公告》（税委会公告〔2019〕5号）

《国务院关税税则委员会关于第一批对美加征关税商品第一次排除清单的公告》（税委会公告〔2019〕6号）

《海关总署关于处理主动披露涉税违规行为有关事项的公告》（海关总署公告2019年第161号）

《海关总署关于简单案件快速办理有关事项的公告》（海关总署公告2019年第162号）

《财政部 海关总署 国家税务总局关于第二届中国国际进口博览会展期内销售的进口展品税收优惠政策的通知》（财关税〔2019〕36号）

《海关总署关于调整优惠贸易协定项下进出海关特殊监管区域（场所）货物申报要求的公告》（海关总署公告2019年第178号）

《海关总署关于开展"证照分离"改革全覆盖试点的公告》（海关总署公

告2019年第182号）

《财政部 工业和信息化部 海关总署 税务总局 能源局关于调整重大技术装备进口税收政策有关目录的通知》（财关税〔2019〕38号）

《国务院关税税则委员会关于暂不实施对原产于美国的部分进口商品加征关税措施的公告》（税委会公告〔2019〕7号）

《海关总署公告关于执行〈产业结构调整指导目录（2019年本）〉的公告》（海关总署公告2019年第196号）

《海关总署 交通运输部 国家移民管理局关于统一通过国际贸易“单一窗口”办理主要申报业务的公告》（海关总署 交通运输部 国家移民管理局公告2019年第197号）

《财政部 海关总署 税务总局关于有源矩阵有机发光二极管显示器件项目进口设备增值税分期纳税政策的通知》（财关税〔2019〕47号）

《国务院关税税则委员会关于第一批对美加征关税商品第二次排除清单的公告》（税委会公告〔2019〕8号）

《海关总署关于发布〈海关统计贸易方式代码〉等5项海关行业标准的公告》（海关总署公告2019年第201号）

《国务院关税税则委员会关于2020年进口暂定税率等调整方案的通知》（税委会〔2019〕50号）

《财政部 海关总署 税务总局关于取消新型显示器件进口税收政策免税额度管理的通知》（财关税〔2019〕50号）

《财政部 科技部 发展改革委 海关总署 税务总局关于取消科技重大专项进口税收政策免税额度管理的通知》（财关税〔2019〕52号）

《海关总署关于取消报关企业和报关企业分支机构注册登记有效期的公告》（海关总署公告2019年第213号）

《海关总署关于全面推广“两步申报”改革的公告》（海关总署公告2019年第216号）

《海关总署关于精简和规范作业手续促进加工贸易便利化的公告》（海关总署公告2019年第218号）

《财政部等13部门关于调整扩大跨境电子商务零售进口商品清单的公告》

（财政部 发展改革委 工业和信息化部 生态环境部 农业农村部 商务部 人民银行 海关总署 税务总局 市场监管总局 药监局 密码局 濒管办公告 2019 年第 96 号）

《国务院关税税则委员会关于调整部分本国子目注释的通知》（税委会〔2019〕51 号）

《海关总署关于修订市场采购贸易监管办法及其监管方式有关事宜的公告》（海关总署公告 2019 年第 221 号）

《海关总署关于不再验核〈外商投资企业批准证书〉的公告》（海关总署公告 2019 年第 226 号）

《国务院关税税则委员会关于发布〈中华人民共和国进出口税则（2020）〉的公告》（税委会公告〔2019〕9 号）

《海关总署关于执行 2020 年进口暂定税率等调整方案的公告》（海关总署公告 2019 年第 227 号）

《海关总署关于公布〈海关认证企业标准〉的公告》（海关总署公告 2019 年第 229 号）

《海关总署关于调整进出口货物报关单报文格式的公告》（海关总署公告 2019 年第 232 号）

综合

《财政部 国家税务总局关于实施小微企业普惠性税收减免政策的通知》（财税〔2019〕13 号）

《财政部 国家税务总局关于继续实行农产品批发市场 农贸市场房产税 城镇土地使用税优惠政策的通知》（财税〔2019〕12 号）

《财政部 国家税务总局关于高校学生公寓房产税 印花税政策的通知》（财税〔2019〕14 号）

《财政部 国家税务总局 中央宣传部关于继续实施文化体制改革中经营性文化事业单位转制为企业若干税收政策的通知》（财税〔2019〕16 号）

《财政部 国家税务总局 退役军人部关于进一步扶持自主就业退役士兵创业就业有关税收政策的通知》（财税〔2019〕21 号）

《国家税务总局 人力资源社会保障部 国务院扶贫办 教育部关于实施支持

和促进重点群体创业就业有关税收政策具体操作问题的公告》（国家税务总局公告2019年第10号）

《财政部 国家税务总局关于延续供热企业增值税 房产税 城镇土地使用税优惠政策的通知》（财税〔2019〕38号）

《财政部 国家税务总局 证监会关于创新企业境内发行存托凭证试点阶段有关税收政策的公告》（财政部 税务总局 证监会公告2019年第52号）

《财政部 国家税务总局关于公共租赁住房税收优惠政策的公告》（财政部 税务总局公告2019年第61号）

《财政部 国家税务总局关于继续实行农村饮水安全工程税收优惠政策的公告》（财政部 税务总局公告2019年第67号）

《国家税务总局关于城镇土地使用税等“六税一费”优惠事项资料留存备查的公告》（国家税务总局公告2019年第21号）

《财政部 国家税务总局 发展改革委 民政部 商务部 卫生健康委关于养老、托育、家政等社区家庭服务业税费优惠政策的公告》（财政部 税务总局 发展改革委 民政部 商务部 卫生健康委公告2019年第76号）

《财政部 国家税务总局关于部分国家储备商品有关税收政策的公告》（财政部 税务总局公告2019年第77号）

《财政部 国家税务总局关于民用航空发动机、新支线飞机和大型客机税收政策的公告》（财政部 税务总局公告2019年第88号）

《财政部 国家税务总局 海关总署关于北京2022年冬奥会和冬残奥会税收优惠政策的公告》（财政部 税务总局 海关总署公告2019年第92号）

管理

《国家税务总局关于深入贯彻落实减税降费政策措施的通知》（税总发〔2019〕13号）

《国家税务总局关于修改〈税务部门规章制定实施办法〉的决定》（国家税务总局令第45号）

《国家税务总局关于建立小微企业涉税诉求和意见快速响应机制的通知》（税总函〔2019〕40号）

《国家税务总局关于2019年开展“便民办税春风行动”的意见》（税总发

〔2019〕19号）

《财政部 税务总局 人民银行关于进一步加强代扣代收代征税款手续费管理的通知》（财行〔2019〕11号）

《国家税务总局关于取消一批税务证明事项的决定》（国家税务总局令第46号）

《国家税务总局关于公布已取消税务行政许可事项的公告》（国家税务总局公告2019年第11号）

《国家税务总局关于开展第28个全国税收宣传月活动的通知》（税总函〔2019〕85号）

《国家税务总局关于印发〈优化税务执法方式全面推行“三项制度”实施方案〉的通知》（税总发〔2019〕31号）

《国家税务总局 中国人民银行 财政部关于明确小微企业普惠性税收减免等政策退库办理有关事项的通知》（税总发〔2019〕40号）

《国家税务总局关于坚决查处第三方借减税降费服务巧立名目乱收费行为的通知》（税总发〔2019〕44号）

《国家税务总局 国家发展改革委 财政部 国务院国有资产监督管理委员会 国家市场监督管理总局 国家档案局关于坚决查处第三方涉税服务借减税降费巧立名目乱收费行为的通知》（税总发〔2019〕49号）

《国家税务总局关于进一步做好减税降费政策落实工作的通知》（税总发〔2019〕54号）

《国家税务总局关于优化房地产交易办税方式的公告》（国家税务总局公告2019年第19号）

《国家税务总局关于深化“放管服”改革 更大力度推进优化税务注销办理程序工作的通知》（税总发〔2019〕64号）

《国家税务总局办公厅关于印发〈2019年税务系统政务公开工作要点〉的通知》（税总办发〔2019〕58号）

《国家税务总局关于加强新时代税务文化建设的意见》（税总发〔2019〕66号）

《国务院国有资产监督管理委员会 财政部 自然资源部 国家税务总局 国

家市场监督管理总局关于中央企业公司制改制土地权属变更、企业清理注销等有关事项的通知》（国资发改革〔2019〕61 号）

《国家税务总局关于修订〈纳税服务投诉管理办法〉的公告》（国家税务总局公告 2019 年第 27 号）

《国家税务总局关于实施便民办税缴费十条新举措的通知》（税总函〔2019〕223 号）

《国家税务总局关于印发〈税务 UKey 技术规范〉的通知》（税总发〔2019〕81 号）

《国家税务总局办公厅关于印发〈税收管理领域基层政务公开标准指引〉的通知》（税总办发〔2019〕65 号）

《文化和旅游部 财政部 税务总局关于公布 2018 年通过认定动漫企业名单的通知》（文旅产业发〔2019〕94 号）

《国家税务总局关于发布〈企业自建和第三方电子发票服务平台建设标准规范〉的通知》（税总发〔2019〕84 号）

《国家税务总局关于公布取消一批税务证明事项以及废止和修改部分规章规范性文件的决定》（国家税务总局令第 48 号）

《国家税务总局关于实施第二批便民办税缴费新举措的通知》（税总函〔2019〕243 号）

《国家发展改革委办公厅 国家税务总局办公厅关于加强个人所得税纳税信用建设的通知》（发改办财金规〔2019〕860 号）

《国家税务总局关于印发〈开展税务证明事项告知承诺制试点工作方案〉的通知》（税总函〔2019〕266 号）

《国家税务总局关于印发〈自助办税终端管理办法〉〈自助办税终端业务规范（1.0 版）〉的通知》（税总发〔2019〕90 号）

《交通运输部 国家税务总局关于印发〈网络平台道路货物运输经营管理暂行办法〉的通知》（交运规〔2019〕12 号）

《国家税务总局办公厅关于坚持组织收入原则 确保减税降费政策进一步落地见效的通知》（税总办发〔2019〕76 号）

《国家税务总局关于进一步简化税务行政许可事项办理程序的公告》（国

家税务总局公告 2019 年第 34 号）

《国家税务总局 中国银行保险监督管理委员会关于深化和规范“银税互动”工作的通知》（税总发〔2019〕113 号）

《国家税务总局关于纳税信用修复有关事项的公告》（国家税务总局公告 2019 年第 37 号）

《国家税务总局关于实施便利小微企业办税缴费新举措的通知》（税总函〔2019〕336 号）

《税收违法行为检举管理办法》（国家税务总局令第 49 号）

《国家税务总局关于修改〈税收规范性文件制定管理办法〉的决定》（国家税务总局令第 50 号）

《国家税务总局关于支持和服务长江三角洲区域一体化发展措施的通知》（税总函〔2019〕356 号）

《国家税务总局关于发布〈税务文书电子送达规定（试行）〉的公告》（国家税务总局公告 2019 年第 39 号）

《国家税务总局关于进一步简化企业开办涉税事项办理程序压缩办理时间的通知》（税总发〔2019〕126 号）

《国家税务总局办公厅关于明确 2020 年度申报纳税期限的通知》（税总办函〔2019〕449 号）

《科技部火炬中心关于印发〈科技企业孵化器评价指标体系〉的通知》（国科火字〔2019〕239 号）

《科技部关于公布 2019 年度国家级科技企业孵化器的通知》（国科发火〔2019〕450 号）

《国家税务总局关于进一步完善涉税专业服务监管制度有关事项的公告》（国家税务总局公告 2019 年第 43 号）

《国家税务总局关于开具〈无欠税证明〉有关事项的公告》（国家税务总局公告 2019 年第 47 号）

《国家税务总局关于税收征管若干事项的公告》（国家税务总局公告 2019 年第 48 号）

行政收费和收费

《财政部 自然资源部关于进一步明确矿业权出让收益征收管理有关问题的通知》（财综〔2019〕11号）

《人力资源社会保障部 财政部 税务总局 国家医保局关于贯彻落实〈降低社会保险费率综合方案〉的通知》（人社部发〔2019〕35号）

《财政部关于调整部分政府性基金有关政策的通知》（财税〔2019〕46号）

《财政部 国家发展改革委关于减免部分行政事业性收费有关政策的通知》（财税〔2019〕45号）

《国家税务总局关于调整部分政府性基金有关征管事项的公告》（国家税务总局公告2019年第24号）

《国家发展改革委 财政部关于降低部分行政事业性收费标准的通知》（发改价格〔2019〕914号）

《财政部 国家发展改革委关于免征易地扶贫搬迁有关政府性基金和行政事业性收费政策的通知》（财税〔2019〕53号）

《财政部 国家发展改革委关于同意收取和取消部分考试考务费有关事项的复函》（财税〔2019〕58号）

《人力资源社会保障部办公厅关于实施中国－日本社会保障协定的通知》（人社厅发〔2019〕81号）

《财政部 人力资源社会保障部 国资委 税务总局 证监会关于全面推开划转部分国有资本充实社保基金工作的通知》（财资〔2019〕49号）

《国家发展改革委 财政部关于降低部分行政事业性收费标准的通知》（发改价格规〔2019〕1931号）

《政府定价的经营服务性收费目录清单》（国家发展和改革委员会公告2019年第10号）

《关于印发〈关于完善残疾人就业保障金制度更好促进残疾人就业的总体方案〉的通知》（发改价格规〔2019〕2015号）

《财政部关于调整残疾人就业保障金征收政策的公告》（财政部公告2019年第98号）

《国家税务总局关于修订〈残疾人就业保障金缴费申报表〉的公告》（国家税务总局公告2019年第49号）